REVISTA DE FINANÇAS PÚBLICAS E DIREITO FISCAL

Ano 1 • Número 3 • OUTONO

ARTIGOS
COMENTÁRIOS DE JURISPRUDÊNCIA
RECENSÕES
CRÓNICA DA ACTUALIDADE

ÍNDICE

Editorial – **Eduardo Paz Ferreira**   5

ARTIGOS

Manuel Porto e Filipe Regêncio Figueiredo – Tributação dos produtos energéticos ou dos ganhos das empresas produtoras: Reflexões sobre a "Taxa Robin dos Bosques"   11

Eduardo Paz Ferreira e Luís Máximo dos Santos – The Economy Again? De como Barack Obama e John McCain encaram a economia   25

Nazaré da Costa Cabral – A desigualdade económica e a pobreza em Portugal (breves notas)   47

António Carlos dos Santos – The European common VAT system: merits, difficulties and perspectives of evolution   59

José Carlos Gomes Santos – IRC e discriminação fiscal positiva de entidades sem fins lucrativos. O caso das IPSS   77

Manuel Faustino – IRS: A categoria F (rendimentos prediais) revisitada   91

Fernando Castro Silva e Tiago Cassiano Neves – Planeamento fiscal abusivo: O caso português no contexto internacional   115

Alexandra Pessanha, Guilherme Waldemar d'Oliveira Martins e Nuno Cunha Rodrigues – As implicações público-financeiras e concorrenciais do novo Código dos Contratos Públicos: análise preliminar   151

José Luís Pinto Almeida – Fiscalização prévia, concomitante e sucessiva no quadro das competências do Tribunal de Contas   179

Revista de Finanças Públicas e Direito Fiscal

COMENTÁRIOS DE JURISPRUDÊNCIA

Nazaré da Costa Cabral – Acórdão do Tribunal de Justiça das Comunidades Europeias (TJCE) de 18 de Dezembro de 2007. Processos Doris Habelt (C-396/05), Martha Möser (C-419/05) e Peter Wachter (C-450/05) 209

Gonçalo Anastácio e Joana Pacheco – A taxa de regulação e supervisão da ERC – Entidade Reguladora para a Comunicação Social. Anotação ao acórdãos do Tribunal Constitucional n.º 365/2008 213

Isabel Marques da Silva – Compensação afinal não inconstitucional – por iniciativa da administração fiscal. Tribunal Constitucional, decisão sumária n.º 360/2008 e Acórdão do Supremo Tribunal Administrativo, processo n.º 0133/08 231

Isabel Marques da Silva – *Nulla poena sine lege* ou a não punibilidade da não entrega do IVA não recebido. Acórdão do Supremo Tribunal Administrativo, processo n.º 0279/08 237

Nazaré da Costa Cabral – Tribunal de Contas, linhas de orientação (guidelines) e procedimentos para o desenvolvimento de auditorias externas a PPP – 2008 245

Síntese dos principais **Acórdãos do Tribunal de Justiça das Comunidades Europeias** em matéria fiscal (proferidos desde Maio de 2008) 251

Síntese dos principais **Acórdãos do Tribunal Constitucional** (1.º Semestre de 2008) 257

Síntese dos principais **Acórdãos do Supremo Tribunal Administrativo** (Maio a Setembro de 2008) 259

RECENSÕES

O Princípio da Legalidade Fiscal, tipicidade, conceitos jurídicos indeterminados e margem de livre apreciação, Ana Paula Dourado por Sérvulo Correia 267

Economia e Finanças Públicas, Paulo Trigo Pereira, António Afonso, Manuela Arcanjo e José Carlos Gomes dos Santos/ **Economia e Finanças Públicas – Da Teoria à Prática,** Paulo Trigo Pereira por Guilherme d'Oliveira Martins 273

A Reforma das Pensões em Portugal, Uma Análise de Equilíbrio Geral Dinâmico – Pedro G. Rodrigues e Alfredo Marvão Pereira por Nazaré da Costa Cabral 277

Direito Fiscal, Apontamentos – Manuel Pires por Rogério M. Fernandes Ferreira. 281

Anuário Financeiro dos Municípios Portugueses – 2006 – João Carvalho, Maria José Fernandes, Pedro Camões e Susana Jorge por Guilherme Waldemar d'Oliveira Martins 289

Infracções Tributárias – Paulo Marques por Isabel Marques da Silva 293

CRÓNICA DE ACTUALIDADE

Ponto de situação dos trabalhos na União Europeia e na OCDE – Principais iniciativas entre 15 de Maio e 15 de Agosto de 2008 – Brigas Afonso, Clotilde Palma e Manuel Faustino 297

    1. Fiscalidade Directa 297

    2. Imposto sobre o Valor Acrescentado 301

    3. Impostos Especiais de Consumo Harmonizados/Imposto sobre veículos e União Aduaneira 303

O Observatório Fiscal da Deloitte e o Orçamento para 2009 – Eduardo Paz Ferreira 305

A Caducidade das garantias e a protecção dos contribuintes – Rogério M. Fernandes Ferreira, Francisco de Carvalho Furtado e Ana Moutinho do Nascimento 309

Novas regras fiscais na Região Autónoma da Madeira – Mónica Velosa Ferreira. 311

Revista de Finanças Públicas e Direito Fiscal

Doutoramentos de Renato Gonçalves e Carlos Lobo – Eduardo Paz Ferreira 315

IDEFF – Instituto de Direito Económico Financeiro e Fiscal, Pós--Graduações do IDEFF 2008/09 319

Conferência sobre as relações económicas Portugal (UE) e Estados Unidos – Eduardo Paz Ferreira 323

Assinatura do Protocolo IDEFF/CTOC...................... 325

EDITORIAL
Eduardo Paz Ferreira

1. O número de Outono da Revista de Finanças Públicas e Direito Fiscal entra na tipografia num momento de profunda apreensão quanto ao futuro da economia mundial, na sequência do agravamento da crise financeira norte-americana espelhado na falência do gigante Lheman Brothers e na especulação quanto ao futuro do sistema financeiro. Num ambiente em que é claro que a crise, que se vem arrastando há um ano, ainda não atingiu os seus limites são, também, muitas as incógnitas sobre o impacto dos acontecimentos na economia real.

A velocidade com que se sucedem as notícias (todas elas más) torna especialmente difícil fazer previsões, ainda que pareça claro que o efeito mínimo que se irá verificar é o do fim de uma época na história bancária, caracterizada pelo esplendor dos bancos de investimentos que marcou os últimos trinta anos. É, no entanto, muito duvidoso que os acontecimentos impliquem apenas ajustamentos dentro do sistema financeiro, dada a forma como a economia financeira se sobrepôs à economia real e à inevitável redução do crédito. O pessimismo generalizado dos agentes económicos constituirá, por outro lado, um factor de agravamento da crise. Paul Krugman (NYT de 15 de Setembro), no seu estilo sempre incisivo, não deixou, aliás, de considerar que a decisão do Secretário do Tesouro norte-americano de não apoiar o Lheman Brothers correspondeu a jogar à "roleta-russa".

Os tempos da "economia de casino", para citar Keynes, parecem ter chegado ao fim e haverá que pensar novos caminhos que muito provavelmente envolverão alteração profundas nos paradigmas fiscais. A recente

Revista de Finanças Públicas e Direito Fiscal

iniciativa do governo francês de financiar o rendimento mínimo de actividade com um agravamento da tributação do capital é um claro sinal de que os tempos mudam e os decisores de política económica procuram novas soluções.

2. Em Portugal e, enquanto se aguarda o Orçamento para 2009, a medida mais inovadora de política fiscal foi a anunciada Taxa Robin Wood, que acompanhou a tendência de outros países para tirar ganhos fiscais do espectacular incremento dos lucros das companhias petrolíferas, mas que perderá importância caso se continue a verificar a tendência de descida do petróleo dos últimos tempos.

Honra-nos o Professor Manuel Porto com uma primeira contribuição para a Revista, em que analisa, justamente, a questão da tributação petrolífera.

3. Se nunca esteve em dúvida a importância decisiva da evolução da economia americana sobre a economia europeia, ela é agora mais patente do que nunca, assim como o é a influência das decisões de política económica norte-americana. Dos Estados Unidos vieram, nas últimas décadas, as orientações de política económica que a Europa, à direita e à esquerda, praticamente aceitou de forma acrítica. Do resultado das eleições norte-americanas poderá resultar a permanência das orientações neo-liberais ou a emergência de um novo modelo político e económico que retome alguns aspectos da tradição do New Deal sob uma forma modernizada.

As eleições de 4 de Novembro irão marcar de forma profunda a evolução dos próximos tempos, através da escolha entre a continuidade de um modelo neo-liberal e um outro assente na ideia de maior responsabilização do Estado pelo bem-estar dos cidadãos, pela garantia de direitos sociais fundamentais tais como o direito à saúde e à segurança social e pela retoma de objectivos redistributivos na política fiscal.

É certo que assistimos já a um abandono de grande parte do ideário liberal, consubstanciado numa política monetária do FED muito distante das anteriormente postas em prática e num consenso alargado quanto à necessidade de uma maior atenção por parte das instâncias reguladoras. Dificilmente, portanto, os próximos anos nos trarão mais do mesmo mas, como mais pormenorizadamente, analiso num artigo com Luís Máximo

Editorial

dos Santos, as diferenças de projecto económico e social entre Barack Obama e John MacCain continuam a ser profundas.

O resultado das eleições norte-americanas está longe de se reflectir apenas nos próprios Estados Unidos e tem sido nítido o interesse e a preferência europeia por um candidato que, para além de se aproximar mais daquilo que se conveio chamar de modelo social europeu, parece disposto a pôr termo ao unilateralismo e a encarar em termos decididos a questão das energias renováveis e do aquecimento global.

Natural é, pois, o interesse com que a Revista segue um acontecimento largamente decisivo para o futuro das finanças públicas e da fiscalidade.

4. A Professora Nazaré da Costa Cabral introduz um tema – o da desigualdade de distribuição na riqueza em Portugal – a que nos propomos voltar e que tem estado na base de diversos alertas que sublinham, designadamente, a circunstância de a situação portuguesa ser a pior a nível da União Europeia. Às implicações humanas e ao desafio ético que esta situação a todos coloca soma-se, ainda, o seu efeito pernicioso para a economia em geral, como sustenta a autora.

5. O conselheiro Pinto de Almeida contribui com o seu artigo para uma melhor compreensão das competências do Tribunal de Contas. A Revista assinala, também, a entrada em vigor do novo Código dos Contratos Públicos, publicando um artigo de Nuno Cunha Rodrigues, Alexandra Pessanha e Guilherme Waldemar de Oliveira Martins.

6. Na área fiscal orgulhamo-nos de apresentar um leque especialmente qualificado de colaborações de nomes de grande relevo na área, tais como José Carlos Gomes dos Santos e António Carlos Santos e Fernando Castro Silva. Gostaria, ainda, de saudar o Professor Sérvulo Correia – referência cívica e académica de todos – que connosco colabora pela primeira vez com uma recensão ao livro de Ana Paula Dourado.

7. No último trimestre, o Instituto de Direito Económico, Financeiro e Fiscal procurou aprofundar a reflexão que vem mantendo sobre as grandes questões económicas e da actualidade, orgulhando-se, muito especialmente, da grande conferência internacional sobre as relações

Revista de Finanças Públicas e Direito Fiscal

entre Portugal e os Estados Unidos que reuniu um conjunto de participantes de excepcional qualidade e irá dar origem a um livro a publicar em breve.

Voltaram-se, também, as nossas atenções para a fiscalidade da área lusófona que tem, de resto, constituído uma prioridade na actividade do Instituto, desenvolvida em conjunto com o Instituto de Cooperação Jurídica da Faculdade de Direito. Foram, assim organizadas, em cooperação com a Associação Fiscal Portuguesa e com o apoio especial do Banco de Portugal, jornadas consagradas às reformas fiscais dos países africanos de expressão portuguesa.

Outras iniciativas – a anunciar em devido tempo – darão continuidade a este trabalho que tem, igualmente, expressão no vasto conjunto de pós-graduações que continuamos a organizar.

8. Como temos tentado fazer nos números anteriores, conjugamos análises de vários tipos, conscientes de que o trabalho sério e honesto constitui a melhor forma de cada um de nós dar a sua contribuição para um país e um mundo melhor.

Neste regresso ao trabalho, desejo a todos os colaboradores e leitores da Revista um Bom Outono. Voltaremos para o Inverno, com aquele que será o quarto e último volume do Ano I da Revista.

ARTIGOS

Manuel Porto
Filipe Regêncio Figueiredo

Tributação dos produtos energéticos ou dos ganhos das empresas produtoras: Reflexões sobre a "Taxa Robin dos Bosques"

Manuel Porto
Professor Catedrático da FDUC
Presidente da European Community Studies Association (ECSA)
Membro da Comissão da Reforma das Finanças Locais

Filipe Regêncio Figueiredo
Mestre em ciências juridico-económicas pela FDUC
Assistente no Instituto Superior Bissaya Barreto
Advogado

RESUMO

O presente artigo versa sobre a recente proposta legislativa do Governo, propondo a introdução da chamada "taxa Robin Hood".

Começa por se fazer uma apreciação dos interesses e objectivos que devem ser ponderados aquando da tributação da energia ou dos ganhos das empresas deste sector.

Em seguida analisa-se a nova figura fiscal e as suas possíveis consequências.

A finalizar apresenta-se uma reflexão sobre a bondade desta forma de tributação limitada às empresas de fabricação e distribuição de produtos petrolíferos refinados.

Palavras-chave:
Tributação da energia;
Taxa Robin dos Bosques;
Igualdade fiscal.

ABSTRACT

The present article is about the new tax proposal of the Portuguese Government, proposing what is known as Robin Hood tax.

It starts appreciating the general goals and problems of taxing energy or the profits of the producing firms.

Afterwards the new tax figure and its consequences are analysed.

Finally it is discussed whether it does make sense that this tax is confined to the firms that produce and distribute refined oil products.

Keywords:
Energy taxation;
Robin Hood Tax;
Tax equality.

Artigos

1. Introdução

A tributação dos produtos energéticos ou dos ganhos a eles ligados será sempre motivo de polémica, dado o relevo que pode ter, na prossecução de objectivos que podem ser contraditórios.

Trata-se de polémica que será interessante recordar agora em Portugal, quando o Governo toma a iniciativa[1] de uma tributação sobre as valorizações dos estoques das empresas petrolíferas, que está a ser designada por "taxa Robin dos Bosques", ou "taxa Robin Hood", na designação em inglês: dado que foi anunciada como uma receita adicional para custear despesas no domínio social[2].

O seu intuito é, pois, de "tirar aos ricos para dar aos pobres".

2. Os objectivos a atingir

Será naturalmente sempre uma tentação para os responsáveis políticos cobrar receitas com base nos produtos energéticos, designadamente com base nos produtos petrolíferos, dada a dimensão da base tributável e a facilidade da cobrança: podendo ser em muito pequeno número os contribuintes legais, o que leva a que sejam especialmente baixos os custos administrativos (para o Estado e para os contribuintes) e os riscos de evasão[3].

---

[1] Proposta de Lei n.º 217/X.

[2] O Governo na Nota Justificativa refere que esta nova tributação garantirá "a redistribuição de riqueza através de um imposto extraordinário, pela concretização *in casu* do constante do n.º 1 do artigo 103.º da Constituição da República Portuguesa.".

Ao contrário do que acontece em Itália, país que serviu de referência para a introdução deste novo imposto (cfr. *infra* a nota 11), onde as receitas do imposto vão alimentar o "Fondo speciale destinato al soddisfacimento delle esigenza prioritariamente di natura alimentar e successivamente anche energetiche dei cittadini meno abbienti", a receita fiscal, em Portugal, como veremos infra, não está consignada a qualquer despesa.

[3] A tributação da produção do petróleo suscita naturalmente problemas próprios e interessantes nos países produtores (sobre a situação no Brasil pode ver-se a obra recente de Heleno Taveira Torres e Marcos André Vinhas Catão, coord., *Tributação no Sector de Petróleo*, Quartier Latin, São Paulo, 2005).

Tem todavia vindo a dar-se um relevo crescente à intervenção tributária na prossecução de outros objectivos, designadamente objectivos económicos, levando a que a procura se reduza em geral ou se desloque num sentido desejável, bem como objectivos ambientais, visando a redução dos danos ocasionados[4].

Numa primeira preocupação económica, poderá estar em causa a redução da factura energética, com maior relevo para a factura dos pagamentos ao estrangeiro. Trata-se de objectivo com especial relevo no tempo actual, quando há uma dependência enorme do petróleo e do gás vindos de outras áreas do mundo, e por razões de diferentes naturezas os preços respectivos têm vindo a subir ao longo dos anos, numa ascensão que, embora com uma ou outra descida, é de recear que tenha continuidade.

Concentrando-se as fontes dessas energias noutros continentes, em alguns casos em países com riscos de instabilidade política, a preocupação com a redução do consumo e o desvio para outras fontes tem naturalmente um objectivo geoestratégico. Não é preciso dar exemplos, todos temos bem presentes as dificuldades que podem verificar-se com alguns dos principais países produtores de petróleo (e de gás), dificuldades internas e dificuldades no nosso relacionamento com eles.

Voltando ao objectivo económico, pode estar em causa um problema de racionalidade nas produções, com especial importância para os tempos que se avizinham, de globalização, com uma concorrência muito difícil no plano internacional.

Importa, pois, que se consiga reduzir a factura energética na maior medida possível, naturalmente com maior relevo para as produções mais dependentes do consumo de energia.

Tornando-a mais cara, com a tributação, é-se incentivado a ir para outros processos produtivos.

Ainda no domínio económico, tem por seu turno um relevo enorme o dispêndio energético com os transportes: calculando-se que se gaste com eles cerca de 30% do total da energia.

---

[4] Com uma análise dos propósitos que podem estar em vista, comparando as experiências de vários países, pode ver-se já a publicação da Agência Internacional da Energia, da OCDE, *Taxer l'Énergie: pourquoi et comment*, Paris, 1994.

A via fiscal, penalizando em maior medida os transportes mais utilizadores de energia, levará a que a procura se desloque para os transportes colectivos e aqui, também desejavelmente, para os transportes sobre *rail*, que utilizam "energias limpas, como a electricidade, sem as contingências do petróleo e do gás.

Estando já aqui em vista um objectivo ambiental. Mas, no domínio da energia, existem vários campos em que a via fiscal poderá ser utilizada, com intuitos ambientais, para compensar os prejuízos provocados, as chamadas externalidades negativas[5].

3. As vias alternativas na prossecução dos objectivos extra-fiscais

A teoria económica tem vindo todavia a mostrar as limitações da intervenção tributária na prossecução de objectivos extra-fiscais, afirmando que é possível de um modo directo atingir os objectivos em vista sem os mesmos custos, económicos e de bem-estar[6]. Acresce que, como refere Xavier de Basto[7], a utilização do sistema fiscal para as mais diversas engenharias sociais (justicialistas, ambientais, tecnológicas, demográficas, etc.) é uma das razões que leva à sua falência, uma vez que aumenta a sua complexidade e, consequentemente, a evasão.

A título de exemplo, se se quer pela via tributária incentivar os empresários a utilizar equipamentos menos consumidores de energia, por isso também menos poluentes, essa intervenção vai encarecer o custo dos produtos, com consequências a jusante: com bens intermediários mais caros a penalizar as produções, perdendo-se competitividade, e com os

---

[5] Sobre a tributação ambiental pode distinguir-se entre nós Cláudia Soares, *O Imposto Ecológico – Contributo para o Estudo dos Instrumentos Económicos de Defesa do Ambiente*, Studia Iuridica do Boletim da Faculdade de Direito da Universidade de Coimbra, Coimbra Editora, Coimbra, 2001, ou na literatura brasileira Simone Martins Sebastião, *Tributo Ambiental. Extrafiscalidade e Função Promocional do Direito*, Juruá, Curitiba, 2007, bem como a bibliografia citada.

[6] Recordando alguns dos contributos pioneiros para a teoria da intervenção ("teoria das divergências domésticas") pode ver-se Manuel Porto, *Teoria da Integração e Políticas Comunitárias*, 3ª ed., Almedina, Coimbra, 2001, p.147.

[7] *"Tópicos para uma Reforma Fiscal impossível"*, texto inédito que consistiu na última aula do autor dada a 9/6/04 na Faculdade de Economia da Universidade de Coimbra.

bens de consumo mais caros a penalizar os cidadãos de recursos mais modestos (com naturais consequência também nos custos da mão-de--obra, por isso na competitividade do país).

A via alternativa, de "primeiro óptimo", estará em promover a instalação de equipamentos mais eficientes, por exemplo com ajudas à investigação conducente ao seu fabrico ou com facilidades financeiras na sua compra.

Instalados os equipamentos mais adequados, além da poupança energética há melhoria na produção, tratando-se quase invariavelmente de equipamentos mais eficazes.

O que acaba de ser dito passa-se com os transportes, exigindo um investimento inicial, com infra-estruturas e material circulante, que depois é altamente recompensado, em termos económicos, financeiros e ambientais (para não falar de outras valências).

Como se adiantou acima, os benefícios são especialmente grandes com o transporte em *rail*, com comboios rápidos, metropolitanos e eléctricos, benefícios que compensam os altos investimentos que têm de ser feitos com as infra-estruturas.

Mas outros exemplos podem ser dados, como o que se passa com as construções. Em vez de construções mais racionalizadas em termos energéticos, casas de habitação e outras, serem promovidas pela via fiscal, será melhor um apoio técnico directo, que acabe por ter a mesma consequência desejável.

4. Os limites a observar, na prossecução do objectivo fiscal

As dúvidas que podem pôr-se em relação ao uso da via tributária na prossecução de objectivos extra-fiscais devem ser tidas em conta igualmente, ou mesmo em maior medida, quando está em causa um objectivo puramente fiscal, de cobrança de receitas. Ainda para mais no quadro de um sistema tributário em que vários impostos (ou mesmo todos) visam essencialmente a cobrança de receitas.

Mantendo os mesmos exemplos, a oneração das produções ou dos transportes é indesejável independentemente de o propósito ser um incentivo à utilização de modos de produção ou de modos de transporte mais aconselháveis ou a mera cobrança de receitas: com a consequência de se perder competitividade ou de se sacrificarem as famílias de menores recursos.

Sendo um imposto extrafiscal, têm de pôr-se num dos pratos da balança os objectivos a atingir (económicos, ambientais ou outros) e, no outro prato, os referidos custos económicos e de equidade. Já com um imposto fiscal, não havendo os benefícios do "primeiro prato", acabam apenas por assumir relevo os custos do "segundo prato".

E, com todo o realismo, é de sublinhar que com grande frequência o que está em causa com a tributação da energia e dos ganhos das empresas do sector é a possibilidade de com facilidade se conseguirem enormes proventos para o Estado.

Colocamo-nos assim no plano da análise global de um sistema, tendo de comparar-se esta(s) forma(s) tributária(s) com todas as demais, tendo em conta os seus efeitos, económicos[8] ou de equidade (ainda administrativos, podendo ser muito diferentes os custos de lançamento, liquidação e cobrança).

No que respeita à distribuição dos encargos sobre os cidadãos, constata-se que em medida assinalável os produtos energéticos, não só a electricidade, são essenciais no dia-a-dia das famílias; e aqui, por seu turno, "pesam" mais nos orçamentos das famílias pobres do que nos orçamentos das famílias ricas. Obviamente que são muito diferentes os valores absolutos, com os ricos a despenderem mais em energia (electricidade, gás, gasóleo ou gasolina); mas com os gastos dos pobres a representarem percentagens muito mais elevadas dos seus orçamentos.

Tem de ver-se pois o peso da factura energética nas contas de cada família: sendo de concluir, as estatísticas mostram-no bem, que se trata

---

[8] Num estudo interessante Lawrence H. Goulder concluíu que "a tax on fossil and synthetic fuels based on Btu (or energy) content and a tax on consumer purchases of gasoline" "emerge" "as more costly to the economy than increases in personal or corporate income taxes of equal revenue yield" (*Energy Taxes: Traditional Efficiency Effects and Environmental Implications*, em *Tax Policy and the Economy* (National Bureau of Economic Research), n.8, 1994, pp.104-58); numa linha em boa medida confirmada por exemplo por A. Lans Bovenberg & Lawrence H. Goulder, *Costs of Environmentally Motivated Taxes I the Presence of other Taxes: General Equilibrium Analysis*, em *National Tax Journal*, vol. L, 1997, pp.59-81, concluindo que "the substitution of environmentally motivated taxes for traditional income taxes typically involves a (gross) cost...").

Revista de Finanças Públicas e Direito Fiscal

de factura que em termos percentuais representa de facto muito mais para os pobres do que para os ricos[9].

Quem defende a tributação da energia vem sempre com o "canto da sereia" de isenções ou reduções de taxas que, beneficiando os mais pobres, evitariam uma distribuição regressiva. Mas a experiência mostra que é muito difícil atingir este desiderato em termos minimamente satisfatórios.

5. O caso da "taxa Robin dos Bosques"

Entrando agora na análise da "taxa Robin dos Bosques", justificar-se-á que se comece pelo reparo de que mais uma vez se foge no nosso país ao rigor das coisas, pois não se trata de uma "taxa", mas sim de um imposto.

Não está de facto em causa o pagamento por uma contrapartida de uma entidade pública em benefício dos pagadores. Trata-se inquestionavelmente de uma prestação unilateral[10], que incide sobre uma realidade puramente fiscal.

---

[9] Estudos feitos têm evidenciado um elevado nível de regressividade do imposto sobre a gasolina, sendo todavia os valores menores se os cálculos são feitos, não com comparações anuais (*cross-section*), mas sim com as funções-consumo temporais de Friedman e de Ando e Modigliani (cfr. Howard Chernick & Andrew Reschovsky, *Who Pays the Gasoline Tax*, em *National Tax Journal*, vol. L, 1997, pp. 233-59). Também a tributação das emissões de poluentes, com bons resultados no que respeita aos níveis de poluição, tem vindo a suscitar reservas no plano da equidade (cfr. já Margaret Walls e Jean Hanson, *Distributional Aspects of na Environmental Tax Schift: The Case of Motor Vehicle Emissions Taxes*, em *National Tax Journal*, vol LII, 1999, pp. 53-65, concluindo que "policymakers are currently looking more favourably on economic incentive approaches to reducing pollution, yet the enthusiasm for such approaches on efficiency grounds is usually tempered by concerns over equity").

[10] Sendo a distinção das duas figuras questão já pacífica na doutrina (não na prática legislativa...), bastará recordar, entre os textos mais recentes, J. Casalta Nabais, *Direito Fiscal*, 4ª edição, Almedina, 2006, pp. 20-26; J. L. Saldanha Sanches, *Manual de Direito Fiscal*, 3ª edição, Coimbra Editora, 2007, 30-53; J. M. Cardoso da Costa, *Ainda a distinção entre «taxa» e «imposto» na jurisprudência do Tribunal Constitucional*, in Livro de Homenagem a José Guilherme Xavier de Basto, Coimbra Editora, 2006, pp. .

Artigos

Trata-se além disso de um imposto, ou de um ajustamento numa forma tributária (no dizer do Ministério das Finanças trata-se de um "alargamento técnico da tributação autónoma existente em IRC incidente sobre a diferença positiva de dois métodos contabilísticos (o método adoptado pela empresa e o método adoptado pela lei)"), com um objectivo fiscal. O objectivo social com que foi apresentado, de cobrança de uma receita adicional para ocorrer a despesas sociais, não é atingido directamente com o imposto, tal como acontece com os impostos extrafiscais. Com o imposto em si visa-se apenas a cobrança da receita; o apoio social já se põe num outro momento, no momento da despesa pública feita com essa receita (que não é, sequer, consignada, ao contrário do que acontece em Itália, onde o Governo foi buscar inspiração para a criação deste novo imposto).

Nos termos da Nota Justificativa da nova forma tributária[11], emitida pelo Ministério das Finanças, com a nova figura são estabelecidos "critérios alternativos de valorimetria dos stocks de petróleo para efeitos fiscais, para as empresas de fabricação e distribuição de produtos petrolíferos refinados, ainda que outro critério seja utilizado para fins contabilísticos". E acrescenta-se que "o ganho extraordinário entretanto obtido pela adopção deste critério passa a encontrar-se sujeito a uma taxa de tributação autónoma de 25%, garantindo assim a redistribuição de riqueza através da implementação de um imposto extraordinário (...)".

Precisa-se ainda que "**tecnicamente, não se trata de tributação sobre mais-valias, mas sim de um alargamento técnico da tributação autónoma existente em sede de IRC (e, como tal, fora da estrutura da liquidação normal de IRC)**[12] incidente sobre a diferença positiva de dois métodos contabilísticos (o método adoptado pela empresa e o método adoptado pela presente proposta de lei)"[13].

---

[11] Como aqui se diz, "à semelhança do que foi adoptado me Itália": aí onde se estabeleceu uma figura semelhante, com uma taxa de 16% (cfr. Decreto-Legge 25 de giugno 2008, n. 112, Disposizioni urgenti per lo sviluppo económico, la semplificazione, la competitivita, la stabilizzazione della finanza pubblica e la perequazione Tributaria, *Supplemento ordinário alla Gazzetta Ufficiale, serie generale*, de 25 de Junho de 2008, designadamente o parágrafo 19 do artigo 81°).

[12] São do original as passagens em negrito, esta e as que se seguem.

[13] Podendo discordar-se que se estabeleça que "**se diferença positiva de dois métodos contabilísticos (o método adoptado pela empresa e o método adoptado pela**

Com implicações nos juízos económicos e de equidade a fazer, e mostrando bem que não há outro objectivo a atingir, está a "segurança" legal que se dá, de que **este mecanismo não vai provocar um aumento do preço dos combustíveis**", sendo "vedada a repercussão no preço dos produtos vendidos do encargo suportado com a nova tributação autónoma, cabendo à autoridade reguladora da concorrência a sua fiscalização".

Há assim a garantia "legal" de que não há ónus para os consumidores (utilizadores), ou seja, as consequências económicas e de equidade apontadas nos números 2 a 4.

No fundo, este novo imposto não é mais do que uma alteração na forma de contabilização de estoques de um sector económico, levando essa transformação a um aumento fiscal do valor das existências (apenas em épocas de acentuado e constante aumento do preço do bem, como tem acontecido recentemente com o petróleo) que ficam sujeitas a uma tributação autónoma de 25%[14].

Na verdade, o que acontece é proibir-se para efeitos fiscais a utilização do método LIFO (*last in first out*), como aquele que deve servir para calcular o valor das existências em estoque, passando a aplicar-se o método FIFO (*first in first out*): os primeiros bens adquiridos são os primeiros a ser vendidos; ou o método do custo médio ponderado.

Na prática, e numa altura em que os preços do petróleo, até muito recentemente, têm aumentado quase diariamente, esta alteração do método contabilístico vai criar, como se disse, um aumento fiscal do valor das existência armazenadas e não vendidas, pois as empresas, se utilizarem um critério contabilístico diferente (fundamentalmente, se continuarem a utilizar o método LIFO) não terão qualquer mais-valia contabilística,

---

presente proposta de lei) **não existir, não dá lugar a arrecadação de receita, nem a qualquer compensação**", uma vez que, existindo uma "menos-valia", esta deveria pelo menos poder ser deduzida nas mais-valias que o sujeito passivo obtenha nesse exercício. Poderá dizer-se que se está perante um "imposto leonino".

[14] Diferentemente do que acontece em Itália, onde o parágrafo 21 do artigo 81° do Decreto-Legge 25 de giugno 2008, n. 112, refere que o maior valor das existências finais que se determina por efeito da primeira aplicação do artigo 92-bis não concorre para a formação do lucro, nada é dito na proposta de Lei portuguesa sobre se essa valorização terá também impacto na formação do lucro para efeitos de IRC.

vendo-se obrigadas, para efeitos fiscais, a recalcular o valor das suas existências com base num outro critério definido legalmente[15].

6. A consequência de diminuição dos ganhos das empresas petrolíferas

Não podendo as empresas repercutir nos preços o encargo da "taxa Robin Hood", o que se visa e se verificará (a menos que as empresas, contrariando o objectivo do legislador, consigam repercutir total ou parcialmente o imposto) será uma oneração das empresas deste sector.

Ora, a este propósito não pode deixar de ter-se bem em conta que um imposto tem de ter **alguma consequência económica.** Fogem de facto do mundo real afirmações feitas, veiculadas pelos órgãos de informação, no sentido de que o Estado irá cobrar a mais, ou apenas antecipar, algumas receitas, destinadas a despesas sociais, sem ser à **custa de** alguém...[16]

Ainda que as empresas petrolíferas, v.g. mais concretamente a Galp-Energia, digam que já estavam preparadas para o seu pagamento, não pode resultar daqui que não haja algum ónus.

---

[15] A nova norma legal, que introduz a tributação extraordinária, e análise, não pode deixar de nos suscitar duas dúvidas.

Em primeiro lugar, uma vez que o n.º 2 define como base tributável a "diferença positiva entre a margem bruta de produção determinada com base na aplicação dos métodos FIFO ou do custo médio ponderado no custeio das matérias-primas consumidas e a determinada com base na aplicação do método de custeio adoptado na contabilidade", ficamos com a impressão de que, se o método utilizado na contabilidade for o FIFO ou o do custo médio ponderado, nunca haverá tributação, anulando-se, por completo, as intenções do Governo em arrecadar receita. Obviamente que, na prática, numa época de aumento de preço da matéria-prima, qualquer gestor previdente adoptaria o critério LIFO, evitando desta forma o acréscimo de lucros para efeitos de IRC.

Em segundo lugar, a aplicação deste novo imposto ao exercício de 2008 (ainda para mais numa altura em que já estamos a entrar no quarto trimestre) levanta dúvidas de constitucionalidade, tendo em conta a proibição da retroactividade das normas fiscais, por força do artigo 103º n.º 3 da Constituição da República Portuguesa.

[16] A Nota Justificativa fala num acréscimo de receita de 152 milhões de euros.

Mesmo tratando-se apenas de uma antecipação, com vantagem para o Tesouro e para quem beneficia com as despesas sociais que passam a poder ser feiras (pelo menos antecipadas, ou acrescidas), o dinheiro tem custos, maiores ou menores, para quem tem de o desembolsar mais cedo.

Infelizmente na economia não há milagres, no curto prazo, neste caso mesmo de imediato, não é possível que o ganho de receita de alguém não seja à custa de uma outra pessoa ou entidade. Um ganho geral poderá verificar-se apenas a médio e longo prazos.

7. Por que limitar a "taxa" a estes ganhos?

Estando inequivocamente em causa um objectivo fiscal ligado a ganhos empresariais, a análise tem de pôr-se no plano da tributação deste tipo de ganhos, procurando saber se se justifica com a figura em análise (face ao quadro geral da tributação das empresas).

Temos de nos pôr pois no plano do IRC, como é sabido a forma básica para se tributarem ganhos empresariais.

Havendo o quadro legal deste imposto, tem de pôr-se sempre a questão de saber por que não se ficou por ele: ou com o regime normal ou eventualmente com uma taxa especial, havendo alguma razão para tal (o que, na lógica do que defendemos neste artigo, não será aceitável só para um sector em particular...).

Em relação às empresas petrolíferas foi entendido, com a forma tributária proposta, que deveria ir-se para além do quadro do IRC. Não se foi pois para uma taxa agravada deste imposto, foi-se para uma forma tributária diferente, com uma avaliação diferente dos estoques armazenados.

Não vamos entrar neste artigo na discussão da opção tomada, podendo admitir (com muitas dúvidas) que se devesse ter ido para além do quadro básico do IRC.

Mas mesmo indo-se para uma figura própria, a questão que não pode deixar de ser posta é a questão de saber se se compreende que haja uma figura própria apenas para as empresas de fabricação e distribuição de produtos petrolíferos.

Nesta reflexão tem de ter-se bem presente que se trata de uma figura tributária com intuitos puramente fiscais, não relevando pois as considerações políticas, económicas ou ambientais que fomos referindo neste artigo.

Não estando em causa um objectivo extra-fiscal, mas sim apenas (sem qualquer dúvida) um objectivo reditício, não pode deixar de pôr-se a questão de saber se se justifica que haja uma figura própria para tributar ganhos **apenas de um sector**.

Sendo um imposto extrafiscal, poderá ter de ser mesmo assim, uma figura adequada a cada caso concreto, às finalidades a prosseguir.

Tratando-se todavia de um propósito meramente fiscal, ligado à existência de ganhos pessoais ou empresariais, o que pode justificar que se tributem os ganhos de um sector e não já de um outro?

O legislador não deixa aliás de referir uma preocupação de igualdade, afirmando que "**o tratamento que é dado às empresas de fabricação e distribuição de produtos petrolíferos refinados é justificado pela conjuntura económica vigente associada à subida acentuada dos preços dos produtos petrolíferos**, pelo que em momento algum podemos entender que há uma violação do princípio da igualdade fiscal"[17].

Mas não pode acontecer que também num outro sector, por exemplo (a par de tantos outros) no sector siderúrgico, da construção, cambial, ou mesmo da electricidade, haja mais-valias igualmente proporcionadoras dos mesmos ganhos?

A opinião pública está muito sensibilizada para os ganhos das empresas petrolíferas, havendo por isso uma grande aceitação política para uma tributação acrescida sobre eles, ainda por cima na lógica do "herói" Robin dos Bosques: estando a tirar-se aos ricos, ou a um rico bem identificado, para "dar aos pobres".

Mas não pode haver outro ou outros "ricos", empresas de outros sectores, em que haja também grandes valorizações de estoques, tendo os preços das suas matérias-primas igualmente tendência para aumentar?

Pode tratar-se de um sector que não esteja sob os holofotes da opinião pública, mas o **princípio da igualdade fiscal** exigiria que a forma tributária criada se aplicasse igualmente a todos os casos iguais, inde-

---

[17] Trata-se claramente de um " imposto datado", cronologicamente comprometido. Aliás o próprio Ministério das Finanças, na Nota Justificativa, fala num imposto extraordinário, levando-nos a admitir a possibilidade da sua extinção quando o preço do petróleo estabilizar, o que começa a acontecer.

Revista de Finanças Públicas e Direito Fiscal

pendentemente da sua notoriedade pública. É injusto se assim não acontecer, criando-se graves distorções no mercado e contribuindo-se para a violação da neutralidade, característica que já Adam Smith considerava essencial num sistema fiscal.

Acontecendo porventura que em nenhum outro caso haja valorizações semelhantes, o imposto acaba por ser aplicado apenas ao sector petrolífero. Mas apenas por essa razão, não por se tratar do sector petrolífero.

Eduardo Paz Ferreira
Luís Máximo dos Santos

The Economy Again?
De como Barack Obama e John McCain encaram a economia

Eduardo Paz Ferreira
Professor catedrático da FDUL
Presidente do IDEFF
Catedrático Jean Monnet em Economia Comunitária
Vice-presidente do Instituto Europeu da FDUL

Luís Máximo dos Santos
Mestre em Direito (ciências jurídico-económicas) pela FDUL
Docente do Instituto Europeu da FDUL
Consultor do Banco de Portugal
Vogal do Conselho Superior da Magistratura,
eleito pela Assembleia da República

Revista de Finanças Públicas e Direito Fiscal

RESUMO

As próximas eleições norte americanas apresentam uma importância fundamental que ultrapassa aquele país. Dois projectos de sociedade e de organização económica confrontam-se. Aprecia-se os programas de Barack Obama e John McCain, em especial, no que respeita à regulação económica, aos cuidados de saúde e à política fiscal e orçamental.

Palavras-chave:
Eleições americanas;
Programas económicos;
Cuidados de Saúde;
Regulação;
Impostos e Orçamento.

ABSTRACT

The next presidential elections in the USA have an enormous importance that exceeds that country. The article analyses and compare the basic lines of the economic programs - specially in the fields of regulation, health care and fiscal and budget policies - presented by the candidates Barack Obama and John McCain.

Keywords:
Presidential elections in the USA;
Economic programs;
Health care;
Fiscal and Budget Policies.

Artigos

1. Introdução

Desde há muito que a eleição do Presidente dos Estados Unidos da América (EUA) constitui um acontecimento cuja importância transcende largamente as fronteiras desse país, em consequência do papel fundamental que, a todos os níveis, a nação americana desempenha na cena mundial. Todavia, cremos ser legítimo dizer que muito poucas vezes uma eleição terá suscitado tanta expectativa e tanto interesse – dentro e fora dos EUA – como a que vai ter lugar a 4 de Novembro deste ano.

São muitos, e de diversa índole, os factores que para isso contribuem. Desde logo, é inegável que o facto de a disputa das primárias do Partido Democrata se ter polarizado entre uma mulher – a Senadora Hillary Clinton – e um cidadão afro-americano – o Senador Barack Obama –, que venceu a corrida, contribuiu, pelo ineditismo do perfil dos candidatos mas também pelo elevado nível da contenda e pelo longo período de incerteza quanto ao desfecho final, para despertar uma atenção fora do comum, sendo justo acrescentar que do lado do Partido Republicano a escolha de um candidato menos previsível igualmente favoreceu essa atenção.

Mas se isso já seria muito em qualquer circunstância, a importância da eleição é especialmente elevada pelo facto de ocorrer num contexto económico e financeiro particularmente turbulento, em que diversas e profundas crises se sobrepõem, e em que, paralelamente, os equilíbrios de poder a nível internacional estão em inegável e rápido processo de recomposição, com inevitável prejuízo para os EUA.

Se é verdade que há sempre algum risco em tentar fazer história em cima dos acontecimentos, é hoje largamente aceite que os dois mandatos de George W. Bush corresponderam a um período de significativo declínio americano. Mercê da conjugação de uma série de factores, o estatuto de hiperpotência que resultara do fim da guerra fria esboroou-se mais rapidamente do que alguém previra. Num ápice, um pouco por todo o lado, a América passou a ser menos admirada, menos bem sucedida e até menos temida.

As elites americanas foram, aliás, as primeiras a dar conta do fenómeno, o que não deixa de ser um óptimo indicador da vitalidade do país e, consequentemente, uma das melhores garantias de que os problemas poderão conhecer uma evolução positiva. Em vez de ignorar as verdadeiras questões, como com frequência sucede noutras latitudes, os america-

Revista de Finanças Públicas e Direito Fiscal

nos parecem ter tomado consciência das dificuldades em que se encontram (relativas, sem dúvida, mas ainda assim dificuldades) e também isso ajuda a explicar o interesse e a mobilização a que se tem assistido à volta da eleição presidencial.

Aliás, num interessante artigo, Fareed Zakaria situa mesmo no sistema político americano o principal factor do enfraquecimento dos EUA: *"as it enters the twenty-first century, the United States is not fundamentally a weak economy or a decadent society. But it has developed a highly dysfunctional politics. What was an antiquated and overly rigid political system to begin with (now about 225 years old) has been captured by money, special interests, a sensationalist media, and ideological attack groups. The result is ceaseless, virulent debate about trivia – political as theatre – and very little substance, compromise, or action. A can-do country is now saddled with a do-nothing political process, designed for partisan battle rather than problem solving"*[1]. Não é de facto por acaso que ambos os candidatos sentem necessidade de se demarcar do *"establishment* de Washington", criticam a influência dos lóbis e o modo tradicional de fazer política nos EUA.

Mas há quem entenda que os problemas vão ainda mais fundo, sustentando que a sociedade americana há muito que vem vivendo um processo de traição aos seus valores mais antigos e profundos, afinal os que fundaram e estruturaram o país e garantiram o seu êxito e predomínio[2].

Seja como for, é um facto que, mais do que nunca, os desafios que se irão colocar ao próximo Presidente dos EUA são de enorme magnitude e as suas decisões ajudarão a perceber os caminhos do século XXI.

2. Considerações gerais

James Carville, conselheiro da primeira campanha eleitoral de Bill Clinton, celebrizou-se com a frase "it's the economy stupid", que parece ter estado profundamente ligada à vitória do seu candidato. A frase, tan-

---

[1] Cf. Fareed ZAKARIA, "The Future of American Power – How America Can Survive the Rise of the Rest", *in Foreign Affairs*, Maio / Junho 2008, p. 41.

[2] Cf., por exemplo, Godfrey HODGSON, *De l'inégalité en Amérique – La vague conservatrice de Reagan à Bush*, Éditions Gallimard, Paris, 2008.

tas vezes recordada e glosada, correspondeu à clara percepção de que, numa situação em que os principais indicadores económicos apresentavam valores preocupantes, seria a insistência nesse ponto que poderia produzir dividendos e resolver as eleições contra um presidente que se apresentava à reeleição e tinha uma forte taxa de aprovação, resultante da primeira Guerra do Golfo. Também a fácil vitória de Clinton, em 1996, se ficou, em larga medida, a dever à economia e aos resultados muito favoráveis do primeiro mandato.

Tudo indicava que, também na campanha eleitoral de 2008, a economia viesse a ser o factor decisivo, em face do agravamento de todos os indicadores, com relevo para os do desemprego e da produção industrial e, sobretudo, para a crise imobiliária e a preocupante evolução do sistema financeiro. O contexto de combate ao terrorismo e da invasão do Iraque levou, entretanto, a que o impulso inicial da campanha de Barack Obama fosse dado pela oposição do senador de Illinois à guerra, manifestada desde o início, em flagrante confronto com os restantes candidatos do Partido Democrata, enquanto que, no lado republicano John McCain apostava na transmissão da sua experiência e capacidade para ser comandante-em-chefe num mundo perigoso e imprevisível.

Um pouco surpreendentemente, o período imediatamente posterior à convenção republicana levou a uma certa secundarização das questões económicas, substituídas por confrontos pessoais e pelo choque de valores, conduzindo a uma polarização entre as duas Américas que Barack Obama tentara aproximar, buscando uma convergência num terreno não ideológico que transcendesse o azedo bi-partidarismo que marcou os últimos anos. Andrew Romano, chegou a escrever na Newsweek de 15 de Setembro um texto intitulado "It's not the economy stupid" que visava, é certo, assinalar particularmente a influência perversa dos *media* no debate político e no afastamento dos temas importantes.

Os acontecimentos de Setembro, no entanto, parecem ter tornado claro que a economia se manterá no centro das preocupações dos eleitores como um factor determinante, perturbado – é certo – por uma longa e desgastante campanha, sobretudo do lado de Obama, e pela forma, brilhantemente analisada por Andrew Hacker[3] e, entre nós, por Vasco

---

[3] "Prejudice Against Obama", *The New York Review of Books*, September 25, 2008

Pulido Valente, como o preconceito pode prejudicar a candidatura de Barack Obama.

Se a maioria dos observadores admite que o agravamento da situação económica favorecerá os democratas, que apresentam uma melhor folha de serviços nesse domínio e cujos projectos correspondem tendencialmente às preocupações imediatas dos cidadãos este não é um julgamento unânime. Timothy Garton Ash, sempre céptico quanto às possibilidades de Obama, considera, por exemplo, que se pode verificar um efeito de receio do novo e de busca de conforto na maior experiência política de McCain[4].

Acresce ainda que a herança de George Bush, tão negativa em domínios como o da política externa e dos direitos humanos, será também um fardo pesado que se fará sentir ainda durante muitos anos, como tem acentuado Joseph Stiglitz que arrisca mesmo que o actual presidente tomará o lugar de pior presidente de todos os tempos, até agora generalizadamente atribuído a Herbert Hoover[5].

A tendência para a desvalorização dos factores económicos foi, no entanto, o resultado de uma estratégia republicana e do próprio John McCain no sentido de evitar um ambiente que lhe é pouco favorável e em que ele próprio, repetidamente, afirmou não se sentir confortável. A escolha de Sarah Palin representou o momento mais impressivo dessa estratégia, levando em conta a inexperiência da candidata a vice-presidente na área. Uma conselheira principal da campanha, Carly Fiorina, antiga vice-presidente executiva da Hewlett-Packard, agravaria substancialmente as coisas ao afirmar que pensava que a governadora do Alaska não tinha qualificações para ser presidente de uma grande empresa, acrescentando desastradamente: "but you know what? That's not what she's running for".

Para além de todas as outras questões que a declaração levanta, ela aparece como emblemática da ideia republicana de mútuo desconhecimento entre a economia e política (insustentável nos nossos dias) e da convicção que os mecanismos económicos dispensam qualquer intervenção de natureza política, uma vez que o mercado reporá os equilíbrios naturais que a intervenção pública só poderia perturbar ainda mais.

---

[4] *The Guardian, September*, 18.

[5] "The Economic Consequences of Mr. Bush", *Vanity Fair*, December, 2007.

Naturalmente que esta visão idílica de dois mundos separados é profundamente contrariada pela intensa acção dos lóbis que constitui a maior vulnerabilidade do sistema político norte-americano e tem conduzido a perversões significativas da decisão político-económica[6].

É certo que a crise dos mercados financeiros determinou uma reacção dos responsáveis pela política monetária e pelo Tesouro americano diferente da tradicional ortodoxia liberal, minimizando, porventura, as distâncias que poderiam separar os dois candidatos mas, nem por isso, fez esquecer o fervoroso apoio de McCain ao movimento de desregulação e a sua responsabilidade directa na legislação que aboliu a separação entre bancos, seguradoras e bancos de investimento, criando as condições para a falência do Lehman Brothers e a "nacionalização" da AIG.

Um ponto interessante e significativo de uma grande inversão de sensibilidades é a dúvida quanto à bondade da ausência de controlo político sobre as acções do presidente do FED que começa a ser levantada nas hostes democratas, bem como a pública reprovação da actuação de Alan Greespan que, até agora parecia destinado a um julgamento muito benigno por parte dos seus contemporâneos e pares. Na Europa continua-se, entretanto, a insistir na ortodoxia monetária e a defender o Pacto de Estabilidade como valor absoluto, considerando que as estreitas margens por ele criadas são suficientes para combater a crise. Se Almunia e Trichet serão ou não objecto de um processo de reapreciação semelhante ao de Greespan, que passou de figura mítica pela sua intuição para lidar com o mercado a réu principal da crise financeira é, por enquanto, uma incógnita.

Os confusos tempos em que vivemos levam a que republicanos recorram a nacionalizações de bancos, assim como os responsabilizaram por um assustador défice orçamental, em confronto com o excedente deixado por Bill Clinton mas, nem por isso, escondem as diferentes opções dos dois candidatos. Aqueles que acreditam na responsabilidade social do Estado e na necessidade de um apoio aos mais desprotegidos alinham sob a bandeira de Obama, enquanto que os defensores do esforço individual como resposta aos problemas colectivos se juntam a McCain.

---

[6] Sobre este ponto, vd. A desenvolvida análise de Robert Reich, *Supercapitalism, the Transformation of Business, Democracy and Everyday Life*, New York, 2007

Num certo sentido poder-se-á dizer que o confronto ideológico das últimas décadas se mantém, ainda que haja que notar o pragmatismo das propostas de Obama, preparadas por um grupo de peritos em que avultam nomes de centristas, que se afastam em diversos pontos do ideário progressista americano, enquanto que noutros o aprofundam. Também não poderá ser esquecido que McCain, mantendo o essencial das ideias de Bush não deixa de sentir a necessidade de as adequar nalguns pontos.

Propomo-nos, neste artigo, passar em revista alguns dos aspectos mais relevantes do programa dos candidatos, com a certeza que eles não representam necessariamente as políticas que serão seguidas uma vez eleitos mas que, ainda assim, a preocupação com o cumprimento das promessas eleitorais e o respeito pela palavra dada são muito superiores nos Estados Unidos ao que sucede entre nós. Recorde-se, aliás, o quanto custou a George Bush pai a promessa eleitoral de não lançar novos impostos, enfaticamente ilustrada com o célebre "Read My Lips".

As profundas incertezas quanto ao futuro da economia envolvem, por outro lado, a prática certeza de que os programas económicos ainda serão revistos antes das eleições ou serão secundarizados em confronto com os problemas a que há que responder. De resto, ao longo da campanha, muitas das propostas contidas nos programas têm sido ignoradas ou alteradas em declarações avulsas.

Na impossibilidade de uma análise exaustiva dos planos económicos ou da sujeição dos mesmos a um escrutínio semelhante àquele que o *Tax Policy Center* efectuou em relação às propostas fiscais dos candidatos (e ao qual voltaremos), vamo-nos concentrar, depois de uma referência muito genérica aos programas, em três pontos fundamentais: a regulação, os cuidados de saúde e a política fiscal.

O programa eleitoral do candidato Barack Obama consta de um documento intitulado *"The Blueprint for Change – Barack's Obama Plan for America"*. Sintomaticamente, após uma curta carta aos eleitores, o primeiro tópico do programa versa precisamente sobre a "ética", entenda-se o modo de fazer política em Washington. A partir daí, encontramos os tópicos habituais num programa de Governo (sistema de saúde, economia, segurança social, educação, energia, fiscalidade, comunidades rurais, situação da mulher, imigração, pobreza, serviço público, política externa) e outros mais especificamente americanos, como as questões dos direitos civis ou dos veteranos de guerra.

Salientemos, muito sumariamente, algumas propostas que se nos afiguram, por razões diferentes, merecerem destaque. É o caso do compromisso de, em resultado de um vultuoso investimento a efectuar ao longo de 10 anos, criar 5 milhões de empregos "verdes", isto é, designadamente, no sector das energias renováveis, dos biocombustíveis e das tecnologias "limpas". Sublinhe-se também a intenção de lutar no plano internacional, tanto a nível regional como no plano da Organização Mundial do Comércio, pelo "fair trade", tendo em vista proteger o emprego nos EUA, admitindo-se até expressamente o propósito de rever o *North American Free Trade Agreement* (NAFTA), de modo a que o mesmo "funcione para os trabalhadores americanos", aspectos que parecem apontar para uma orientação da política comercial externa que não hesitará em recorrer ao proteccionismo, pelo menos selectivo. O programa contém muitas outras medidas, designadamente visando o apoio à investigação tecnológica e às pequenas empresas.

Por último, e como não poderia deixar de ser atenta a crise do *subprime* e todas as suas sequelas, há várias medidas incidentes no sector financeiro, designadamente no plano da protecção dos consumidores de serviços financeiros. Uma das preocupações manifestadas diz respeito às "práticas predatórias" levadas a cabo pelas instituições financeiras em matéria de cartões de crédito... Ou seja, lá, como cá – e seguramente em muitos outros locais –, a verificação de que as instituições de crédito têm multiplicado condutas que redundam em claro prejuízo dos seus clientes leva o poder político à adopção de medidas visando combater essas práticas abusivas. É assim que nesse domínio se prevê a criação de um "*five-star rating system*", de modo a que todos os consumidores tenham consciência do risco envolvido em cada cartão de crédito, bem como de um "*Credit Card Bill of Rights*", designação feliz pela sua enorme carga sugestiva, com o propósito de estancar as práticas injustas das instituições financeiras que conduzem à exploração dos seus clientes.

Sob a designação "*Jobs for America*", John McCain apresenta o que designa por "Plano Económico", consistente num conjunto de medidas em diversos domínios, que, segundo promete, irá "criar milhões de bons empregos, garantir a segurança energética da nação, pôr em ordem o Orçamento Federal e as práticas despesistas e aliviar a situação dos consumidores americanos." Como seria de esperar, o programa de McCain cobre sensivelmente os mesmos domínios que o programa de Obama, sendo de notar que também McCain se manifesta de forma veemente contra o modo de fazer política que prepondera em Washington. Recorrendo a uma velha fórmula, John McCain diz acreditar num Governo "do povo, pelo povo e para o povo", condenando a acção dos lóbis e a degradação do serviço público. Aludindo aos problemas levantados pelo financiamento dos partidos e dos políticos, considera que "a democracia não é para vender", sendo por isso necessário "restaurar a ética" na gestão do Estado, no quadro do que designa por *"Ethics Reform"*.

Uma breve menção, ainda, para o facto de no domínio da política comercial externa o programa de McCain se assumir mais na linha tradicional de defesa do comércio livre, não invocando escapatórias por onde poderão vir a passar algumas medidas de cariz proteccionista, como vimos suceder no programa de Obama.

3. A regulação

Uma das questões que irá dominar o panorama económico nos próximos anos será, seguramente, a regulação económica, uma vez que as falhas de um mercado financeiro desregulado (ou com uma regulação incorrectamente levada a cabo) imporão uma significativa revisão de práticas e leis. Um tanto paradoxalmente, no entanto, este é um dos pontos mais omissos no programa económico dos candidatos, ainda que se possa dizer que o passado de McCain no Senado o aponta como um forte opositor da regulação e que diversas posições de Obama têm implícita a existência de mecanismos de regulação.

A actualidade da questão da regulação tem levado, contudo, os candidatos a pronunciar-se diversas vezes sobre a matéria. No essencial poderá dizer-se que Obama tem assumido uma posição pró-regulação e que McCain tem mantido a sua obsessão desreguladora: "I'm always for less regulation."[7] Naturalmente que é a posição de Obama que levanta maior curiosidade, quer por porvir de um candidato de um partido tradicionalmente apoiante da regulação, quer pelo facto de o seu programa ser mais entusiástico quanto às forças do mercado livre do que é normal

---

[7] Entrevista ao *Wall Street Journal* de Março de 2008

entre os democratas, provavelmente por força dos seus conselheiros de Chicago[8].

A posição mais elaborada do candidato democrata resulta do discurso de 27 de Março de 2008, onde filia a regulação no pensamento dos "founding fathers", e particularmente de Hamilton, sustentando "... the American experiment has worked in large part because we guided the market's invisible hand with a higher principle. A free market was never meant to be a free license to take whatever you can get, however you can get it. That's why we've put in place rules of the road: to make competition fair and open, and honest. We've done this not to stifle but rather to advance prosperity and liberty".

Ainda assim, Barack Obama não deixou de manifestar compreensão para com a pulsão desreguladora dos anos noventa, pelo menos como modelo intelectual, defendendo que aquilo que falhara fôra a concretização, falhanço esse que provocou graves crises no sector financeiro e das telecomunicações. O desafio que se coloca é, então, o de construir uma regulação para o século XXI que passará seguramente por modelos mais flexíveis e um apoio mais decidido ao desenvolvimento tecnológico.

A posição da Barack, com o aprofundamento da crise económica, tornou-se mais clara, em consonância, por exemplo, com Robert Reich: "What to do? Not to socialize capitalism with bailouts and subsidies that put taxpayers at risk. If what's lacking is trust rather than capital, the most important steps policymakers can take are to rebuild trust. And the best way to rebuild trust is through regulations that require financial players to stand behind their promises and tell the truth, along with strict oversight to make sure they do"[9].

McCain, pelo contrário, coerentemente com a sua posição contrária à regulação, optou por atribuir, em tom populista, a crise não ao desmantelamento dos mecanismos regulatórios, mas ao mau funcionamento dos existentes e à sua captura pela avidez de Wall Street, indo mesmo ao ponto de formular a proposta de demissão do Presidente da SEC, que teria traído a confiança que nele fora depositada, proposta que levanta as maiores dúvidas na sua constitucionalidade, mas que vem confirmar que

---

[8] Por exemplo Austan Goolsbee.
[9] Robert's Reich Blog.

Revista de Finanças Públicas e Direito Fiscal

a independência dos reguladores e presidentes das autoridades monetárias já conheceu melhores dias.

Para além da questão de fundo da revisão do processo de regulação e supervisão bancária, certo é que, apesar daquilo que parece ser a relutância de John McCain em aceitar soluções desse tipo, republicanos e democratas se preparam para actuar concertadamente num apoio maciço aos agentes económicos em dificuldade.

Da evolução que se tem verificado parece poder-se extrair a conclusão de que a intervenção pública nos mercados financeiros – reabilitada por força da enorme crise verificada – irá manter-se pelo menos pelos próximos anos, com custos muito elevados para os contribuintes no imediato, mas susceptíveis de os pouparem a um dramático agravamento nas condições de vida.

No ano em que se celebra o 75.º aniversário do New Deal não deixa de ser irónico que uma Administração Republicana ponha de pé medidas semelhantes às lançadas por Roosevelt. Estamos, assim, mais perto da reivindicação de um novo New Deal que vinha sendo apresentada por sectores da esquerda norte-americana[10]. Se essa aproximação se traduzirá num reforço dos mecanismos de regulação ou se traduzirá apenas em medidas pontuais só o futuro permitirá esclarecer. Se Obama triunfar, tudo indica que se irá no primeiro caminho. Já se a vitória pertencer a McCain a intervenção será encarada como uma alteração temporária do *status quo*.

4. Os cuidados de saúde

Um dos pontos mais importantes no confronto de ideias e programas eleitorais é, seguramente, o do *Health Care*, uma vez que quinze por cento da população não dispõe de qualquer sistema de cobertura das doenças, enquanto que o custo com as despesas de saúde é cada vez mais elevado nos orçamentos familiares e a compressão dos benefícios pelas seguradoras mais evidente.

---

[10] Com especial ênfase em Paul Krugman, *The Conscience of a Liberal*, New York, 2008.

Artigos

É nesse domínio, aliás, que as diferenças de projecto são mais radicais. A ideia da criação de um serviço nacional de saúde à semelhança do canadiano ou do (tão contestado internamente) modelo europeu constitui uma ideia cara aos Democratas, que digeriram com dificuldade o falhanço da Administração Clinton nesta área. Durante as primárias os três principais candidatos democratas apresentaram programas muito ambiciosos e pormenorizados, divergindo o de Obama por não encarar mecanismos compulsórios de inscrição no sistema. Algumas das ideias do programa de Hillary Clinton nesse domínio viriam, todavia, a ser incluídas numa reformulação do programa operada em Julho último.

No fundamental, as propostas de John McCain que demorou, aliás, muito a apresentar o seu programa, inserem-se numa linha de continuidade com o pensamento republicano na matéria, apontando para um sistema de cuidados de saúde assente na medicina privada. Seria a concorrência entre empresas seguradoras e não a intervenção pública a resolver o problema da cobertura dos cuidados de saúde.

Coerentemente, a cobertura dos cuidados de saúde seria desligada da condição de trabalhadores, deixando os empregadores de contribuir para o pagamento das apólices, que seria de responsabilidade individual, criando-se em troca uma dedução fiscal de 2.500 dólares por pessoa ou 5.000 por família. A quebra de receitas daqui resultante seria contrabalançada pela diminuição das despesas públicas com os sistemas *Medicare* e *Medicaid* e com o funcionamento dos serviços de urgência.

Assumindo a total racionalidade dos cidadãos, McCain considera que este sistema pressupõe capacidade de escolha entre vários modelos de protecção, escolhendo os mais adequados às suas necessidades, admitindo auxílio público aos mais desfavorecidos dentro de limites. A outra grande vantagem do projecto, na lógica de McCain, seria reduzir os encargos sobre as empresas.

O programa de Barack Obama parte de um princípio de continuidade com o actual sistema, introduzindo, embora, modificações substanciais, que aumentam significativamente as responsabilidades do Estado e a sua capacidade de regulação da actividade dos prestadores privados de saúde e fornecendo resposta a muitos dos problemas actuais, designadamente os de portadores de doenças crónicas, recusados pelas seguradoras, e reforçando substancialmente as verbas destinadas à medicina preventiva.

Revista de Finanças Públicas e Direito Fiscal

No centro do programa encontra-se a garantia de que é atribuída a todos os cidadãos que a desejem uma cobertura idêntica àquela de que dispõem os funcionários públicos através do *Federal Employees Health Benefits Program* prevendo-se, ainda, a criação do *National Health Insurance Exchange* para auxiliar os privados que optem por comprar seguros privados que deverão ser pelo menos tão favoráveis quanto o plano público.

O sistema não cria, no entanto, um mecanismo compulsório – apenas existente no caso das crianças – que levasse a uma cobertura universal dos cuidados de saúde. Continua, por outro lado, a responsabilizar os empregadores que deverão até ver os custos acrescidos excepto no caso dos pequenos empresários que disporão de benefícios fiscais especiais. São, por outro lado, previstas medidas, tendentes a melhorar o funcionamento do sistema, controlar os custos e incentivar a inovação.

Naturalmente que num tema que põe em confronto visões muito diferentes da sociedade e da responsabilidade do Estado, não têm faltado as críticas que correspondem em geral ao diferente posicionamento ideológico dos autores. Ainda assim, há que notar que, nalguns casos, as críticas provêm do mesmo arco político dos candidatos. À esquerda Barack Obama tem sido atacado por não garantir a cobertura universal. À direita McCain teve que enfrentar a percepção de que o plano vai longe de menos nos benefícios atribuídos e longe de mais no seu custo orçamental.

A prestigiada Revista *Health Affairs. The Policy Journal of the Health Care* inclui no seu último número duas diferentes análises dos programas, subscritas ambas por especialistas da área e economistas, fortemente críticas dos programas dos dois candidatos. A consagrada a Obama salienta os custos e o carácter nocivo da excessiva intervenção pública no mercado segurador, enquanto que McCain é, sobretudo, confrontado com a previsão de que menos pessoas terão protecção e muitas verão diminuídas a qualidade e extensão da cobertura.

O problema mais delicado dos programas são os seus reflexos orçamentais, em tempos em que haverá que lidar com os custos da guerra no Iraque, os crescentes encargos com a dívida pública resultantes do défice acumulado e com a necessidade de estimular a economia, ainda que haja que notar, quanto a este último ponto, os efeitos positivos que o programa de Obama pode ter ao aumentar o rendimento disponível das famílias. Os custos estimados pelo Tax Policy Center são de 1,1 triliões de dólares para o projecto McCain e 1,6 para o projecto Obama que se propõe, no entanto, financiá-los com a abolição dos benefícios fiscais para os mais ricos.

Num tema em que as considerações financeiras estão longe de ser únicas ou até decisivas, a crítica mais impressiva ao programa de McCain veio de Elisabeth Edwards que, depois de salientar que o programa não garantia saúde a todos os americanos, concluiu "if you are 55 with cancer, like senator McCain and I, good luck to you".

5. A política fiscal e orçamental

No que toca especificamente à política fiscal, importa dizer, antes de mais, que é nela que assenta, em larga medida, a estratégia económica dos programas de ambos os candidatos, talvez ainda mais notoriamente no caso do programa de John McCain. De facto, ambos os programas conferem à política fiscal uma importância central, desde logo porque se propõem alcançar os mais diversos objectivos económicos e sociais através de medidas de natureza fiscal, um pouco, aliás, como já sucedeu com a Administração Bush, que fez dos famosos *tax cuts*, em vigor até 2010, um eixo central do seu modelo de política económica.

Estando no centro de ambos os programas económicos, não é de espantar – como efectivamente tem acontecido – que a política fiscal adquira também larga projecção no debate eleitoral, seja directamente através dos candidatos, seja através dos seus apoiantes[11].

John McCain, por exemplo, afirmou na Convenção do Partido Republicano: *"My tax cuts will create jobs. His tax increases will eliminate them."* A afirmação gerou muita polémica e os apoiantes de Barack Obama não perderam tempo a contrariá-la, dizendo que era uma *"con-*

---

[11] Entre os economistas famosos que apoiam o programa de Barack Obama contam-se, por exemplo, Joseph Stiglitz, Edmund Phelps, Robert Solow, Larry Summers, Paul Volcker, Robert Rubin, Robert Reich, James Galbratih e Alain Blinder. Como apoiantes do plano económico de John McCain encontramos, entre outros, Gary Becker, Michael Porter, Kenneth Rogoff, Anne Krueger e Martin Feldstein

venient untruth", acusando McCain de estar a faltar escandalosamente à verdade, uma vez que para a maioria dos americanos as propostas de seu candidato significam uma redução da factura fiscal, a qual só aumentaria para os americanos de mais elevado rendimento.

O essencial do programa de John McCain em matéria de política fiscal pode resumir-se do seguinte modo:

I) As diversas medidas de redução de impostos tomadas por George W. Bush em 2001 e em 2003, mediante distintos instrumentos de técnica fiscal (deduções, isenções, etc...), cuja vigência termina (para quase todas) no final de 2010, são tornadas permanentes, excepto no domínio do imposto imobiliário (embora também aí se preveja um limite de isenção superior ao que previsto no programa de Barack Obama). Estabelece-se que a taxa marginal máxima do imposto sobre o rendimento das pessoas singulares passará (a partir de 2010) de 39,6% para 35%.

II) Prevê-se a redução, faseada, da taxa máxima do imposto sobre os lucros das empresas de 35% para 25% e, ainda no âmbito deste imposto, torna-se permanente o crédito fiscal previsto na legislação para certas despesas de investigação e desenvolvimento tecnológico (I&DT), aumentando-se também o seu valor.

III) Prevê-se um significativo aumento da dedução pelos dependentes em sede de tributação do rendimento das pessoas singulares.

Analisando as medidas de política fiscal propostas por John McCain, cremos ser acertado concluir que os seus pressupostos se situam numa linha de continuidade face à política de George W. Bush, conforme resulta inequivocamente da opção de se tornar permanente o seu núcleo essencial, ou seja, os *tax cuts* de 2001 e 2003. O programa assenta na convicção de que a diminuição dos impostos, designadamente sobre as empresas, estimula o investimento e, nessa medida, conduz à criação de empregos. Além disso, acredita-se que o reforço dos incentivos em sede de I&DT conduzirá ao aumento da produtividade e, consequentemente, dos salários. A opção de se manter baixas taxas de tributação da poupança e das mais-valias é também justificada com base na ideia de que isso contribui para o aumento da produtividade, favorecendo assim o crescimento económico e a criação de emprego. Finalmente, aponta-se como um benefício para a população trabalhadora a diminuição da factura fiscal decorrente do aumento das deduções pelos dependentes, dessa forma se protegendo a família e aumentando o rendimento disponível, com as inerentes vantagens no plano do consumo e da poupança[12].

De forma não surpreendente, atenta a crítica que lhe tem sido dirigida por personalidades ideologicamente próximas do Partido Democrata, como é o caso de Joseph Stiglitz, o programa de Barack Obama posiciona-se numa linha de não continuidade com os *tax cuts* de 2001 e de 2003, uma vez que grande parte dos mesmos é deixada caducar no seu termo de vigência. Com efeito, só uma pequena parte dessas medidas de redução fiscal irão ser mantidas, sendo mesmo tornadas permanentes: trata-se de algumas das disposições que respeitam a contribuintes com rendimentos anuais inferiores a \$ 250.000,00 (contribuintes casados) ou \$ 200.000,00 (outros contribuintes), designadamente relativas às deduções pelos dependentes. As reduções incidentes sobre os dois escalões mais altos de rendimento não serão mantidas para além de 2010.

O programa de Barack Obama prevê um aumento para 20% da taxa máxima de tributação das mais-valias, bem como um significativo aumento de certas deduções e benefícios que aproveitam a trabalhadores por conta de outrem, reformados, proprietários de casas adquiridas com recurso ao crédito, estudantes e novos agricultores. Prevêem-se novos e relevantes incentivos à poupança e tornam-se permanentes os créditos fiscais relativos a despesas de I&DT e com energias renováveis. Para o imposto imobiliário o limite de isenção é significativamente inferior ao previsto no programa de John McCain.

6. O impacto dos programas fiscais

O que acima se escreveu corresponde apenas a uma sumária e simplificada indicação das medidas mais emblemáticas de cada um dos programas. A discussão à sua volta tem sido significativa ou não fosse a matéria – como já assinalámos – um dos temas fortes da campanha. Embora se verifiquem vários e significativos pontos de convergência – a título de mero exemplo refira-se o aspecto dos incentivos à I&DT

---

[12] Sobre as linhas essenciais do programa de John McCain, cf., por exemplo, Martin FELDSTEIN e John B. TAYLOR, "John McCain Has a Tax Plan To Create Jobs", *in The Wall Street Journal* (edição on line), 2 de Setembro de 2008.

– o programa fiscal das duas candidaturas é francamente contrastante, designadamente quanto aos seus efeitos macroeconómicos, revelando assim que a política fiscal continua a ser uma das áreas onde se verificam fracturas de natureza ideológica, por muito que por vezes isso custe admitir. Curiosamente, nos EUA os últimos anos têm evidenciado bem essas fracturas, enquanto na Europa, sob pretexto de uma pretensa "desideologização" do sistema fiscal (que mais não é do que a afirmação de uma orientação ideológica de sinal oposto), se tem vindo a afirmar uma tendência que parece querer evitar a questão da redistribuição, seja por oposição ideológica (muitas vezes não assumida), seja com base no argumento de que a globalização e a concorrência fiscal terão eliminado a possibilidade de se fazer políticas redistributivas do rendimento através do sistema fiscal. Tais políticas, diz-se, mesmo quando se reconhece que são indispensáveis, teriam de ser feitas pela via da despesa pública, através de prestações a atribuir directamente aos mais carenciados.

O debate nos EUA parece inclinar-se noutro sentido. Assim, por exemplo, Martin Feldstein e John B. Taylor[13], em defesa das ideias do candidato que apoiam, assinalam que *"in stark contrast to Barack Obama, Mr. McCain believes that tax policy should be use to foster the creation of jobs and higher wages through economic growth, rather than to redistribute incomes."*

Esta visão (transparentemente assumida) não podia ser mais contrastante com o programa fiscal de Barack Obama, conforme se pode verificar através das conclusões de um estudo realizado pelo *Tax Policy Center (Urban Institute and Brookings Institution)*, uma respeitada instituição dos EUA, de natureza apartidária e independente, que realizou uma aprofundada e quantificada análise dos programas fiscais de ambos os candidatos e dos respectivos impactos.

Ora, quanto aos efeitos redistributivos de ambos os programas, atente-se no que se escreve no referido estudo:

"The two candidates' tax plans would have sharply different distributional effects. Senator McCain's tax cuts would primarily benefit those

---

[13] Cf., loc. cit., p. 2.

with very high incomes, almost all of whom would receive large tax cuts that would, on average, raise their after-tax incomes by more than twice the average for all households. Many fewer households at the bottom of the income distribution would get tax cuts and those tax cuts would be small as a share of after-tax income. In marked contrast, Senator Obama offers much larger tax breaks to low and middle-income taxpayers and would increase taxes on high-income taxpayers. The largest tax cuts, as a share of income, would go to those at the bottom of the income distribution, while taxpayers with the highest income would see their taxes rise significantly."

Mais adiante, estabelecendo uma comparação geral entre os dois programas, escreve-se o seguinte:

"If enacted, the Obama and McCain tax plans would have radically different effects on the distribution of tax burdens in the United States. The Obama tax plan would make the tax system significantly more progressive by providing large tax breaks to those at the bottom of the income scale and raising taxes significantly on upper-income earners. The McCain tax plan would make the tax system more regressive, even compared with a system in which the 2001–06 tax cuts are made permanent. It would do so by providing relatively little tax relief to those at the bottom of the income scale while providing huge tax cuts to households at the very top of the income distribution."

Deste modo, duas conclusões se impõem: por um lado, é incontroverso que são bem distintas as propostas dos dois candidatos em matéria de política fiscal; por outro, importa constatar que o programa de Barack Obama aposta forte nas virtudes da redistribuição do rendimento por via fiscal, em contraste com o que se tem vindo a passar nos últimos anos na Europa, mesmo entre as forças políticas da área da esquerda democrática e do centro-esquerda.

E quanto às incidências orçamentais das medidas de política fiscal constante de ambos os programas? Com efeito, entre os maiores problemas que actualmente a economia americana defronta conta-se o enorme défice do orçamento federal – fortemente impulsionado pelos gastos militares exorbitantes, designadamente com a Guerra do Iraque, mas também pelas reduções de impostos a que já aludimos –, e o elevado valor da dívida pública, que aumentou 50% num espaço de 8 anos! A correcção de tais desequilíbrios terá de ser um dos principais objectivos do novo presidente, qualquer que ele seja. Como conciliar então essas prioridades com as medidas de redução de impostos que ambos os candidatos – em moldes muito diferentes, embora – pretendem aplicar?

No plano das palavras, ambos os candidatos assumem a necessidade de restaurar a disciplina orçamental nos EUA e consideram que o programa do adversário é despesista. Para além de um melhor controlo da despesa através da modificação de determinados procedimentos orçamentais e da transparência do processo legislativo, Barack Obama alude no seu programa à necessidade de melhorar a eficiência da despesa pública em geral, e em particular no domínio do sistema de saúde, bem como a respectiva *accountability*. Pretende combater o desperdício a todos os níveis, designadamente eliminando programas governamentais obsoletos e subsídios de diverso tipo. Conta também, claro está, com as poupanças decorrentes da eliminação dos *tax cuts* para os contribuintes mais ricos e pretende obter ganhos de eficiência no sistema fiscal combatendo os abusos praticados através de paraísos fiscais. Finalmente, em comparação com o plano de McCain, conta ainda com as poupanças decorrentes de uma retirada do Iraque mais rápida do que a que o seu adversário pretende efectuar.

Do lado de McCain surgem algumas propostas similares no plano do combate ao desperdício, do aumento da eficiência, quer da despesa pública quer do sistema fiscal, e também de um maior rigor dos procedimentos e mecanismos de controlo orçamentais. Todavia, a grande aposta de John McCain é a de que o crescimento económico que ele acredita que a aplicação do seu programa gerará irá permitir obter receitas susceptíveis de equilibrar o orçamento no final do seu primeiro mandato.

Tanto num caso como noutro, não se nos afiguram das partes mais conseguidas dos respectivos programas. A posição de McCain neste particular vai na linha dos que tendem a ver no estímulo fiscal virtudes milagrosas para o crescimento económico, que a realidade se tem encarregado de desmentir (a nosso ver não surpreendentemente), e significa, perante a actual situação dos EUA, uma abordagem no mínimo temerária de uma questão tão importante como a do défice orçamental. Mas as propostas de Obama no domínio do sistema de saúde também não deixarão de ter efeitos significativos do lado da despesa. Por outras palavras, vai ser muito difícil para ambos os candidatos cumprir as medidas fiscais prometidas e ao mesmo tempo pôr em marcha um processo de efectiva consolidação orçamental, ainda para mais tendo em conta toda situação decorrente das consequências da crise do sistema financeiro.

Nada disso impedirá que continuemos a seguir com grande empenho as eleições, bem como a percepção de a 4 de Novembro se joga muito do futuro do sistema económico.

Nazaré da Costa Cabral

A desigualdade económica e a pobreza em Portugal
(breves notas)

Nazaré da Costa Cabral
Doutora em Direito
Professora Auxiliar da Faculdade de Direito de Lisboa

Revista de Finanças Públicas e Direito Fiscal

RESUMO

Neste artigo, a autora começa por caracterizar sumariamente o problema e a dimensão da desigualdade económica e da pobreza em Portugal, tendo por base os estudos de investigação e os dados estatísticos mais recentes que sobre esta matéria têm sido produzidos.

Depois, a autora procede à identificação de algumas questões metodológicas relativas à análise dos temas da desigualdade ecómica e da pobreza, tendo em conta designadamente a interligação existente entre elas.

Finalmente, a autora apresenta, em síntese, algumas conclusões sobre o impacto social e económico da desigualdade económica e, sobretudo, da pobreza no nosso país, chamando a atenção para a sua natureza circular, não apenas numa perspectiva *micro* (ou seja, em relação ao indivíduo e às gerações de famílias pobres), mas ainda numa perspectiva *macro* (ou seja, em relação à economia no seu todo).

Palavras-chave:
Desigualdade Económica
Pobreza

ABSTRACT

In this paper, the author briefly characterises the problem of economic inequality and poverty in Portugal and its dimension, based on recent studies and statistical data.

Thereafter, the author identifies several methodological issues related with the analysis of these two realities, taking in particular consideration the relationship between them.

Finally, the author concludes on the social and economic impact of Portugal's inequality and poverty, highlighting its circular nature, both in a *micro* (e.g. poor individuals and generations of poor families) and *macro* perspective (having in mind the entire economy).

Keywords:
Economic Inequality
Poverty

Artigos

1. A desigualdade económica em Portugal: indicações recentes

Portugal tem sido – de acordo com dados conhecidos até pelo menos 2005 – o país da União Europeia (UE) que exibe maior desigualdade económica. Diversos estudos elaborados nos últimos anos comprovam-no. De entre eles, salientamos desde logo o trabalho de investigação de Rodrigues (2007)[1], tendo por referência o período de 1989-2000. Para este período e da apreciação feita, o autor concluiu:

> «Tomando como referência o ano de 2000, a análise efectuada no capítulo 3 estima um índice de Gini perto dos 35% e uma taxa de incidência da pobreza superior a 19%. Estes valores colocam Portugal como o país mais desigual e com maior taxa de pobreza no conjunto de países que, em 2000, constituíam a União Europeia» (pp. 302-303) (sublinhado nosso).

E logo de seguida acrescentava:

> «Entre 1989 e 2000 todos os índices de desigualdade revelam um agravamento significativo da desigualdade (...). A "análise cruzada" da evolução dos indicadores de bem-estar social e dos indicadores de desigualdade possibilita uma nova interpretação do padrão de crescimento verificado ao longo dos anos 90 em Portugal. Assistiu-se a uma melhoria contínua do nível de bem-estar dos portugueses, melhoria essa claramente sustentada pelo crescimento económico, a qual foi suficiente para neutralizar o impacto negativo do acréscimo da desigualdade sobre o bem-estar. A sociedade portuguesa tornou-se mais rica, o nível de vida do conjunto da população subiu mas, simultaneamente, tornou-se mais desigual e a posição relativa dos indivíduos de menores rendimentos deteriorou-se» (pp. 304 e 305).

Para os anos mais recentes (até 2005), cumpre referir a análise ilustrativa, feita pela Comissão Europeia e pela Eurostat no seu Relatório

---

[1] RODRIGUES, Carlos Farinha, *Distribuição do Rendimento, Desigualdade e Pobreza – Portugal nos anos 90,* Almedina, Coimbra, 2007.

Revista de Finanças Públicas e Direito Fiscal

– conhecido e divulgado em Maio de 2008[2]: *A situação social na União Europeia 2007 – Coesão Social através da Igualdade de Oportunidades*. Nele se conclui, a partir de dados recolhidos em 2005 e relativos a rendimentos das famílias obtidos em 2004, que de acordo com o índice de Gini, Portugal apresenta o grau de desigualdade na distribuição do rendimento mais elevado da UE, com um valor de 41%[3].

Neste relatório, há também uma chamada de atenção para a relação existente entre o crescimento económico e a redução das desigualdades. Os economistas não são concordantes a este respeito: as posições extremam-se entre aqueles que reconhecem a existência de um *trade-off* entre crescimento e redução das desigualdades (as medidas de carácter redistributivo, seja pela via fiscal, seja pelas transferências sociais teriam um efeito de desincentivo à actividade e eficiência económicas) e aqueles que, pelo contrário, encontram nas medidas de redução de desigualdade a rede de segurança necessária desde logo à produtividade dos trabalhadores e à competitividade das próprias empresas. A Comissão e a Eurostat, no mesmo Relatório, exprimiram um entendimento próximo deste. Assim:

> «The nature of the relationship between inequality and economic performance in practice is of importance for policy across the EU, given that achieving a high level of social protection and securing greater social cohesion are major objectives of the European Union, along with attaining sustained economic growth by maintaining and strengthening competitiveness. If indeed there is trade-off between equity and efficiency, then the implication is that choices have to be made regarding the weight attached to each. If, on the other hand, a more equal distribution of income is not only compatible with improvements in economic performance but might

---

[2] Ele foi aliás amplamente divulgado e noticiado na imprensa portuguesa: por exemplo, *Diário Económico,* edição *on-line,* de 22 de Maio de 2008.

[3] Por sua vez, os novos Estados membros da Lituânia, Letónia e Polónia formam um segundo grupo de países com coeficientes de Gini elevados de cerca de 35%-36%, enquanto um terceiro grupo de países, com índices entre 30% e 35%, é composto, pelos três países do Sul da Europa, Espanha, Grécia e Itália e, bem assim, pelo Reino Unido, Irlanda e Estónia. No extremo, com os níveis de Gini mais baixos (inferiores a 25%) estão a Suécia, a Dinamarca e a Eslovénia que são, portanto, os países da UE com níveis mais baixos de desigualdade económica.

51
Artigos

even help to achieve them, then the pursuit of social objectives can play a dual role in both reducing inequalities and strengthening competitiveness» (p. 12).

2. A pobreza em Portugal: caracterização da situação

O tema da pobreza tem também merecido, nos anos mais recentes, uma atenção redobrada em Portugal. O estudo que aqui se destaca é o texto *Um Olhar sobre a Pobreza*, de Costa, Baptista, Perista e Carrilho (2008)[4], no qual os autores divulgam os resultados de uma investigação empírica, efectuada, como nos esclarecem, numa dupla perspectiva: *i)* uma abordagem dinâmica ao fenómeno da pobreza em Portugal através da análise da informação disponível nas seis vagas (1995-2000) do Painel dos Agregados Domésticos Privados e que constitui um contributo decisivo para a compreensão da verdadeira dimensão da pobreza em Portugal e; *ii)* uma análise actualizada do fenómeno da pobreza e da exclusão social em Portugal concretizada pelo recurso à informação disponível do Inquérito às Condições de Vida e Rendimento de 2004, complementado pela informação recolhida directamente através do Inquérito Directo lançado em 2006 (p. 15).

Os resultados desta investigação podem ser assim sintetizados[5]:

– A taxa de pobreza em Portugal é mais extensa do que reflectem as taxas "instantâneas" referidas a um dado ano e que têm rondado os 20%, situando-se o último valor disponível (INE, relativos ao ICOR 2006) nos 18% dos indivíduos;

– Na verdade, o grupo dos agregados e das pessoas que foram pobres em um ou mais anos, dos seis abrangidos pelo estudo – conside-

---

[4] Costa, Alfredo Bruto da, Isabel Baptista, Pedro Perista e Paula Carrilho, *Um Olhar sobre a Pobreza – Vulnerabilidade e Exclusão Social no Portugal Contemporâneo*, Gradiva, Lisboa, 2008.

[5] Note-se antes de mais nada que a perspectiva do estudo em causa é *dinâmica* e não estática, pois que a pobreza não é medida ano a ano, mas como um processo melhor captado pela análise dinâmica verificada no decurso de um certo período (no caso 6 anos).

Revista de Finanças Públicas e Direito Fiscal

rado como *vulnerável à pobreza* –, é bastante mais extenso (ultrapassa os 30%) e permite falar em *pobreza em sentido lato*[6] (pp. 104-105);
– Os autores identificam depois os grupos sociais onde a incidência da pobreza é mais evidente (p. 106 ss.). Assim:

   a) Grupo etário: O grupo etário mais fortemente representado entre os pobres é o dos jovens menores de 17 anos, que representa quase 24% do númento total dos pobres, seguido pelo da idade activa média (35-54 anos de idade), com a percentagem de 22%. As pessoas idosas (com mais de 75 anos), embora pouco representadas entre os pobres, por razões demográficas, são as mais vulneráveis à pobreza (54%).

   b) Grupo profissional-laboral: A primeira grande conclusão (contrariando aliás algumas ideias instituídas) é a de que mais de metade das pessoas pobres são trabalhadores no activo (trabalhadores por conta de outrem e por conta própria), seguindo-se os reformados. Salienta-se o peso relativamente pequeno dos desempregados no conjunto dos pobres, sobretudo por comparação com os empregados. Verifica-se, por outro lado, que cerca de 30% dos trabalhadores por conta de outrem são pobres e que 57,4% dos trabalhadores por conta própria são pobres. A elevada incidência da pobreza nos trabalhadores no activo é explicada, desde logo, pelas próprias condições de funcionamento do mercado de trabalho (v.g. baixos salários, precariedade, etc.).

– Finalmente, os autores tratam da situação de *pobreza persistente*, vivida pelos indivíduos que, ao longo do período considerado, estiveram sempre em situação de pobreza. A pobreza persistente, neste sentido, atinge os 6,5% (p. 127). Os autores assinalam ainda as consequências que daqui resultam sobre a saúde dos pobres (identificação e percepção de doença ou deficiência crónica, física ou mental) e sobre a respectiva capacidade para o desempenho de actividades diárias (p. 135).

---

[6] É uma situação mais precária ainda do que a de *risco de pobreza*, uma vez que aqui o "risco" se traduziu em pobreza efectiva em mais de um ano do período considerado.

Artigos

3. Algumas questões (metodológicas) suscitadas pela desigualdade económica e pela pobreza

Sistematização das questões

1.ª A desigualdade económica e a pobreza estão associadas à *performance económica* dos países. Como vimos antes, não é líquida, para a teoria económica, se essa relação é de sentido positivo (concordante) ou de sentido negativo (contraditório ou conflituante);

2.ª A desigualdade económica e a pobreza estão associadas ao desenvolvimento económico. Por regra, países mais desenvolvidos são menos desiguais e conhecem menores taxas de pobreza e países menos desenvolvidos são mais desiguais e conhecem maiores taxas de pobreza. Os estudos não são conclusivos, todavia, quanto à "linearidade" destas relações e ocorrem *inclusive* algumas excepções;

3.ª A desigualdade económica e a pobreza aparecem geralmente associadas uma à outra. Assim, por regra, os países com maior desigualdade na distribuição económica (dos rendimentos) são países com níveis maiores de pobreza. No entanto, elas não significam a mesma coisa. Por isso, podemos mesmo assistir a uma das seguintes situações: países com muitos pobres, *igualitários* na distribuição dos rendimentos (*todos iguais na pobreza*); países com níveis baixos de pobreza e ainda assim desiguais na distribuição do rendimento (um grande fosso entre os ricos e muito ricos e a "classe média"). A pobreza tem sido assim identificada como um *ponto de ruptura perante a mediania dos rendimentos* ("*rendimentos médios*") ou como *a quebra de contacto com o centro*; ela corresponderá, nas palavras de Sarpellon (1984)[7], a «um extremo inferior na escala da desigualdade».;

4.ª Não sendo a mesma coisa, também a avaliação da desigualdade económica e da pobreza se faz a partir de instrumentos analíticos distintos. A determinação da desigualdade tem passado sobretudo pela construção das *curvas de Lorenz* e pelo *índice de Gini* (e suas versões mais recentes adaptadas). Por seu turno, a identificação da pobreza tem assentado sobretudo na fixação de *linhas, limiares* ou *índices de pobreza*

---

[7] Cit. por Costa, Baptista, Perista e Carrilho (*Ob. Cit.*, p. 54).

Revista de Finanças Públicas e Direito Fiscal

(como o têm feito de resto, nas últimas décadas, quer os teorizadores da *Economia da Pobreza,* quer as mais importantes instituições internacionais, em particular as Nações Unidas e a própria União Europeia). Isto, sem embargo de se reconhecer que, perante um conceito restrito ou *económico* de pobreza – a pobreza como ausência ou insuficiência de recursos –, então a análise dessa escassez permite, com certeza, retirar algumas ilações sobre a desigualdade económica do país em questão e sobre o caminho a percorrer – do ponto de vista distributivo ou redistributivo – até à *linha da perfeita igualdade* (correspondendo esta, claro está, a *rendimentos "médios"*).

5.ª A importância desta distinção também se faz sentir a nível das políticas a instituir. Se é certo que as medidas de combate à pobreza muito direccionadas do ponto de vista pessoal (*"targeting"*) podem dar o seu contributo para a redução das desigualdades económicas, não é necessariamente verdade que as medidas de combate às desigualdades – no plano fiscal (reforço da vocação redistributiva do sistema de tributação directa) e no plano das transferências sociais – se destinem a combater a pobreza ou que tenham sequer esse efeito.

6.ª Seja como for, de um modo geral, importa assinalar que quer o combate à pobreza, quer a redução das desigualdades são objectivos *"transversais"* que implicam, por isso, o concurso de diversas áreas ou políticas sociais: tributação directa, segurança social, acção social, saúde, educação, emprego e formação profissional, etc.. Elas envolvem, além do mais, alterações nas próprias políticas económicas e no funcionamento do mercado de trabalho e até, no limite, a alteração do sistema de *repartição primária* dos rendimentos (assim, Costa, Baptista, Perista e Carrilho (*cit.,* p.197).

4. Conclusão para a situação portuguesa

Este último ponto tem relevância especial no caso português. O carácter transversal dos problemas da desigualdade económica e da pobreza tem vindo, de resto, a ser assumido pelos reponsáveis políticos. Assim sucedeu, designadamente com o (primeiro) *Plano Nacional para Inclusão 2003-2005*, seguido do (segundo) *Plano Nacional para Inclusão 2006--2008*. Naquele primeiro documento é afirmado o seguinte entendimento:

Artigos

«O entendimento de que a pobreza e a exclusão social assumem formas complexas e multidimensionais obrigou a que o presente Plano, para uma multidisciplinariedade de acção em vários domínios e a diferentes níveis, recorresse a um amplo leque de políticas no âmbito dessa estratégia global».

Do segundo resulta, por sua vez, a seguinte leitura da situação portuguesa:

«– O diagnóstico da situação portuguesa aponta para a necessidade de investimento em medidas que permitam combater o défice histórico no domínio da pobreza persistente, cuja dimensão é particularmente evidente entre as crianças e as pessoas idosas;

– No combate à persistência da pobreza (ruptura dos ciclos de pobreza), a elevação dos níveis de qualificação constitui um factor determinante, embora não exclusivo, uma vez que potenciam a limitação de processos de exclusão, designadamente os que se associam à capacidade de entrar e permanecer no mercado de trabalho;

– Entre os grupos vulneráveis a fenómenos de pobreza e exclusão, a população com deficiência constitui o grupo cuja multiplicidade de problemas e défice histórico de respostas, torna necessário uma aposta premente e reforçada;

– A dimensão dos fluxos migratórios associada a difíceis condições de inserção de parte significativa dos imigrantes, coloca este grupo como um dos que necessita de uma forte intervenção no combate à pobreza e exclusão, constituindo-se também como uma medida preventiva do crescimento de fenómenos discriminatórios» (p. 6).

Esta abordagem integrada e pluridisciplinar dos problemas da desigualdade económica e da pobreza não invalida, como dissemos, bem pelo contrário, a adopção de medidas cirúrgicas, dirigidas a grupos-alvo da população. No caso do combate à pobreza, esta estratégia de *"targeting"* é justificada e amplamente utilizada. Basta referir o exemplo do *Rendimento Social de Inserção*[8], uma prestação monetária do sistema de segurança social, de carácter não contributivo, sujeita a condição de

---

[8] Lei n.º 13/2003, de 21 de Maio, alterada pela Lei n.º 45/2005, de 29 de Agosto e Decreto-Lei n.º 283/2003, de 8 de Novembro.

recursos e acompanhada, na sua atribuição, de um programa de inserção social. Outros exemplos são elucidativos: o mais recente e também o mais importante é o *Complemento Solidário para Idosos* (Decreto-Lei n.º 232/2005, de 29 de Dezembro), uma prestação destinada aos pensionistas com mais de 65 anos e de menores recursos, assumindo uma natureza complementar dos respectivos rendimentos preexistentes, cujo valor é definido por referência a um limiar fixado anualmente e é de atribuição diferenciada em função da situação concreta de cada requerente. Como resulta logo no preâmbulo do diploma:

> «A informação disponível demonstra ainda que, entre a população portuguesa que se encontra em situação de pobreza, é precisamente o grupo dos mais idosos (65 anos ou mais) que se continuam a verificar as situações de maior severidade e em que os níveis de privação decorrentes da escassez de recursos monetários são ainda mais elevados, pelo que se impõe uma intervenção dirigida a esta faixa etária no sentido de melhorar a situação de fragilidade social em que se encontra».

As medidas em causa, a par de outras melhorias dos níveis de protecção social e de alterações nas políticas sociais, têm contribuído e contribuirão para minimizar o problema da desigualdade económica e da pobreza em Portugal. Os indicadores mais recentes, como vimos sumariamente a propósito dos textos citados, não são no entanto, para já, positivos.

O problema da pobreza merece-nos aqui uma especial chamada de atenção, não apenas pela sua expressão no nosso país, mas sobretudo pelo seu impacto social e económico. A pobreza definida *economicamente* como ausência ou escassez de recursos, como défice de rendimentos, tem inúmeros efeitos, a começar por esse, a privação, a impossibilidade de satisfação de necessidades vitais. A pobreza – designadamente quando pensamos nas situações de pobreza severa e persistente - está depois associada a uma vida deficitária (a esperança de vida de um pobre é menor do que a média) e a uma saúde física também deficitária. Depois, o défice de rendimentos tende a corresponder a outros "défices": défices de inteligência ou défices cognitivos (o QI dos pobres fica tendencialmente abaixo do QI "normal"), défices nos afectos e de relacionamento... que impedem a integração social. Estes défices contribuem para a perpetuação geracional da pobreza: o *círculo vicioso da pobreza* respeita não apenas ao indivíduo pobre, mas também às gerações sucessivas de pobres numa mesma família (a ideia da *herança* da pobreza). Como consequência de tudo isto, a pobreza surge associada a dois tipos de efeitos: *(i)* em relação à sociedade, ela traduz-se em exclusão; *(ii)* em relação ao Estado, ela significa a dependência, dependência de apoios, subsídios, cuidados médicos, habitação, etc., gerando, por um lado, consumo de recursos e pressão financeira e, por outro lado, perversões e ineficiências económicas, de que se evidencia a *"poverty trap"*.

Pelo que antecede e em suma, parece que a pobreza – atentas a sua expressão numérica e a sua persistência e severidade – tem condicionado fortemente a *performance* económica e a criação de riqueza em Portugal. Esta natureza bloqueadora e de impasse em relação à economia (a pobreza é não apenas consequência da pobreza de um país, mas, *circularmente*, gera pobreza e bloqueia a "máquina" da economia) é um aspecto menos dimensionado e que também deveria merecer um *novo olhar*.

António Carlos dos Santos

The European common VAT system: merits, difficulties and perspectives of evolution

António Carlos dos Santos
Doutor em Direito. Professor da UAL.
Membro do IDEFF/FDUL.
Colaborador do IDEFE/ISEG.
Membro do Gabinete de Estudos da CTOC.
Jurisconsulto.

Revista de Finanças Públicas e Direito Fiscal

RESUMO

O artigo dá conta da evolução do IVA comunitário, dando especial atenção às alterações e propostas aparecidas depois do regime transitório. Faz um balanço dessa evolução tendo em consideração duas questões-chave: as relações entre os princípios da neutralidade e da subsidiariedade e entre os princípio do destino e da origem.

Neste contexto, três pontos são objecto de particular atenção, o da reafirmação do princípio de tributação no lugar do consumo, o da simplificação das obrigações dos contribuintes e o das relações entre as administrações fiscais. No final o artigo interroga-se sobre a questão de saber se a evolução recente do IVA e as propostas existentes permitem ainda falar do mesmo imposto ou se o imposto tende a conservar o nome com um novo conteúdo.

Palavras-chave:
IVA;
Harmonização fiscal;
Neutralidade vs subsidiariedade.

ABSTRACT

This article presents the evolution of the communitarian VAT, with particular attention on the modifications and the Commission' proposals appeared after the approbation of the transitional regime.

It makes a balance of this evolution, taking into consideration two key issues: the relationships between the principles of neutrality and subsidiarity and the principles of destination and origin.

In this context, three items deserve attention, the reaffirmation of the principle of taxation at the place of consumption, the simplification of traders' obligations and the relationship between VAT administrations. At the end the author launches a question: with all this modifications and new proposals, will be VAT the same tax introduced in 1967 or a name for a tax with a different content?

Keywords:
TVA;
Tax harmonisation;
Neutrality vs subsidiarity.

1. Value added tax (VAT) was introduced in the European Community (EC) in 1967, following the recommendations in Neumark's report.[1] Compared to the experience of the United States, the European approach is very different: while the United States has adopted a federal system for direct taxation, with a decentralized model concerning indirect taxation, the European Community has chosen to preserve the essence of the direct taxation of Member States (MS) and to harmonize indirect taxation till now. [2]

In 1967, the 1st and 2nd directives had defined VAT as a general consumption tax, based on the method of deduction and fractioned payments (*the first stage of the common VAT system*). [3] From an economic point of view, the main objective of VAT was the deepening of the economic integration process in the European Community. From a technical standpoint, the objective was the introduction of neutrality in consumption taxation and in the organisation of the enterprises in comparison with the existent turnover taxes having cumulative effects. European VAT was founded on the principle of destination, meaning taxation at the place of consumption (*importation*) and "zero rate" at the place of production (*exportation*). This is the common rule accepted in international operations. But for the future, the target would be to reach the principle of origin in the transactions within the Community, as a true internal market.

(*) This article is an updated version of an oral communication presented by the author at the 59th Congress of International Fiscal Association (in Seminar C about *Coordination of taxes in economic unions/ common markets*, chaired by Michel Aujean from the European Commission), which took place in Buenos Aires, on 13th September 2005.

[1] Neumark Committee, "Report of the Fiscal and Financial Committee" in *The EEC Reports on Tax Harmonization*, Amsterdam: International Bureau of Fiscal Documentation, 1963.

[2] To understand how the EU works we must keep in mind four things: the Commission has the initiative to propose legal instruments (directives or regulations), the Council (sometimes with the co-decision of the Parliament) has the power to decide about these initiatives, taxation is an area where normally a unanimous Council decision is still required and the European Court of Justice is, in final instance, the only Court that can decide about the interpretation of EC law.

[3] See Council Directives n.° 67/227/EEC (1st Directive as last amended by Directive n.° 69/463/EEC (OJ L 320 of 20.12.1969, p. 34)) and n.° 67/228/EEC (2nd Directive) of 11 April 1967 (OJ L 71, of 14.4.1967).

2. In 1977, the 6th directive established *the second stage* of the common system of VAT.[4] One of the reasons for that change was the introduction of the new *system of own resources* in the European Community, with an important role attributed to VAT.[5] So, VAT becomes a more general consumption tax, with the enlargement of taxable operations (taxing the majority of services, agriculture and reducing the number of exemptions). The development of the VAT process of harmonisation reinforced the main characteristics of this tax and, consequently, led to an improved process of economic integration.

At that time, three types of taxable operations were submitted to VAT: the supply of goods, the supply of services in national markets and the importations in international trade. For the supply of services, the general rule becomes the principle of origin, i.e., the rule that provision of services was taxed at the place where the provider was established, even if this principle acknowledged a lot of important exceptions. Nevertheless, the main principle concerning supply of goods and importation remains the principle of destination. Thus, the trade between Member States (MS) is treated as the trade between the Community and any third State. This principle ensures two things. First of all, it ensures the neutrality in transactions. Transactions taxed at the place of consumption are always neutral in terms of VAT: the applicable rate is always the rate of the country of consumption applied to the same type of goods.[6] Secondly, it ensures the fiscal sovereignty of the State of importation

---

[4] Council Directive 77/388/EEC of 17 May 1977(6th Directive) on the harmonisation of the laws of the Member States relating to turnover taxes – Common system of value added tax: uniform basis of assessment (OJ L 145, 13.6.1977). This Directive was significantly amended on several occasions and it is replaced in 2006 by the Council Directive n.º 2006/112/EC, of 28.11.2006 (OJ L 347, of 11.12.2006), known today as *VAT Directive*. This Directive (with several amendments), is today the essential piece of EU VAT legislation since 1 January 2007. The wording of the VAT Directive will not, in principle, bring about material changes in the existing VAT legislation.

[5] See Council Decision of 21 April 1970 regarding the replacement of financial contributions from the MS by the Community's own resources (OJ L 94, of 28 April 1970).

[6] "The common system of VAT should, even if rates and exemptions are not fully harmonised, result in neutrality in competition, such that within the territory of each Member State similar goods and services bear the same tax burden, whatever the length of the production and distribution chain" (See *considerandum* 7 of the VAT Directive).

in choosing the more appropriate level of rates, without distortions of competition. In theory, we don't need tax rate harmonisation. But, in its classical configuration, this principle supposes the existence of fiscal frontiers and tax adjustments at borders. So, the unity of a true common market is not fully insured.

3. In 1993, following the Single Act, the Community achieved an important program of frontiers abolition amongst Member States. A lot of technical, physical and tax barriers were dismantled. Concerning VAT, this program was defined by the White Book (1985) and pursued by the Commission.[7] The European commissioner for taxation at that time, Lord Cockfield, defended the transition from the principle of destination to the principle of origin. The philosophy underlying this program was based on the need to insure in the European Community a perfect internal market without tax adjustments at the borders. Things would be as if the EC were a unitarian State. But, in fact, the EC was not a State, even a federal State. And Lord Cockfield's main proposal to solve this question – the implementation of a compensation chamber, that means a compromise between origin (at the level of recovery) and destination (at a fiscal level, concerning the assignation of VAT product collected in the country of origin) – was not very well received by the Council.

4. Finally, a kind of transitory regime, proposed by the new Commissioner, Madame Scrivener, based on the proposal of the 14th Directive and the experience of Benelux, was foreseen for a transitional period till the end of 1996. The project to get a definitive regime commanded by the principle of origin was not abandoned. But the time was not appropriated for its adoption and the project would be postponed for another four years. So, the Council approved a new regime for this period whose main characteristic was the removal of border controls for VAT purposes inside the Community from 1.1.1993 (achievement of the internal market). The concept of "importation" is no more in use inside the Community, being

---

[7] See Communication from the Commission to the Council, *Completing the Internal Market*, COM (85) 310 final of 14 June 1985 (usually known as the White Book).

Revista de Finanças Públicas e Direito Fiscal

replaced by the concept of "intra-community acquisition of goods".[8] This operation, when realized between taxable persons, continues to be taxed at the rate and conditions of the MS where the goods arrive (principle of destination). But it is no longer taxed at the political frontier, with the intervention of customs administration. The control line is moved from the frontier to the accounts departments of enterprises, where physical checks are replaced by audit-style checks. At the same time, an exemption for supplies of goods coming out from a MS to another MS was introduced, instead of the exemption for exports ("zero rate"). But, if a non-taxable person (a private person) from a MS of destination acquires goods from a taxable person located in the MS of origin, the taxation occurs at the origin. With only three, but important, exceptions: the case of intra-community sales of new means of transport, the case of distance sales and the case of sales made to certain taxable persons or non-taxable legal persons when these sales exceed a certain threshold. At the end, even if the principle of destination is, in practice, the fundamental idea, we have a hybrid system.

5. The working of this new regime needs two things, a new type of cooperation (and confidence) between tax administrations of MS and an approximation of MS tax rates in the European Union.

Concerning the question of cooperation, a common computerised network for information exchange called VIES (*VAT Information Exchange System*) was set up to allow for the flow of data across internal frontiers which could be automatic or furnished upon request. This system, enabling companies to get confirmation of the VAT numbers from their commercial partners and national administrations to monitor the flow of intra-community trade, was the basis for cooperation between VAT administrations and fraud control in the European Union. It gives detailed control information about all exempt intra-community transac-

---

[8] "Intra-Community acquisition of goods" shall mean the acquisition of the right to dispose as owner of movable tangible property dispatched or transported to the person acquiring the goods., by or on behalf of the vendor or the person acquiring the goods, in a Member State other than that in which dispatch or transport of the goods began" (See article 20 of the VAT Directive).

tions. In particular, each MS has direct access through VIES to the VAT registration database of other Member States.

The degree of rate approximation is also quite central to the functioning of the transitional regime in order to avoid evasion and distortions of competition. In 1992, a new directive foresaw an important set of harmonised rules in this matter. The aggravated rate for luxury goods was abolished. The same occurred to the "zero rate" in the internal market, but with some important temporary exceptions. Now, two types of tax rates are permitted: a normal one, with a minimum rate of 15% (it is the case of Luxembourg), and a reduced rate. Members States could introduce one or two types of reduced rate for taxable operations (most of them) foreseen in a short list (at that time, annex H of the 6th Directive). The minimum rate is 5%. There are no juridical rules concerning the highest rate, but for the meanwhile it is 25%, as in the case of Denmark and Sweden.

6. In 1996, the Commission presented certain proposals to adopt a definitive regime. [9]

Effectively, the Commission tried to pursue a gradual changeover towards a definitive system based on the origin principle. It presented a programme whose objective was to introduce a unique place for taxation of all operations made by traders inside the Community (a trader's "tax domicile") and a macro-economic mechanism for redistributing VAT receipts between Member States.

However the resistance of MS in the Council to adopt these measures showed that the way to the definitive system was, for the time being, unrealistic. In fact, MS were not (and still are not) willing to cede their sovereignty as it regards to choosing the level of VAT rates.

In 2000 and 2003, the Commission produced a less ambitious strategic program in order to improve, modernize and simplify the existent VAT common system.[10]

---

[9] COM (1996) 328 final, Brussels, of 22.07.1996

[10] See: the Communications of the Commission *A strategy to improve the operation on VAT system within the context of the Internal Market*, COM (2000), 348, final, of 7.6.2000 and *Review and update of VAT strategy priorities*, COM (2003) 614 final, of

Revista de Finanças Públicas e Direito Fiscal

As a consequence, the transitional regime is still in force today. It is part of the new Council Directive 2006/112/EC of 28 November 2006, which provides a recast text on the common system of VAT (VAT Directive). With this consolidation, we can say that *in facto* it becomes the third stage of the common VAT system.

Main characteristics of VAT in the EU today	
– Uniformed base	No
– Harmonised base	Yes (but with some derogations and exceptions)
– Rules for rates	Yes, two types of rates
	Normal rate: minimum 15%
	Reduced rate (optional): minimum 5%
– Tax administration	National
– Tax controls at borders	No
– Tax adjustments (in enterprises)	Yes
– Assistance	Information exchange (VIES);
	Fiscalis programme
– Destination of the VAT collected	MS of Destination
	MS of Origin
	VAT as EU's own resource

7. The transitional regime constituted a very significant progress towards a more integrated Community. From an economic point of view, this implies a more unified market without tax controls at borders. The maintenance of the destination principle in the most important cases means that neutrality in trade between the national markets was preserved. From a political point of view, it grants that the sovereignty of the MS was, in essence, assured. Member States can define the level of VAT rates and can keep the majority of VAT receipts as a national resource. From a juridical point of view, it means the acceptation by the EU of the destination principle, as the international law establishes, for the transactions between the EU Members States and third countries and a new communitarian tax regime (a mixed one based either on the destination

---

20.10.2003. See also COM (2001) 260 final, of 28.05.2001, *Tax policy in the European Union – Priorities for the years ahead* (OJ C 284, of 10.10.2001).

or on the origin principle) applicable for the transactions among Member States. From a technical point of view, we have one tax with three main regimes: the internal regime of each MS, the regime concerning the relationship between the EU and third countries (with an import VAT taxable operation) and the intra-Community regime (applicable to VAT acquisitions of goods made by VAT taxable persons operating between two or more Member States).

At the end, we can say that, even the transitional regime seems closer to a federalist model of taxation, it preserves an important manoeuvre degree for the Member States. A compromise between integration, autonomy, tax competition and cross-border compliance was safeguarded.

Key substantive issues raised by VAT coordination: impact assessment				
VAT EU	Sovereignty	Tax. Competition	Cross-border tax compliance	Economic. Integration
– Harmonised base	H	H	M	H
– Rules for rates	M	H	L	M
– Tax administration	L	L	H	L
– Assistance (VIES)	M	M	H	M

H – high; M – medium; L – low

8. Nevertheless, this compromise has a price. At a large scale, it depends on a solid preparation of national administrations to deal with the new shape of juridical intra-community transactions, on a level of trust between tax administrations, on a supranational administrative culture and, first of all, on a high grade of assistance between Members States. It depends, especially, on the correct functioning of VIES. However there are some problems in all of these areas, namely that VIES is not a perfect system. In fact, VIES neither covers schemes concerning special arrangements in the transitional regime nor intra-community services taxed at destination and subject to a reverse charge mechanism. VIES depends on the quality of data transmitted between MS (which are based on declarations of traders making exempt intra-community supplies of goods) and on the effectiveness of the sanctions system for non-compliance of the obligation to declare. Moreover: the VIES technology has

now become outdated. There is a huge time span (at least three months) between the dates of the transaction and the data transmission. So, there is a significant potential risk of evasion, namely in cross-border transactions. There is also a risk of fraud, where one of the most important types is the "missing trader fraud" in intra-Community trade, also known as "carousel fraud". This kind of fraud becomes a real worry in many Member States. In fact, fraud and evasion means loss of revenue and distortion of competition.

Another price of the transitional regime was the cost of tax compliances to taxable persons, including the new type of taxable persons originated by the reverse charge mechanism, which means that the person liable for the VAT payment is, in certain cases, the consumer and not the vendor.

9. However, the balance between advantages and inconveniences of the transitional regime explains its maintenance. This balance also explains the Commission's new strategy, based on a pragmatic approach, where the concept of a definitive VAT system with taxation in the MS of origin is retained only as a long-term objective. Effectively, as we stated, in 2000 (with some changes in 2003), this institution presented an action programme geared towards four main objectives in order to improve the way the VAT system was implemented:[11] (1) its simplification, namely concerning tax obligations, with the elimination of the tax representative;[12] (2) a more uniform application of existing VAT system, namely through the approval of a proposal concerning VAT committee's mandatory guidelines which were accorded unanimously,[13] the implementation of a new procedure for adopting derogations,[14] the recast of

---

[11] See footnote 9.

[12] COM (1998) 660 final, of 27.11.1998, *Proposal for a Directive determining the person liable for payment of VAT*, adopted by the Council Directive n.º 2000/65/EC, of 17.10.2000 (OJ L 269, of 21.10.2000), which eliminates the mandatory tax representative within the European Union.

[13] COM (1997), 325, of 25.6.1997, (OJ C 278, of 13.9.1997)

[14] See Directive n.º 2006/69/EC, of 24.7.2006 (OJ L 221, of 12.8.2006). This Directive, whose time limit for transposition into national law was 1 January 2008, is still in force (with the exception of article 1). See also COM (2003) 335 final, of 10.6.2003, a proposal approved by Council Directive n.º 2004/7/EC, of 20.1.2004, amending 6th

the 6th Directive, eliminating 20 legislative amendments,[15] the rationalisation of the system of reduced rates [16] and the re-analysis of different options, rights and transitional arrangements provided for in the 6th Directive;[17] (3) the modernisation of the VAT system, taking into consideration the new technological environment, changes in commercial practices and privatisation and liberalisation trends in some sectors;[18]

Directive *concerning the common system of VAT, as regards conferment of implementing powers and the procedure for adopting derogations* (OJ L 27, of 30.1.2004), repealed by the VAT Directive. Among others things, the Directive n.º 2006/69/EC provides a permanent harmonised alternative treatment as an option within the VAT Directive (article 395). It gives MS the choice over whether they need to adopt the rule but, at same time, allows them to do quickly if necessary. It also permits MS to combat avoidance involving the use of rules on VAT groupings and transfers of a going concern.

[15] See COM (2004) 641, of 8.10.2004, proposal approved by the VAT Directive (footnote 4).

[16] See COM (2003) 397 final, of 23.7.2003, Proposal on the area .of application of reduced VAT rates, still before the Council. See also COM (2002) 525 final (01) of extending the facility allowing MS to apply reduced rates to VAT to certain labour-intensive services (OJ C 20E, of 28.1.2003), adopted by the Council Directive n.º 2002/92/EC, of 3.12.2002 (OJ L 331, of 7.12.2002, the corrigendum of 23.1.2003, OJ L 18, of 23.1.2003) and by the Council Directive n.º 2004/15/EC of 10.2.2004 (OJ L 52, of 21.2.2004). In 5 July 2007, the Commission adopted a new *Communication on VAT rates other than standard rates* – COM (2007) 380, of 5 July 2007 – which aims at launching a broad debate on the future of reduced VAT rates. Concerning the standard rate see COM (2000) 537, already adopted by the Council Directive n.º 2001/41/EC, of 19.1.2002 (OJ L 22, 17.01.2001).

[17] COM (2005) 89 final, of 16.3.2005, *Proposal for a Council Directive amending the 6th Directive as regards certain measures to simplify the procedure for charging VAT and to assist in countering tax evasion and avoidance, and repealing certain Decisions granting derogations.*

[18] See: COM (2000) 650 final, of 17.11.2000 (OJ C 96E, of 27.3.2001), *Proposal for a Council Directive amending 6th Directive with a view to simplifying, modernising and harmonising the conditions laid down for invoicing in respect of VAT*, adopted by Council Regulation (EC) n.º 1798/2003, of 7.10.2003 (OJ L 264, of 15.10.2003); COM (2000) 349, *proposal concerning electronically supplied services*, adopted by the Council Directive n.º 2002/38/EC, of 7.5.2002 (OJ L 128, of 15.5.2002) and by the Council Regulation n.º 792/2002, of 7.05.2002 (OJ L 128, of 15.5.2002); COM (2002) 688, of 5.12.2002, *concerning the place of supply of gas and electricity* (with the introduction of a mechanism of reverse charge), adopted by the Council Directive n.º 2003/92/CE, of 7.10.2003 (OJ L 260, 0f 11.10.2003) whose regime is now *again* in discussion (there is a new proposal of amendments); COM (2003) 335 final, of 10.6.2003; COM (2003) 822

Revista de Finanças Públicas e Direito Fiscal

and, finally, (4) the improvement of administrative cooperation, with a special focus on VIES restructuring.[19] In this context, it is also important to support and co-ordinate national measures (best practices) in order to improve the fight against fraud, such as setting-up national risk analysis systems, improving computerised auditing and developing multilateral joint controls.

Three items deserve attention:[20] the reaffirmation of the principle of taxation at the place of consumption, namely for supply of business to business (B2B) services, the simplification of traders' obligations and the relationship between VAT administrations.

10. Concerning the last point, three important legislative instruments have already been adopted: a directive instituting a greater mutual assistance for the recovery of claims,[21] a decision extending the Fiscalis programme in order to help administrations collaborate more closely in

---

final, of 23.12.2003, *proposal on the place of supply of services*, adopted by the Council Directive n.º 2008/8/EC, of 12.2.2008 (OJ L 44 of 20.2.2008); and the *Proposals for a Council Directive amending VAT Directive* (COM (2007) 747) *and for a Council Regulation laying down implementing measures for VAT Directive* (COM (2007) 746, *as regards the treatment of insurance and financial services*, both of 28.11.2007.

[19] COM (2001) 294, of, *Proposal aimed at providing a single legal instrument covering all aspects of administrative cooperation in the field of VAT*, adopted by the Council Regulation (EC) n.º 1798/2003, of 7.10.2003 (OJ L 264, of 15.10.2003) and COM (2004) 728, of 29.10.2004, *Proposal for a Council regulation amending Regulation (EC) n.º 1798/2003 as regards the introduction of administrative cooperation arrangements in the context of the one-stop scheme and the refund procedure for VAT.*

[20] On 4 December 2007, the Council reached a political agreement about a new "VAT package", which contained a draft directive on the place of supply of services (to enter in force on 1 January 2010), a mini one stop shop for telecom, broadcasting and e-commerce services (whose application will be deferred until 1 January 2015), a draft directive on procedures for VAT refunds to non-established business (an important modernisation of the existing of 8th Directive in order to introduce fully electronic procedures) and a draft regulation on improved administrative cooperation as regards VAT and the exchange of information between Member States (taking into account the introduction of a one-stop-shop scheme).

[21] COM (1998) 364, adopted by the Council Directive n.º 2001/44/EC, of 15.6.2001, Directive on greater mutual assistance for the recovery of claims, (OJ L 175, of 28.6.2001)

combating tax fraud[22] and a new regulation covering all aspects of administrative cooperation in the field of VAT, replacing, *inter alia*, the former VIES regulation.[23] This new regulation has more binding rules and provides for easier and more direct contact between officials and enhances exchange of information between VAT administrations.

But the Commission intends to go one step further and proposes, as a medium-term objective, to replace the existing VIES, in order to cover services and create a high-powered and more flexible system that is able to produce quicker and more precise data.[24]

The establishment of a common and comprehensive EC concept of fiscal fraud and the harmonisation of penal sanctions are also envisaged.

11. The first item, the reaffirmation of the principle of destination, must be considered with a *granum salis*. First of all, the Commission sees mainly this principle from its budgetary perspective, with revenue going to the MS where final consumption takes place. So, this principle

---

[22] COM (2002) 10, *Proposal extending the Fiscalis programme*, adopted by the Decision n.º 2235/2002/EC of the European Parliament and of the Commission, of 3.12.2002, adopting *a Community programme to improve the operation of taxation systems in the internal market* (OJ L 341, of 17.12.2002.

[23] See footnote 18. The Council Regulation (EC) n.º 1798/2003 was amended by the Council Regulation (EC) n.º 143/2008, of 12.2.2008, *amending Regulation (EC) n.º 1798/2003 as regards the introduction of administrative cooperation and the exchange of information concerning the rules relating to the place of supply of services, the special schemes and the refund procedures for VAT* (OJ L 44 of 20.2.2008). A new proposal of amendment is now in discussion: see COM (2008) 147, of 17.3.2008 (OJ), *Proposal for a Council Regulation amending Regulation (EC) n.º 1798/2003 to combat tax evasion connected with intra-Community transactions*. See also: COM (2007) 758 of 23.11.2007, *Communication from the Commission to the Council concerning some key elements contributing to the establishment of the VAT anti-fraud strategy within the EU*.

[24] See: Communication of May 2006; *Commission Proposal for a Council Directive amending Directive n.º 2006/112/EC to combat tax evasion connected with intra Community transactions*; and, finally, the *Commission Proposal of 17.3.2008 for a Council Regulation amending Regulation (EC) nº 1798/2003 to combat tax evasion connected with intra-Community transactions*, COM (2008) 147 final of. These proposals concern the reduction to one month of both the frequency of recapitulative statements of intra-Community transactions and the deadline for the exchange of information between tax administrations

Revista de Finanças Públicas e Direito Fiscal

is not incompatible with the tax collection in the MS of origin, with a posterior devolution of the revenue to the MS of destination. Secondly, the reaffirmation of this principle is not absolute. The limits of the principle concern the necessity to avoid excessive tax obligations on traders, which may hamper business activity and thus violate the principles of the single market itself. In certain cases, the principle of origin can be justified.

In this context, a recent directive establishes, as the main rule to the B2B services, the taxation in the place where the customer is located or has a fixed establishment to which the service is supplied (*principle of destination*).[25] Nevertheless, concerning business to consumer (B2C) services, the general rule continues to be, with some truly important exceptions, the place where the supplier has established his business or has a fixed establishment from which the service is supplied (*principle of origin*).

Regarding supplies, a definitive solution is still under analysis. The ECOFIN Council of 5 June 2007 requested that the Commission examine the taxation of intra-Community supplies in the MS of departure. The eventual new system set out by the Commission foresees that "the concept of taxation of intra-Community supplies is based on the principle that domestic VAT rates will continue to apply exactly as hitherto, and the only change would be to replace the exemption for intra-Community supplies by taxation at the rate of 15%." Where "the Member State of arrival of the goods applies a rate more than 15%, that additional VAT will accrue to that Member State; where the Member State of arrival of the goods applies a rate lower than 15% because the application of one or more reduced VAT rates or the zero rate in certain Member States, the Member State of the purchaser will allow a credit to the taxable person making the intra-Community acquisition. In the same vein, the Member

---

[25] See Council Directive n.º 2008/8/EC of 12 February 2008 *amending VAT Directive as regards the place of supply of services* (OJ L 44 of 20.2.2008, p. 11). See also the *Explanatory Memorandum of the Proposal amending Directive n.º 77/388/EEC as regards the place of supply of services*, COM (2005) 334 final, of 20.7.2005.

State of arrival will be able to collect VAT that results from any limitation applicable to the acquirer's right to deduct input VAT."[26]

The Commission seems favourable to this solution. However, it recognises that the most difficult issue involved is a political one. With this system, the MS' tax receipts are dependent on transfers made by other Member States. Herein, a logical question arises on whether MS are prepared to suffer such dependency. Were the answer no, the only solution would be taxation of intra-Community supplies at destination. But this solution, in the Commission's opinion, would require the set-up of a real one-stop scheme and it would allow for taxation at the appropriate rate in the MS of acquisition.

12. The second item, the simplification of tax obligations in intra-community supply of services, closely linked to the former item, is essentially obtained through two mechanisms.

One of them is the beforehand mentioned one-stop shop scheme adopted in 2003 through the e-commerce directive. This mechanism means that a trader not established in the EU is identified, lodges his tax returns in one single place and pays VAT on all services in that same place which is provided electronically to persons established in the EU and not liable for tax.[27]

Another mechanism is the increase of the reverse charge. Till now, this mechanism has been largely used in the taxation of special arrangements of the transitional regime. [28] But, in connection with the combat of VAT fraud, the ECOFIN Council of 5 June 2007 requested the Commission to examine the eventual introduction of the option of applying a blanket reversal of tax liability. The Commission's conclusion on a

---

[26] See *Communication from the Commission to the Council and the European Parliament on measures to change the VAT system to fight fraud (introducing of taxation for intra-Community supplies and introduction of a generalised reverse charge)*, COM (2008) 109 final, of 22.2.2008.

[27] See Council Directive n.º 2002/38/EC and Council Regulation n.º 792/2002, of 7.5.2002 (OJ L 128, of 15.5.2002).

[28] We must also remember that the mentioned Directive n.º 2006/69/EC (OJ) permits MS to apply a "reverse charge" to account for VAT in a number of sectors which have proved to be difficult to control for MS, including supplies of land and buildings, waste, and building construction, maintenance and demolition services.

Revista de Finanças Públicas e Direito Fiscal

generalised reverse-charge system based on option is not very positive. Nevertheless, the Commission believes "that a general reverse-charge system should either be introduced on a mandatory basis through the EU or be disregarded as a concept". [29]

We can see the applications of these mechanisms in the supplies of services to taxable persons (B2B) and to consumers (B2C).

Concerning the B2B transactions, the general rule for the location of this type of supply is now, as we have stated, the taxation in the MS where the customer is established. [30] Simultaneously, when a taxable person receives services from someone not established in the same Member State, the reverse charge mechanism is obligatory. Concerning the B2C supplies of services, the EU, as an attempt to simplify the obligations of Community traders, adopted the application of the one-stop shop mechanism to Community traders that are in a comparable position to the external traders in the e-commerce directive. It means, one-stop shop mechanism is applicable when external traders are liable for VAT in one or more MS where they are not established.

Finally, we must remember that another form of simplification proposed by the Commission is the rationalisation of reduced tax rates and the existing derogations. [31]

13. In conclusion: the introduction of VAT in the EU is a relatively successful story, from an economic, political and technical point of view, even if certain problems persist and if a certain level of evasion and fraud exists. Most part of these problems concern globalisation, new technologies and the enlargement of the European Union. The conflict between centralisation (more harmonisation) and decentralisation (more subsidiarity) is quite clear.

---

[29] See the mentioned (in footnote 25) *Communication from the Commission to the Council and the European Parliament on measures to change the VAT system to fight fraud,* COM (2008) 109 final, of 22.2.2008.

[30] See Council Directive n.º 2008/8/EC, of 12 February 2008 *amending VAT Directive as regards the place of supply of services* (OJ L 44 of 20.2.2008).

[31] See: *Communication from the Commission on VAT rates other than standard VAT rates,* COM (2007) 380 final of 5.7.2007 *and Proposal for a Council Directive amending VAT Directive, with regards to certain temporary provisions concerning rates of VAT,* COM (2007) 381, of 5.7.2007.

Since 2000, the Commission intends to overcome these difficulties with a more pragmatic approach, and, in so doing it has, for the time being, abandoned the passage to the origin principle. At the same time, the Commission is searching for the ways to preserve the coherence and harmonisation of the EU VAT system, of which the proposal of a generalised reverse charge on an optional basis could seriously damage.

Currently, the adoption of the new Commission proposals concerning the one shop mechanism may probably deem the passage to the principle of origin as no longer necessary. But, from a theoretical point of view, a doubt persists regarding the recent VAT evolution and its new perspectives of development: with all of these pragmatic metamorphoses, does VAT continue to be the same kind of consumption tax introduced in 1967 or is it simply the same name given to a tax with a different content?

Short bibliography of portuguese authors

ALEXANDRE, Mário
(2007), "A troca de informações como base fundamental para o controlo do IVA nas transacções intracomunitárias de bens na UE", *Estudos em memória de Teresa Lemos*, Cadernos de Ciência e Técnica Fiscal, n.º 202, Lisboa, CEF/ DGCI.
(2005) "Harmonização da Tributação Indirecta (IVA)", *Jornal de Contabilidade*, APOTEC, ano XXIX, n.º 340.
BASTO, José Xavier de
(1995), "Sistema definitivo do IVA sem fronteiras e a condução da União Económica e Monetária", in Associação dos Administradores Tributários Portugueses, *As Reformas Fiscais dos Anos 80 e Perspectivas de Evolução*.
(1991), *A tributação do consumo e a sua coordenação a nível internacional, Lições sobre harmonização fiscal na Comunidade Económica Europeia*, CTF n.ºs 361, e 362, publicado em Cadernos Ciência e Técnica Fiscal, 164, Lisboa, CEF/DGCI.
CORREIA, Arlindo
(1997), "O sistema comum do IVA na União Europeia: Um sistema adaptado às exigências do mercado único", *Fisco*, n.ºs 80/81.

Revista de Finanças Públicas e Direito Fiscal

LEMOS, Maria Teresa Graça

(1996), "Linhas gerais do novo sistema comum de IVA apresentadas pela Comissão europeia (CO 328 (96) final, de 10.7.96", *Ciência e Técnica Fiscal*, n.º 382.

MARTINS, António / GAMA, Paulo

(2006), "Is VAT a simple tax?", *Fiscalidade*, n.ºs 26/27.

PALMA, Clotilde Celorico

(2008), "O pacote IVA – novas regras de localização das prestações de serviços", TOC, *Revista da Câmara dos Técnicos Oficiais de Contas*, n.º 97, pp. 49-53.

(2005), "A harmonização comunitária do Imposto sobre o Valor Acrescentado – Quo Vadis?, *Revista de Ciências Empresariais e Jurídicas*, n.º 5, p. 54-105, Porto: ISCAP (existe separata).

(1998), *O IVA e o mercado interno – reflexões sobre o regime transitório*, Cadernos de Ciência e Técnica Fiscal, n.º 178, Lisboa: CEF/DGCI.

PINTO, Miguel Silva

(2003) "A Nova Estratégia da Comissão em Matéria de IVA – Resultados Alcançados e Eventuais Futuras Áreas de Intervenção", APCF/ FISCO, *Planeamento e Concorrência Fiscal Internacional*, Lisboa, Lex.

REIS, António Nunes dos

(2000) "A harmonização da fiscalidade indirecta – O sistema comum do IVA", Comunicação apresentada na *Conferência O Novo Código dos Impostos Especiais de Consumo*, organizada pela MGI, em 27 de Janeiro de 2000.

SANTOS, António Carlos dos

(1993) "Integração europeia e abolição das fronteiras fiscais: do princípio do destino ao princípio da origem?", *Ciência e Técnica Fiscal*, n.º 372 (existe separata).

SANTOS, António Carlos dos/ ALEXANDRE, Mário

(2000), "O IVA na encruzilhada: rumo a um novo sistema comum?", *Ciência e Técnica Fiscal*, n.º 397 (existe separata).

TOMAZ, João José Amaral

(2007), "O mecanismo de autoliquidação do IVA (*"reverse charge"*) e o combate à fraude ao IVA", *Estudos em memória de Teresa Lemos*, Cadernos de Ciência e Técnica Fiscal, n.º 202, Lisboa, CEF/DGCI.

José Carlos Gomes Santos

IRC e discriminação fiscal positiva de entidades sem fins lucrativos. O caso das IPSS

José Carlos Gomes Santos*
Licenciado em Economia e Mestre em Economia e Política Social (ISEG).
Professor Associado Convidado do ISEG e Coordenador da Pós-graduação em "Economia e Gestão de Instituições Sem Fins Lucrativos" (ISEG).
Membro do Centro de Estudos Fiscais/Ministério das Finanças

---

* As posições expressas neste artigo são efectuadas a título pessoal, não constituindo opinião nem comprometendo as instituições em que o signatário colabora ou trabalha

Revista de Finanças Públicas e Direito Fiscal

RESUMO

Neste texto identificam-se alguns dos argumentos de natureza jurídico-constitucional e económico-social que, no entender do autor, justificam o apoio fiscal do Estado às instituições particulares de solidariedade social, entidades a quem os poderes públicos vêm confiando, desde longa data, um importante papel de "parceria" na resolução de carências sociais dos cidadãos. Especial atenção é dada à análise da evolução do enquadramento fiscal de tais entidades em IRC ao longo do período de 1989 até hoje, respectivos objectivos, particularidades, limitações e consequências, propugnando-se pela definição de critérios fiscais mais rigorosos e precisos de discriminação positiva.

Palavras-chave:
Economia social;
Instituições de solidariedade;
IPSS;
Enquadramento fiscal em IRC.

ABSTRACT

In this text the author identifies some of the juridical-constitutional and economic-social arguments that, in his opinion, do justify the tax relief granted by the State to private social solidarity institutions (IPSS), which are playing for a long time an important role of "partenariat" in solving social needs of citizens. Special attention is focused on how the fiscal framework of such entities has evolved within the scope of IRC since 1989 up to now, on their main goals, specificities, limitations and consequences, along with the suggestion of more rigorous and accurate approaches to a positive discrimination.

Keywords:
Social economy;
Solidarity institutions;
IPSS;
IRC fiscal framework.

1. Introdução de enquadramento geral

Sem cuidar, neste contexto, de tentar delimitar, quer do ponto de vista conceptual, quer da composição e tradução práticas, aquilo que poderá entender-se por Economia Social, não será difícil identificar um conjunto de razões que poderão justificar o uso por parte dos poderes públicos de medidas (nomeadamente, *fiscais*) de apoio e fomento à actividade de entidades dela integrantes, como é o caso das IPSS-Instituições Particulares de Solidariedade Social, face à necessidade sentida de complementar o papel do Estado na resolução de carências na área social.

Essas razões podem, a nosso ver, ser sistematizada em dois grandes grupos de argumentos, de natureza distinta, mas complementares[1]:

(i) Argumentos de natureza jurídico-constitucional

O moderno Estado-Providência assume uma multiplicidade de atribuições, designadamente no âmbito da área social, que o caracteriza como tal e o diferencia das concepções mais liberais e menos intervencionistas e constitutivas.

Tais finalidades estão em regra, inscritas no respectivo texto constitucional: é o que sucede no caso da Constituição da República Portuguesa que dispõe, em sede de direitos e deveres sociais, de educação e cultura – análogos, em termos de regime jurídico aplicável, aos direitos, liberdades e garantias – os direitos à saúde, à segurança social, à habitação, ao ambiente e à qualidade de vida, à protecção da família, à protecção especial dos jovens, dos deficientes, dos idosos, à educação e à cultura (cf. art. 63.° e 79.° da CRP-Constituição da República Portuguesa).

Temos por conseguinte que, nos termos da lei constitucional incumbe ao Estado prosseguir as evidenciadas finalidades de interesse geral, para o que lhe são atribuídas as correspondentes competências legais, em termos de ser a própria administração directa a destinatária dos comandos constitucionais relevantes.

---

[1] Para mais desenvolvimento, ver J. Gomes Santos e Celeste Cardona (1997), "Apoio Fiscal do Estado às Instituições de Solidariedade Social", *in* "As Instituições Não-Lucrativas e a Acção Social em Portugal", Ed. Vulgata, Lisboa, pág. 82 e seg..

Mas é também a Constituição que acolhe um outro princípio fundamental: o do reconhecimento do direito às instituições de fins de solidariedade social não lucrativas a exercer, em substituição ou em termos complementares do Estado, os objectivos de utilidade pública consagrados nos artigos anteriormente citados e que regulam as garantias dos direitos e deveres sociais, culturais e de educação.

É assim que a nossa tradição secular quanto à criação e institucionalização de associações sem fins lucrativos se "casa" com a constitucionalização da respectiva existência, finalidades e competências.

As directivas constitucionais sobre esta matéria tem tradução nos diversos quadros normativos instrumentais que com elas devem compatibilizar-se. Neste contexto, o sistema fiscal português mostra-se em conformidade com a Constituição, na medida em que relativamente aos rendimentos e património detidos pelo Estado (excepto no que se refere a rendimento de capital) estão os mesmos isentos de tributação.

Ora, dada a dignidade constitucional das instituições e associações de solidariedade social que, como se referiu, exercem as respectivas actividades por devolução de atribuições e competências do próprio Estado, o respectivo regime fiscal deve ser ao dele assimilável ou tendencialmente idêntico.

Quer-se com isto dizer que a Constituição da República Portuguesa acolhe o princípio fundamental da *discriminação positiva* no que se refere ao tratamento diferenciado de que estas entidades devem ser titulares quando comparadas com as restantes instituições de natureza privada, mas de fim egoístico ou lucrativo.

Pelo que, e em síntese, considera-se existirem argumentos de natureza jurídico-constitucionais legitimadores do apoio directo do Estado às instituições privadas de solidariedade social sem fins lucrativos no que se refere à consagração legal de um regime fiscal que as discrimine positivamente.

(ii) Argumentos de índole económica e social

Subsistem, igualmente, argumentos importantes de índole económica para justificar e defender o apoio pela via fiscal à actividade destas entidades. Tais razões, frequentemente interdependentes, podem ser sistematizadas (sem carácter de exaustividade) do seguinte modo:

– por razões de *eficiência:* as organizações não lucrativas de iniciativa particular e voluntária são produtoras de bens públicos ou quase-públicos, geradores de "externalidades" positivas, constituindo "casos puros" justificativos de subsidiação pública (fiscal ou "orçamental");
– por razões de *eficácia ou eficiência organizativa:* atendendo à génese e ao carácter "descentralizado" de tais entidades, à sua maior proximidade do "terreno" e consequente melhor identificação das necessidades e preferências dos agentes, a opção do Estado por modalidades, quer de *contrating out,* quer de complementaridade, justificam vias de financiamento (directo ou indirecto), que contribuam para um aumento do bem-estar;
– por razões de *coesão e estabilidade social:* o incentivo público à iniciativa e organização associativa, com objectivos mutualistas e solidários, permite a potenciação das sinergias do voluntariado e do comportamento altruísta dos cidadãos, funcionando paralelamente como verdadeiros "estabilizadores sociais", ao acomodarem (parcialmente) os riscos de alteração grave do *status quo,* funções que como tal devem ser "compensadas".

Qualquer que seja, porém, a perspectiva ou o peso que seja atribuído a cada um dos argumentos referidos, parece haver espaço suficiente para admitir a utilização, muito generalizada em quase todos os países, de instrumentos fiscais ao serviço da política de intervenção social.

2. As IPSS: definição e características

De acordo com o legislador de 1983 (Preâmbulo do DL n.° 119/83, de 25/2, que contém o regime jurídico fundamental aplicável às instituições de solidariedade social), foi vontade firme do Estado *"criar as condições adequadas para o alargamento e condições de uma das principais formas de afirmação organizada das energias associativas e de capacidade de altruísmo dos cidadãos, através de instituições que prossigam fins de solidariedade social".*

As IPSS são definidas no n.° 1 do art. 1.° do Estatuto das IPSS, aprovado pelo referido DL, como entidades *"constituídas sem finalidade lucrativa, por iniciativa de particulares, com o propósito de dar expressão organizada ao dever moral de solidariedade e de justiça entre os indivíduos [...] para prosseguir, entre outros, os seguintes objectivos, mediante a concessão de bens e a prestação de serviços: a) Apoio a crianças e jovens; b) Apoio à família; c) Apoio à integração social e comunitária; d) Protecção dos cidadãos na velhice e invalidez e em todas as situações de insuficiência de meios de subsistência ou de capacidade para o trabalho; e) Promoção e protecção de saúde, nomeadamente através da prestação de cuidados de medicina preventiva, curativa e de reabilitação; f) Educação e formação profissional dos cidadãos; g) Resolução dos problemas habitacionais das populações".*

Face ao disposto no n.º 2 do mesmo artigo, além dos fins enumerados acima, *"as instituições podem prosseguir de modo secundário outros fins não lucrativos que com aqueles sejam compatíveis".*

As IPSS podem revestir a forma de associações de solidariedade social, associações de voluntários de acção social, associações de socorros mútuos, fundações de solidariedade social e irmandades de misericórdia, sendo-lhes permitido agrupar-se em uniões, federações e confederações, com objectivos de cooperação e de utilização comum de serviços ou equipamentos, de desenvolvimento de acções de solidariedade social, de responsabilidade também comum ou em regime de complementaridade.

Confia-se-lhes, pois, um importante papel na resolução das carências sociais dos cidadãos, e incumbe-se ao Estado a obrigação de reconhecer, valorizar e apoiar as ditas instituições. Atribuem-se-lhes, paralelamente, poderes de regulamentação e fiscalização, mas com afastamento do velho regime da tutela administrativa das antigas "instituições particulares de assistência", consignando-se expressamente que *"o apoio do Estado e a respectiva tutela não podem constituir limitações ao direito de livre actuação das instituições"* (n.º 4 do art.º. 4.º do referido diploma).

3. Enquadramento fiscal das instituições de solidariedade

Pode dizer-se, de um modo genérico, que as iniciativas de índole assistência e beneficência sempre tiveram apoios de carácter fiscal entre nós. Contudo, o seu regime, condicionalismos de acesso, de atribuição e controlo a esses mesmos benefícios, é que terão mudado ao longo do tempo.

83

Artigos

Antes de enunciarmos as regras fiscais aplicáveis às sobreditas instituições, parece-nos pertinente sublinhar, em termos prévios, que o já citado DL n.º 119/83 enumera e obriga a regulamentação estatuária as respectivas fontes de financiamento e o correspondente regime financeiro.

Estas associações podem ser titulares de várias categorias de receitas, como sejam as decorrentes de quotas pagas pelos associados ou de quantias prescritas a seu favor, bem como a parte, fixada nos estatutos, dos rendimentos líquidos das caixas económicas anexas, de participações financeiras e da exploração de instalações, equipamentos sociais e serviços, etc.

Temos, por conseguinte, que as intuições privadas de solidariedade social são titulares de rendimentos, detêm património imobiliário e exercem actividades na área de prestação de serviços da mais diversa natureza, razão pela qual são sujeitos passivos dos impostos sobre o rendimento, o património e o consumo de bens.

No entanto, dada a respectiva natureza jurídica e as finalidades prosseguidas, entendeu o legislador que devem beneficiar em conformidade com a Lei constitucional, de um tratamento fiscal diferenciado, constante, nomeadamente, dos vários códigos e legislação tributária (Códigos do IRC, IMI, IMT, Imposto do Selo, IUC, EBF, etc.)

4. IRC e IPSS – evolução legislativa e respectiva avaliação

Tendo embora presente o referido antes, é nosso entender que, se áreas existem em que o "decisor" mais indecisão e instabilidade tem manifestado ao longo da vigência do Código do IRC, uma delas é, seguramente, a do enquadramento tributário a dar às instituições de utilidade pública e de solidariedade social.

Na realidade, estas entidades foram alvo de, pelo menos, cinco alterações de cariz mais ou menos profundo ou estrutural ao longo dos anos, sem que tal tenha resultado, aparentemente, de modificações substanciais na forma e/ou na dimensão com que a respectiva valia ou actuação concreta são vistas, quer ao nível da apreciação política, quer social.

Pelo que se considera ser de interesse identificar e analisar as principais modificações, e respectivas consequências, de que o art. 9.º, hoje 10.º, do CIRC tem sido alvo, nomeadamente no que toca às IPSS.

Revista de Finanças Públicas e Direito Fiscal

4.1. Art. 9.º do CIRC – ano de 1989

De acordo com a redacção inicial trazida pelo DL n.º 442-B/88, de 30/11, que aprovou o Código do IRC, as *"instituições particulares de solidariedade social e entidades anexas, bem como as pessoas colectivas a elas legalmente equiparadas"* estavam isentas de IRC (cf., alínea b) do n.º 1 do art. 9.º). Tal isenção dependia de reconhecimento por despacho do Ministro das Finanças, a requerimento dos interessados, o qual *"definirá a amplitude da respectiva isenção de harmonia com os objectivos prosseguidos pelas entidades em causa e as informações dos serviços competentes da Direcção-Geral das Contribuições e Impostos e outras julgadas necessárias"* (n.º 2 do mesmo artigo).

Crê-se, na impossibilidade de ter acesso e compulsar número significativo de despachos ministeriais proferidos durante a vigência da norma, que a decisão ministerial apontava habitualmente, para a isenção dos rendimentos comerciais e industriais *"directamente derivados das actividades desenvolvidas no âmbito dos fins estatutários"*, para a isenção de rendimentos prediais, mais-valias e rendimentos de capitais, com excepção, <u>por razões óbvias,</u> dos derivados de títulos ao portador, não registados nem depositados.

4.2. Art. 9.º do CIRC – anos de 1995 e 1996

Com a Lei n.º 39-B/94, de 27/12 (Lei do OE para 1995) opera-se uma profunda alteração no enquadramento acabado de referir, pois que se "autonomiza" a isenção das IPSS, e também das PCUPA, da necessidade de reconhecimento e despacho do Ministro das Finanças mas, em contrapartida, dispõe-se que a mesma só se aplica (ver o novo n.º 3 do art. 9.º do CIRC), *"no tocante aos rendimentos da actividade comercial, industrial ou agrícola, nos seguintes casos:*

a) Quando as correspondentes transmissões de bens e prestações de serviços estejam isentas de IVA, nos termos previstos no artigo 9.º do respectivo Código, com excepção das estabelecidas nos n.ºs 28 e 29 do mesmo;

b) Quando provenham da edição ou comercialização de livros, outras publicações, bandas magnéticas e quaisquer outros suportes científicos ou culturais;

c) *Quando provenham da realização de espectáculos e manifestações culturais;*

d) *Quando, não estando abrangidos nas alíneas anteriores, o total dos correspondentes proveitos ou ganhos não seja superior, no período em referência, a 60 000 contos."*

Em nossa opinião, esta formulação continha em si alguns aspectos positivos, nomeadamente quando procurava recortar de forma mais precisa o âmbito da isenção, para isso recorrendo e dando "unidade" e coerência a disposições de protecção fiscal já consignadas noutras sedes (caso do Código do IVA), ou quando enumera algumas das fontes "tradicionais" de obtenção de recursos de tais entidades.

Contudo, e como se referiu noutro contexto (cf. Gomes Santos e Celeste Cardona, ob. cit.), a nova redacção do preceito era, em certos aspectos, bastante limitadora do apoio fiscal constitucionalmente requerido.

Assim, *"tinha como principal consequência uma alteração na própria filosofia do benefício, pois que a razão da protecção fiscal a tais entidades baseava-se* [até aí] *nas* finalidades *de interesse geral prosseguidas e na aplicação dada aos eventuais rendimentos obtidos (isenção subjectiva), sendo na altura afastada em favor de um princípio (contestável, por que não emanava da lei constitucional) de apoio do Estado em função do* montante *dos rendimentos auferidos. Como se a relevância dos fins assegurados ou a importância da "obra feita", devesse estar dependente, ou ser questionada, pela dimensão dos fundos e recursos que lhe são afectos (pois que, bem ao contrário, e frequentemente, aquela deles depende directamente)"* [2].

Tal norma não chegou, porém, a ter aplicação prática, pois que foi suprimida pela Lei n.º 10-B/96, de 23/3, repondo-se no essencial o

---

[2] No âmbito da referida redacção, em *"dúvida"* ficava ainda o enquadramento a dar aos rendimentos de capitais, prediais e ganhos de mais-valias – Categorias E, F e G de IRS), a não ser que, ao contrário do entendido até aqui, e decorrente da disposição constante da alínea b) do art. 3.º, bem como do art. 48.º, ambos do CIRC, no que à determinação da base do imposto das pessoas colectivas ou entidades que não exerçam, a título principal, actividades de natureza comercial, industrial ou agrícola diz respeito, se fizesse apelo ao conceito amplo de rendimento consignado no art. 17.º do mesmo Código...

articulado até então em vigor (redacção de 1990), e associando agora o *"Membro do Governo que tenha a seu cargo o sector respectivo"* ao reconhecimento e definição da amplitude da isenção, o que parece indiciar uma intenção de maior e melhor conhecimento e avaliação das entidades em causa e das suas diferentes áreas de actuação, o que se afigura como objectivo meritório.

4.3. Art. 10.° do CIRC – ano de 2000

Quatro anos passados, pela Lei n.° 30-G/2000, de 29/12 (que reformou a tributação do rendimento), a isenção de IRC passou, de novo, a ser da competência exclusiva do Ministro das Finanças, mas com um "recorte" muito mais detalhado. Assim:

– No que toca à amplitude da respectiva isenção, o "comando legislativo" deixou de fazer apelo aos *"objectivos prosseguidos pelas entidades em causa"* para, antes, referir que a mesma seria modulada *"de harmonia com os fins prosseguidos, e as actividades desenvolvidas para a sua realização"* (ver novo n.° 2 do art. 10.°).
– Por sua vez, introduz-se um n.° 3 ao referido artigo, que determina que a isenção é condicionada à <u>observância continuada</u> de requisitos que, sinteticamente, poderíamos designar por:

(i) **prossecução efectiva** e **relevante dos fins** que justificam o apoio fiscal (alínea *"a) Exercício efectivo, a título exclusivo ou predominante, de actividades dirigidas à prossecução dos fins que a justificaram"*);

(ii) **afectação significativa** (> ou = 50%) **dos recursos** gerados e isentos aos fins protegidos fiscalmente (alínea *"b) Afectação aos fins referidos na alínea anterior de, pelo menos, 50% do rendimento global líquido que seria sujeito a tributação nos termos gerais, até ao fim do 4.° exercício posterior àquele em que tenha sido obtido, salvo em caso de justo impedimento no cumprimento do prazo de afectação, notificado ao director-geral dos Impostos, acompanhado da respectiva fundamentação escrita, até ao último dia útil do 1.° mês subsequente ao termo do referido prazo"*);

Artigos

(iii) **ausência de "fim egoísta" e de vantagem pessoal** para os membros dos órgãos estatutários (alínea *"c) Inexistência de qualquer interesse directo ou indirecto dos membros dos órgãos estatutários, por si mesmos ou por interposta pessoa, nos resultados da exploração das actividades económicas por elas prosseguida"*).

Tal constituiu, a nosso ver, um progresso relativamente às tentativas de enquadramento anterior, porque "interiorizou" em muitos dos seus aspectos qualidades inerentes à filosofia e ideário das respectivas instituições. Esta formulação ter-se-á ficado a dever – ao que cremos, e também após alterações introduzidas em sede parlamentar – aos trabalhos efectuados no âmbito da Comissão de Revisão do IRC, mandada constituir pelo Sr. Ministro das Finanças, Professor Doutor Sousa Franco, que foi presidida pelo Professor Doutor Rogério Fernandes Ferreira, e da qual fizemos parte (cf. docs. de trabalho da altura).

Por outro lado, ao dispor que a amplitude da isenção dependeria dos "fins prosseguidos" e das "actividades desenvolvidas para a sua realização", mas também, e simultaneamente (cf. alínea a) do n.º 3 referido), que ao lado do exercício efectivo, a título exclusivo ou predominante, de actividades dirigidas à prossecução dos fins que a justificaram, se pudessem prosseguir outras actividades económicas (ver parte final da alínea c) do mesmo número) **abre-se, quanto a nós, a possibilidade de, sem as afastar da isenção e no âmbito da mesma, poderem ser incluídas "actividades desenvolvidas" ditas de cariz "secundário" ou "acessório", <u>mas que, enquanto produtoras de rendimentos ou proventos afectos aos fins principais prosseguidos, contribuam (financeiramente) *para a sua realização*</u>.**

4.4. *Art. 10.º do CIRC – ano de 2005*

A última alteração do art. 10.º foi levada a cabo pela Lei n.º 60-A/2005, de 30/12 (Lei do OE para 2006), e de entre os seus objectivos ressalta a reintrodução de "automatismo" na concessão da isenção de IRC a entidades que, pela sua própria natureza e reconhecimento "prévio" na instância de tutela, já foram assumidas legalmente como PCUPA e IPSS, considerando-se que, por esse facto, não carecem de reconheci-

Revista de Finanças Públicas e Direito Fiscal

mento (para fins fiscais) do Ministro de Estado e das Finanças, ao contrário do que continuou a exigir-se para as pessoas colectivas de mera utilidade pública.

Este automatismo, no entanto, deve ser analisado tendo presente as novas alterações que, simultaneamente, foram introduzidas no corpo e na alínea a) do n.º 3 do mesmo artigo. Assim, no nosso entender, como delimitação **prévia** do domínio da respectiva isenção, excluem-se da mesma "os rendimentos empresariais derivados do exercício das actividades comerciais ou industriais desenvolvidas fora do âmbito dos fins estatutários, bem como os rendimentos de títulos ao portador, não registados nem depositados, nos termos da legislação em vigor". Por outro lado, exige-se, entre outros requisitos para beneficiar da isenção, e no caso das IPSS, "o exercício efectivo, a título exclusivo ou predominante, de actividades dirigidas à prossecução dos fins que justificaram o respectivo reconhecimento da qualidade de utilidade pública".

Daqui decorrem dois aspectos sumamente importantes:

– Assim, e por um lado, assiste-se à inclusão na letra da lei do que era "habitual" encontrar nos despachos ministeriais invocados como necessários pelas formulações legislativas anteriores;
– Mas também, e por outro lado, parece estarmos (?) perante a introdução de uma aparente "dicotomia" (*desejada? ou resultante de mera* "má formulação" *legislativa?*) entre "fins estatutários" (vide primeira parte do corpo do n.º 3 do artigo) e "fins que justificaram o respectivo reconhecimento da qualidade de utilidade pública" (vide alínea a) do mesmo preceito), nem sempre absolutamente "coincidentes" na prática (se não, verificar a possibilidade consignada no n.º 2 do art. 1.º do DL n.º 119/83 – IPSS).

Contudo, se como se esclarece em "**nota justificativa**" que acompanhou o articulado constante da proposta de Orçamento de Estado para 2006, o objectivo da nova disposição é o de, "*dando expressão à prática que vem sendo seguida nos despachos de reconhecimento da isenção, excluir da isenção os rendimentos empresariais derivados de actividades desenvolvidas fora dos fins estatutários, […] pois apenas os fins estatutários fundamentam a sua qualidade jurídica de utilidade pública*", a (quase) "equivalência" assumida entre "fins estatutários" e "fins de utilidade pública" leva, a nosso ver, a que **todos** os rendimentos derivados de actividades expressamente previstos nos estatutos beneficiem de isenção, observadas que sejam de forma continuada os restantes requisitos (alíneas a) a c) do n.º 3 do art. 10.º do CIRC).

Nesta medida, torna-se crucial conhecer e delimitar o sentido do que se deve entender por "**fins estatutários**": Como sabemos, numa entidade colectiva, seja ela uma associação, uma empresa, uma instituição social, etc., que prossegue um determinado escopo, que mobiliza meios/recursos de diversa natureza, e prossegue determinados objectivos/fins, encontra-se presente, quer por determinação legal, quer por imposição dos seus membros, um conjunto de regras e normas de procedimento e de responsabilização pessoal, social, económico-financeira, etc., que se materializa num "pacto social", num "estatuto", ou em realidade similar. Nesse "pacto", habitualmente escrito, constam, obrigatoriamente ou não, finalidades/objecto social, que justificam e enformam a actividade concreta da referida "organização", os ditos "fins estatutários".

Será, portanto, e fundamentalmente, relativamente a estes que devem ser aferidos as supracitadas actividades e rendimentos por elas gerados, sob pena de, a não ser assim, se caminhar para apreciações subjectivas e enquadramentos fiscais eventualmente divergentes ao longo do tempo.

Pelo que, a nosso ver, a nova redacção trazida ao preceito tem como consequência que os rendimentos de actividades previstas explícita e formalmente nos respectivos estatutos aprovados pelas autoridades competentes, e prosseguidas de "modo secundário" (na linguagem do legislador do DL n.º 119/83) ou "a título não exclusivo ou predominante" (na linguagem do legislador da Lei n.º 60-A/2005), isto é, actividades de carácter "acessório", passem a beneficiar de isenção de IRC, desde que, pelo menos 50% do rendimento global líquido que seria sujeito a tributação nos termos gerais (isto é, à taxa reduzida de 20%) sejam afectos aos fins "principais" que justificaram a respectiva isenção.

Deste modo se terá retomado o objectivo e interpretação vigentes em momentos anteriores ao do artigo em causa, no sentido de que o alcance da norma é, **também**, o de abranger com a isenção do imposto sobre o rendimento (IRC) as actividades que sirvam como forma de angariação de meios financeiros de suporte às finalidades estatutárias e actividades principais desenvolvidas.

Esse entendimento, vigente em anos passados, pode ser encontrado nas referências constantes do Acórdão do STA-Secção do Contencioso Tributário, datado de 22 de Junho de 1994, sobre o recurso n.º 17.379, em que se reproduz entendimento do Gabinete de Apoio Jurídico e Económico do SAIR, sancionado superiormente, no sentido de que *"apenas poderão ser isentas de IRC todas as pessoas colectivas de utilidade pública que exerçam acessoriamente uma actividade de natureza comercial, industrial ou agrícola, e normalmente com o objectivo de financiamento da sua actividade principal"* (*in* Ciência e Técnica Fiscal n.º 378, Abril-Junho de 1995, págs. 274 e seg.). Interpretação essa que mereceu decisão favorável do referido Tribunal ao dispor que é *"mister que as actividades de natureza comercial sejam meramente acessórias e os réditos respectivos empregues com os fins designados no dito Art. 9.º, devidamente concretizados"*(idem).

5. Perspectivas de futuro e propostas

Tendo presente a discussão efectuada anteriormente, na qual se aproveitou para realizar uma análise de enquadramento geral e de evolução de preceitos, justificativos e consequências decorrentes das modificações legais operadas ao longo do tempo no artigo do Código do IRC relativo às pessoas colectivas de utilidade pública e de solidariedade social, somos de opinião que, em termos *de jure constituendo*, e com natural brevidade, se deveria caminhar para uma reanálise e reposicionamento do actual enquadramento fiscal de entidades como as IPSS, com o regresso a formulações próximas do articulado em vigor em 2000, ainda que compaginável com o carácter automático da concessão do benefício operado a partir de 2005.

Este desiderato deveria ser obtido através da introdução de maior rigor e precisão nos normativos utilizados (ausentes, a nosso ver, da actual redacção e de despachos ministeriais anteriores), de uma clara definição do enquadramento a dar às actividades de cariz acessório ou secundário prosseguidas por essas entidades, e da extensão da abrangência da isenção aos rendimentos delas derivados quando destinados única e exclusivamente ao financiamento e à viabilização económica dos fins principais prosseguidos, fins esses que mereceram ou justificaram o respectivo reconhecimento de utilidade ou interesse públicos, deste modo se garantindo um enquadramento estável, claro e fomentador da actividade de tais instituições, como constitucionalmente requerido.

Manuel Faustino

IRS: A categoria F
(Rendimentos prediais) revisitada ([1])

Manuel Faustino
Ex-Director dos Serviços do IRS
Consultor Fiscal

---

[1] O presente texto teve origem numa sugestão do Snr. Dr. Manuel Metello, então presidente da Associação Lisbonense de Proprietários, para publicação na Revista daquela Associação. Quinze dias antes do seu inesperado falecimento, estivemos a «negociar» os cortes que a falta de espaço na Revista, já na tipografia, impunha. Foi, nesse formato, publicado em A Propriedade Urbana, n.º 414 – Outubro 2007, pp. ??, sob o título *IRS: Os (pobres) rendimentos prediais*. Depois, serviu-me de base a uma intervenção oral naquela mesma Associação e, na sequência, foi disponibilizado no site da ALP, por deferência do Senhor Professor Doutor Artur Soares Alves. Entendi agora, julgando manter-se a actualidade e a pertinência do tema, proceder a uma profunda revisão do texto inicial, e, bem assim, a alguns ajustamentos, tendo em vista a sua publicação integral, nunca antes efectuada.

Revista de Finanças Públicas e Direito Fiscal

RESUMO

No presente artigo, o Autor faz uma análise histórica da evolução do quadro normativo relativo à dedução específica consagrada no Código do IRS para os rendimentos derivados da locação de prédios rústicos e urbanos e conclui que a Administração Fiscal vem fazendo daquele uma interpretação insustentavelmente restritiva, não conforme ao princípio da justiça da tributação, por violação do princípio da capacidade contributiva.

Palavras-chave:
IRS;
Categoria F;
Rendimentos prediais;
Dedução específica.

ABSTRACT

In the present article, the Author undertakes an historical analysis of the evolution of the normative framework related to the specific deduction established in the PIT Code applicable to income derived from land and property rental and concludes that Portuguese Tax Authorities are conducting an unsustainable restrictive interpretation, which is not in accordance with the tax justice principle, by violating the ability to pay principle.

Keywords:
Personal Income Tax (IRS);
Category F,;
Property income;
Specific deduction.

1. Com a entrada em vigor, em 1 de Janeiro de 1989, do Código do IRS, operou-se uma reforma estrutural na tributação dos imóveis, separando-se claramente a tributação do imóvel, enquanto bem económico, da tributação do rendimento por ele gerado. A Contribuição Predial, um imposto com origens na décima militar, mantido na reforma fiscal dos anos 60, que ficou conhecida pela Reforma "Teixeira Ribeiro" em homenagem ao seu Autor, o Ilustre Professor Teixeira Ribeiro, da Academia de Coimbra, era, não obstante a sua designação, para surpresa de muitos, um imposto sobre o rendimento e não um imposto sobre o património, tributando nuns casos rendimentos reais (no caso de prédios arrendados), mas noutros, e seriam a maioria, tributando rendimentos normais ou mesmo presumidos. Muitos dos leitores ainda se lembrarão de que tinham de incluir no seu imposto complementar, o imposto de sobreposição que tributava num segundo nível os rendimentos anualmente obtidos (o primeiro nível de tributação ocorria no denominado imposto cedular – v.g., imposto profissional, imposto de capitais, contribuição industrial ou contribuição predial) o **rendimento colectável** da casa própria em que habitavam, a par do rendimento de casas que eventualmente tivessem arrendadas. Esse rendimento colectável mais não era de que uma espécie de rendimento líquido atribuído por ficção ao prédio, a partir da renda que ele poderia gerar no mercado de arrendamento, abatida de certos encargos que também para o efeito se ficcionavam. Designa-se este rendimento na doutrina como «rendimento nocional», «rendimento imputado» ou «rendimento implícito», isto é, rendimento atribuível à utilização, em benefício próprio, de bens ou serviços, quer como remuneração directa por serviços prestados a terceiros, em regra designados por vantagens acessórias, quer sem o pagamento de nenhuma contraprestação, quando, sem qualquer relação subjacente justificante, tais bens ou serviços são fornecidos ou colocados à disposição por terceiros, ou quando são bens próprios ou serviços que as pessoas utilizam ou se prestam a si próprias [1].

Com a reforma de 1989, os imóveis, enquanto bens patrimoniais, passaram a ser tributados na Contribuição Autárquica (CA), hoje, fruto de nova reforma entretanto ocorrida, Imposto Municipal sobre Imóveis

---

[1] Teixeira Ribeiro, José Joaquim, *A Noção de Rendimento na Reforma Fiscal*, in Revista de Legislação e Jurisprudência, n.º 3848, pp. 322/324.

Revista de Finanças Públicas e Direito Fiscal

(IMI) **e o rendimento efectivamente gerado** por prédios arrendados ou subarrendados, na titularidade de pessoas singulares e fora do exercício de uma actividade comercial, industrial ou agrícola, passou a ser tributado em IRS, no âmbito da categoria F, onde ainda hoje se mantém [2].

---

[2] Não obstante nos chegarem, por vezes, alguns ecos de uma pretensa posição da Administração Fiscal que, a ser verdadeira, não pode de forma alguma merecer a nossa concordância. Em primeiro lugar, e por força do cruzamento de informação que actualmente, e bem, é efectuado, parece ser a qualificação de «rendimentos prediais – Categoria F» atribuída pelos inquilinos às rendas pagas aos senhorios, na declaração mod. 10 que estão obrigados a apresentar nos termos do artigo 119.º do Código do IRS, que influi, decisivamente, na qualificação que tais rendimentos devem ter na esfera do senhorio. Ora, como expressivamente se colhe no artigo 3.º do Código, os rendimentos prediais obtidos no âmbito de uma actividade profissional ou empresarial consideram-se, acessoriamente, rendimentos profissionais ou empresariais. Não pode, pois, em nosso entender, ser a qualificação feita pelo inquilino a sobrepor-se à qualificação que decorre da lei quando, de facto, as rendas por aquele declaradas derivam de prédios arrendados que integram activos afectos a actividades profissionais ou empresariais. A segunda questão relacionada com tal entendimento parece prender-se com a aparente inaceitabilidade de um sujeito passivo de IRS poder configurar juridicamente sob a forma empresarial individual a exploração económica dos imóveis de que for titular, com o argumento de que não se estaria perante uma verdadeira actividade económica, mas apenas perante a obtenção de uma das modalidades dos denominados «rendimentos passivos». Salvo o devido respeito, tal opinião também nos parece não poder ser sufragada. Em primeiro lugar, por violação directa desse princípio, que emana da Constituição, da liberdade de configuração jurídica, devendo cada um poder exercer a actividade económica (empresarial ou profissional), e não podendo por isso sofrer qualquer tipo de discriminação, sob a forma jurídica que achar mais apropriada. Em segundo lugar, por violação do princípio da igualdade, pois conhecem-se ao nível societário inúmeras situações de «sociedades de fruição», desde as SGPS, às sociedades de simples administração de bens, ou seja, sociedades cujo núcleo central da sua actividade económica é constituído precisamente pela obtenção de «rendimentos passivos». E em terceiro lugar, porque o arrendamento de imóveis é, mesmo do ponto de vista substancial, qualificado como uma actividade económica. Com efeito, o Decreto-Lei n.º 382/2007, de 14 de Novembro, que procedeu à revisão da Classificação Portuguesa de Actividades Económicas, harmonizada com as classificações de actividades da União Europeia [Regulamento (CE) n.º 1893/2006 do Parlamento Europeu e do Conselho] e das Nações Unidas [Classificação Internacional Tipo de Actividades, Revisão 4 (CITA – Ver. 4)], prevê expressamente na sua Secção L, Divisão 68, as Actividades Imobiliárias, nas quais se incluem, no Grupo 682, Classe 6820 e Subclasse 68200, o **Arrendamento de bens imobiliários.** Não existe, pois, qualquer razão material ou formal, de ordem legal ou outra, que impeça que uma pessoa singular afecte, com as consequências fiscais que isso também implica, obviamente, os seus imó-

Artigos

2. O IRS nasceu sob a égide da tributação tendencial de rendimentos reais ou efectivos, afastando-se propositada e decisivamente da tributação de rendimentos normais e deixando para situações patológicas o recurso a tributações por presunção, actualmente reguladas na Lei Geral Tributária como tributações por recurso a métodos indirectos de avaliação. Este princípio da tributação de rendimentos reais ou efectivos, levado ao seu extremo, poderia induzir a obrigatoriedade de todos os titulares de rendimentos sujeitos ao novo imposto deverem possuir uma contabilidade devidamente organizada, partindo-se do pressuposto de que a contabilidade organizada seria o instrumento mais adequado ao seu apuramento ou determinação [3]. Obviamente, porém, que em muitos casos tal ónus seria desproporcionado e excessivo. Assim, e com excepção das categorias que integravam as denominadas actividades profissionais e empresariais, antes da que se convencionou chamar reforma de 2000 [4] as

---

veis ao exercício de uma actividade económica de arrendamento em nome individual, passando por esse facto a obter rendimentos comerciais (categoria C), sem que possamos considerar estar perante um esquema de planeamento fiscal abusivo. E, muito menos, que a Administração Fiscal (em nome de que poder o faria?) se oponha a que alguém apresente uma declaração de início de actividade com este objecto – arrendamento de imóveis próprios e subarrendamento de imóveis de terceiros.

[3] O que também não é pacífico. «Aliás, um entendimento do princípio da tributação pelo rendimento real, a ser levado à risca ou demasiado a sério, conduziria mesmo à conclusão de que o próprio rendimento apurado com base na contabilidade, porque assim afastado da realidade, não satisfaria as exigências constitucionais da tributação pelo rendimento real». CASALTA NABAIS, Direito Fiscal, 3.ª ed., Coimbra, 2003, pp. 178/179. Para uma crítica radical ao modelo da contabilidade organizada como o «único» capaz de dar uma resposta adequada à tributação segundo o princípio da capacidade contributiva, LAPATZA, José J. Ferreiro, *Determinación objectiva de la base en la renta a las pequeñas y medianas empresas*, texto apresentado como Relatório Geral das XXIII Jornadas do Instituto Latinoamericano de Direito Tributário (ILADT), realizadas em Córdoba (Argentina) entre 22 e 26 de Outubro de 2006, in AA. VV., GONZÁLEZ, Luís M. Alonso (Coordenador), La Tributación de la renta empresarial, Derecho comparado, Marcial Pons, Madrid, 2008, principalmente pp. 123/136.

[4] A reforma introduzida pela Lei nº 30-G/2000, de 29 de Dezembro, também conhecida por «Reforma Pina Moura». Com uma posição expressivamente crítica desta «reforma», que designa por «ajustamentos fiscais do ano 2000», veja-se PITTA E CUNHA, Paulo, in *Revista de Finanças Públicas e Direito Fiscal*, n.º 1, Ano I, Almedina, Coimbra, 2008, pp. 15/33. Nós próprios expusemos inúmeras divergências, quer quanto à forma, quer quanto ao conteúdo, da referida «reforma» em dois artigos publicados na altura: *A*

categorias B, C e D, actualmente apenas a categoria B, onde a contabilidade organizada pode, ou deve, existir, nenhuma das restantes categorias de rendimentos a prevê, nem se antevê como possível a sua existência. Mas, na generalidade, o respectivo quadro legal prevê mecanismos de aproximação à determinação daquilo que a doutrina denomina o rendimento líquido objectivo, ou seja, a realidade quantificada que se obtém depois de se deduzir ao rendimento bruto aquele conjunto de encargos que foi necessário suportar para o obter. É o que, em regra, é conhecido por «dedução específica» de cada uma das categorias de rendimentos e que tem assento legal, no Código do IRS, no capítulo da determinação do rendimento colectável. Aí o legislador define, com maior ou menor amplitude, o tipo de despesas e encargos cuja dedutibilidade considera adequada à prossecução do referido objectivo de sujeitar a englobamento não um rendimento bruto, mas um rendimento líquido, mais conforme com o princípio da tributação segundo o princípio da capacidade contributiva. É fundamentalmente à evolução da determinação do rendimento líquido objectivo na categoria F que nos vamos ater nesta pequena análise, para concluirmos o quanto o legislador tem sido avaro no tratamento que tem dispensado às deduções aos rendimentos prediais em IRS.

3. Começando, porém, pelo princípio, havemos de, em primeiro lugar, referir-nos ao aspecto material do elemento objectivo da incidência. Cotejando a primitiva redacção do artigo 9.º do Código do IRS com a do actual artigo 8.º do mesmo Código, que lhe corresponde, apenas encontramos duas diferenças: por um lado, deixaram de integrar a incidência da categoria F as importâncias relativas à cessão temporária de exploração de estabelecimento comercial, industrial ou agrícola, passando tais rendimentos a integrar, em todas as circunstâncias [5], a inci-

---

Reforma do IRS: Principais Alterações. Análise Crítica, in Jornal do Técnico de Contas e da Empresa (JTCE), Março de 2001; *Contributos para uma Crítica Eminentemente Técnica à Reforma Fiscal, Centrada no IRS*, in FAUSTINO, Manuel, IRS, de Reforma em Reforma, Áreas Editora, Lisboa, 2003, pp.589/604.

[5] Da preponderância das então categorias C ou D já resultaria que os rendimentos resultantes da cessão temporária de exploração de estabelecimento comercial, industrial ou agrícola que não determinasse a cessação de actividade do respectivo titular se manteriam como rendimentos acessórios daquelas categorias.

dência da categoria B, nos termos do disposto na alínea d) do n.º 2 do artigo 2.º. Esta foi uma modificação introduzida pela Lei n.º 30-G/2000, de 29 de Dezembro, que mereceu, e merece, a nossa concordância, uma vez que, continuando, na cessão temporária de exploração, a pertencer ao cedente a totalidade do activo imobilizado cedido, só na categoria B existem os mecanismos adequados à consideração como custo fiscal dos encargos correspondentes à sua amortização. Por outro lado, passaram a integrar a incidência da categoria F as importâncias relativas à constituição, a título oneroso, de direitos reais de gozo temporários, ainda que vitalícios, sobre prédios rústicos, urbanos ou mistos, alteração que foi introduzida pelo Decreto-Lei n.º 25/98, de 10 de Fevereiro. Também esta alteração a considerámos adequada, atenta a natureza de rendimentos de fruição que os rendimentos derivados da constituição temporária de direitos reais sobre bens imóveis inquestionavelmente possuem, pois até aí haveria alguma dificuldade em os retirar da previsão normativa que os incluía, literalmente, na categoria G (mais-valias) [6]. Terá suscitado alguma polémica esta alteração face ao específico regime dos direitos reais de habitação periódica, cujo regime jurídico actualmente se encontra consagrado no Decreto-Lei n.º 275/93, de 5 de Agosto, com as alterações que lhe foram introduzidas pelos Decretos-Leis n.ºs 180/99, de 22 de Maio e 22/2002, de 21/01. Pela sua natureza e especificidade, o direito real de habitação periódica constitui uma forma de titularidade de propriedade plena durante um certo período de tempo, assim se distinguindo dos denominados direitos reais menores. Portanto, a sua natureza não é a de um direito real de gozo temporário e, portanto, a sua constituição não cabe na previsão normativa da alínea f) do n.º 2 do artigo 8.º do Código do IRS. Porém, se o titular do direito real de habitação periódica o explorar economicamente mediante a locação, então, obviamente, obterá rendimentos prediais, mas aí ao abrigo do disposto na alínea a) do n.º 2 do mesmo preceito, dentro dos limites do seu direito.

---

[6] FAUSTINO, Manuel, *IRS, Uma década de Vigência*, in 10 Anos de Imposto sobre o Rendimento, ed. do Jornal de Técnicos de Contas e da Empresa, Publiestudos, Lisboa, 2001, pp. 11/45. Manifestando algumas dúvidas sobre a necessidade da alteração, MATOS, André Salgado de, *Código do Imposto sobre o Rendimento das Pessoas Singulares (IRS), Anotado*, ISG, Lisboa, 1999, pp. 10.

4. Entrando agora na análise do aspecto quantitativo do elemento objectivo da incidência e observando o artigo 40.º do Código do IRS, na sua primitiva redacção, verificamos que ele, começando por consagrar o princípio da dedutibilidade, ao rendimento bruto, das despesas de manutenção e de conservação que incumbissem aos sujeitos passivos e por ele fossem suportadas, densificava a seguir a medida dessa dedutibilidade, admitindo, desde logo, uma dedução automática, de 15% do rendimento bruto, a título de despesas de manutenção, e de 20% a título de despesas de conservação, excepto se, **sendo superiores**, o sujeito passivo pudesse provar documentalmente as despesas e encargos daquela natureza efectivamente suportados. Às despesas de manutenção e conservação acresciam, tratando-se de prédios em propriedade horizontal, os encargos de conservação, fruição e outros que, nos termos da lei civil, o condómino devesse obrigatoriamente suportar e por ele fossem suportados.

Afigura-se-nos ainda de sublinhar que, ao nível da categoria F, o legislador fiscal, ao contrário de outras leis relacionadas com imóveis, como, por exemplo, o Regime Geral das Edificações Urbanas (RGEU), o Regime do Arrendamento Urbano (RAU), entretanto revogado, e o próprio Código Civil, não apenas nunca distinguiu entre despesas de conservação ordinária e extraordinária, como nunca utilizou o conceito de despesas de beneficiação. Face ao disposto no disposto no n.º 3 do artigo 9.º do Código Civil, tal opção não pode deixar de considerar-se intencional. Assim, parece não poder deixar de entender-se que tudo o que diga respeito a despesas e encargos relacionados com obras no próprio imóvel e que se destinem a manter ou a repor o prédio com o seu nível normal de habitabilidade e, consequentemente, a garantirem, nesta óptica, a susceptibilidade de o prédio produzir rendimento, independentemente de lhe aumentarem ou não o seu período de vida útil, se devem, sem mais, integrar no conceito geral de despesas de conservação, não havendo que distinguir se se trata de obras de conservação ordinária ou obras de conservação extraordinária. No Regime Jurídico da Edificação e da Urbanização, na redacção que lhe foi dada pela Lei n.º 60/2007, de 4 de Setembro, definem-se «**Obras de conservação**» como sendo as obras destinadas a manter uma edificação nas condições existentes à data da sua construção, reconstrução, ampliação ou alteração, designadamente as obras de restauro, reparação ou limpeza. Mas a melhor, mais completa e sistematizada conceptualização legal de despesas de conservação cremos poder ainda encontrá-la no artigo 11.º do já revogado RAU. Aí se dispunha, quanto aos tipos de obras: *(i) Nos prédios urbanos, e para efeitos do presente diploma, podem ter lugar obras de conservação ordinária, obras de conservação extraordinária e obras de beneficiação; (ii) São obras de conservação ordinária: a) A reparação e limpeza geral do prédio e suas dependências; b) As obras impostas pela Administração Pública, nos termos da lei geral ou local aplicável, e que visem conferir ao prédio as características apresentadas aquando da concessão da licença de utilização; c) Em geral, as obras destinadas a manter o prédio nas condições requeridas pelo fim do contrato e existentes à data da sua celebração. (iii) São obras de conservação extraordinária as ocasionadas por defeito de construção do prédio ou por caso fortuito ou de força maior e, em geral, as que não sendo imputadas a acções ou omissões ilícitas perpetradas pelo senhorio, ultrapassem, no ano em que se tornem necessárias, dois terços do rendimento líquido desse mesmo ano. (iv) São obras de beneficiação todas as que não estejam abrangidas nos dois números anteriores* [7/8].

---

[7] Menos objectivo era o conceito de obras de conservação e de beneficiação dado pelo artigo 16.º do Decreto-Lei n.º 46/85, de 20 de Setembro: *1 – São obras de conservação, a cargo do senhorio, as obras de reparação e limpeza geral do prédio e suas dependências e todas as intervenções que se destinem a manter ou a repor o prédio com um nível de habitabilidade idêntico ao existente à data da celebração do contrato e as impostas pela Administração, face aos regulamentos gerais ou locais aplicáveis, para lhe conferir as características habitacionais existentes ao tempo da concessão da licença de utilização, sem prejuízo do estabelecido nos artigos 1043.º e 1092.º do Código Civil. 2 – Constituem obras de beneficiação todas as intervenções não referidas no número anterior nem determinadas por defeitos de construção, caso fortuito ou caso de força maior.*

[8] Comentando este preceito, ARAGÃO SEIA, Jorge Alberto, *Arrendamento Urbano, Anotado e Comentado*, 3.ª edição, Almedina, 1997, pp. 161 e ss., escrevia a determinado passo: «*As obras de conservação ordinária* destinam-se em geral a manter o prédio em bom estado de preservação e nas condições requeridas pelo fim do contrato existentes à data da sua celebração, estando definidas no n.º 2. Entre outras, serão as que o art.º 9.º do RGEU (obras periódicas de conservação) determina que sejam efectuadas uma vez em cada período de oito anos, com o fim de remediar as deficiências provenientes do uso normal das edificações e de as manter em boas condições de utilização. *As obras de conservação extraordinária* são as ocasionadas por defeito de construção ou por caso fortuito ou de força maior, quer dizer, por caso imprevisível ou inevitável e, em geral, as que não sendo imputáveis a acções ou omissões ilícitas perpetradas pelo senhorio, ultrapassem, no ano em que se tornem necessárias, dois terços do rendimento líquido desse mesmo

Daqui resulta, igualmente, a conclusão de que os encargos com obras de beneficiação de prédios arrendados, ou seja, com obras que, na terminologia do Regime Jurídico da Urbanização e da Edificação, poderão incluir as de «ampliação» [9] e as de «alteração» [10], são, no quadro legal actual, indedutíveis no âmbito da categoria F a título de «despesas de conservação» [11] e, como veremos, também se nos afigura não poderem sê-lo a título de «despesas de manutenção» [12].

Já o conceito de **despesas de manutenção** se nos afigura ter um sentido muito mais amplo e abrangente do que aquele que habitualmente lhe é dado, sobretudo nas interpretações injustificadamente restritivas que, não raro, a Administração Fiscal dele parece fazer, porque, não sendo um conceito importado de qualquer outro ramo do direito, devem, na determinação do seu sentido, ser aplicados os princípios gerais de interpretação e aplicação das leis (n.º 1 do artigo 11.º da LGT), não estando

---

ano – n.º 3. *As obras de beneficiação* serão todas aquelas que, não sendo de conservação ordinária nem extraordinária, isto é, que não sendo indispensáveis para a conservação do prédio, no entanto o melhoram».

[9] São de **ampliação** as obras de que resulte o aumento da área de pavimento ou de implantação, da cércea e do número de pisos

[10] São de **alteração** as obras de que resulte a modificação das características físicas de uma edificação existente ou sua fracção, designadamente a respectiva estrutura resistente, o número de fogos ou divisões interiores, ou a natureza e cor dos materiais de revestimento exterior, sem aumento da área de pavimento ou de implantação ou da cércea.

[11] Neste sentido, MORAIS, Rui Duarte, *Sobre o IRS*, 2.ª Ed.., Almedina, Coimbra, 2008, pp. 119. Aí, em nota, refere o Autor: *Há porém que distinguir tais despesas [as de conservação e de manutenção] das de valorização (realização de benfeitorias) do locado. Estas não são um encargo necessário à obtenção (ou continuação da obtenção) do rendimento. Constituem um novo investimento predial, eventualmente capaz de, no futuro, gerar maior rendimento; normalmente, aumentarão o valor do prédio, o que será relevante, desde logo, em sede dos impostos que incidem sobre o património imobiliário (p. ex., IMI e IMT)*.

[12] Levando, inevitavelmente, à pergunta: e então, quando e como são dedutíveis? Não sendo aqui nem o tempo nem o local próprio para justificar a resposta, diria que a sua dedutibilidade, no plano em que o tema está a ser analisado, apenas é possível, a título de despesas com a «valorização do bem» nos termos do artigo 51.º do Código do IRS, no momento da sua alienação e para efeitos de apuramento da mais-valia obtida, ainda que aí nos defrontemos com um obstáculo temporal (só podem ser deduzidas as despesas com a valorização do bem realizadas nos últimos cinco anos) do qual, aliás, discordo.

Artigos

arredada, dessa análise, a perspectivação sobre a substância económica dos factos tributários (n.º 4 do artigo 11.º da LGT). Ora, desde logo, relembrando que estamos a reportar-nos à primitiva redacção do artigo 40.º do Código do IRS, o conceito de despesas de manutenção começava por incluir um conjunto de encargos que, tendo origem próxima no artigo 115.º do Código da Contribuição Predial, era nominalmente mais amplo do que os ali então previstos e traduzia-se num elenco não exaustivo, pois era antecedido do advérbio «nomeadamente». Por outro lado, incluía um tipo encargos que não têm propriamente que ver com despesas relativas a obras, seja de conservação, beneficiação ou de outra natureza, ou com o edifício em si mesmo, mas, quando muito, com certas partes integrantes, como os elevadores, escadas rolantes e monta-cargas. No mais, tratava-se de despesas com energia, com limpeza, aquecimento ou climatização, administração de propriedade horizontal, prémios de seguros ou taxas autárquicas. Ou seja, tratava-se de despesas conexas, não já com o imóvel enquanto tal, enquanto realidade meramente física ou, no sentido jurídico, enquanto «coisa», mas com a manutenção e a garantia, a outro nível, também imprescindível, da sua habitabilidade/ utilização para habitação ou qualquer outro fim para que a locação fosse lícita, e, consequentemente, indissociáveis da prosseguida, através do arrendamento, finalidade económica da obtenção de rendimento, no caso rendimento tributável em IRS. Já se não trata então de encarar o imóvel apenas do ponto de vista jurídico como uma «coisa», mas olhá-lo, **do ponto de vista jurídico económico**, como uma «**coisa susceptível de produzir rendimento**». E será impossível que o prédio produza rendimento apenas com a realização de despesas de conservação, na acepção que delas antes demos. Também as despesas de manutenção, nesta acepção económica do termo, são efectivamente necessárias àquele escopo. Um prédio, por excelente que seja o seu estado de conservação, sem *manangement* não produz rendimento.

Do ponto de vista etimológico, manutenção apresentou, em primeiro lugar, o significado de «acto de manter», sentido que desapareceu no séc. XVIII cm benefício do de «administração»; depois apareceu o de «manipulação de certos produtos». Tem origem no francês «*manuten-tion*», cuja procedência está no latim medieval «*manutentione*» (de *manu tenere* – «*segurar com a mão*») – Dicionário Etimológico da Língua Portuguesa. No plano semântico, manutenção significa, tanto segundo o Novo Dicionário Compacto da Língua Portuguesa, de António Morais da Silva, como segundo o Grande Dicionário da Língua Portuguesa, de Cândido de Figueiredo, *acção, acto ou efeito de manter, de sustentar, conservação, segurança, gerência, administração.*

Em conclusão, e face aos princípios inicialmente expostos, que temos por certos, não parece legítimo interpretar restritivamente o conceito de despesas de manutenção, nomeadamente como respeitando exclusiva ou predominantemente a encargos relacionados com obras de construção civil ou equiparadas, pois todas estas, como vimos, cabem no conceito de despesas de conservação, nele se acomodando, do nosso ponto de vista, todos aqueles encargos que, estando devidamente documentados, tenham uma conexão directa e imediata com o prédio enquanto realidade económica susceptível de produzir rendimento e, efectivamente, tenham contribuído para a obtenção desse mesmo rendimento, ou dele não possa, sem grave atentado ao princípio da justiça da tributação por violação do princípio da capacidade contributiva, ser dissociadas.

Isto inclui, por exemplo, despesas de natureza jurídica (v. g., aconselhamento jurídico, patrocínio judiciário em acções de despejo ou noutras relacionadas com os imóveis arrendados, despesas judiciais), despesas de mediação imobiliária ou de publicidade na colocação dos prédios no mercado do arrendamento, despesas de administração do imóvel efectuadas por terceiros em nome e por conta do titular dos rendimentos, despesas de avaliações (v. g, do estado do imóvel na sua totalidade ou quanto a partes integrantes – canalizações, instalações eléctrica, de gás, ar condicionado), despesas de natureza administrativa, designadamente as relativas a licenciamentos camarários para a realização de obras, seguros de incêndio [13] e outros que cubram riscos inerentes ao prédio, etc.

---

[13] Este será, porventura, um dos casos que mais pode sensibilizar quem analisar atentamente a interpretação actual da Administração Fiscal. Será porventura concebível que o legislador queira ter vedado a um Senhorio que, não apenas por razões de prudente e sã gestão do seu património, como também por obrigatoriedade legal, supomos, deve contratar e manter um seguro, no mínimo, contra risco de incêndio do prédio que tem arrendado não possa deduzir o respectivo prémio a título de despesas de manutenção desse mesmo imóvel? E, nesta perspectiva, teria sido necessário «autonomizar», no quadro relativo às deduções dos rendimentos prediais no anexo F à declaração modelo 3 um campo específico para as «taxas autárquicas» como se, não existindo esse quadro, tais taxas, como, por exemplo, a de Conservação de Esgotos, também não pudessem ser deduzidas?

Não podemos deixar de nos surpreender pela negativa, e de manifestar a nossa perplexidade, quando tivemos conhecimento, há já uns anos (e provavelmente a posição da Administração Fiscal mantém-se) de que a comissão de gestão que um Fundo de Investimento Imobiliário pagava à Sociedade Gestora não podia ser aceite como custo do fundo, porque, regendo-se aquele, nesta matéria, pelo artigo 40.º do Código do IRS, a comissão de gestão não cabia nos conceitos de despesas de conservação nem de manutenção... Haveria, então que perguntar como é que o Fundo, não podendo agir por si, por a ordem jurídica lhe não reconhecer sequer personalidade jurídica, obteria rendimentos prediais sem o «auxilio» da sua Sociedade Gestora, e se a remuneração por esse serviço prestado ao Fundo não era uma despesa de gestão, de manutenção, ou de administração dedutível? Não se invoque, em razão de tão injustificada estreiteza de vistas, falta de base legal. É um argumento ofensivo do legislador que, na verdade, a deixou bem expressa no Código.

5. Actualmente é no artigo 41.º do Código do IRS que encontramos a regulação da dedução específica da categoria F. De forma mais enxuta, consagra-se a dedução, aos rendimentos brutos, das despesas de manutenção e de conservação que incumbam ao sujeito passivo, por ele sejam suportadas e se encontrem documentalmente provadas, acrescendo a contribuição autárquica (leia-se, actualmente, IMI) que incide sobre o valor dos prédios ou parte dos prédios cujo rendimento tenha sido englobado. Porém, como temos e continuaremos a propugnar, isso não legitima, de forma alguma, as interpretações restritivas que têm sido feitas, porque os conceitos nucleares foram mantidos no preceito e, para além do teleológico, o elemento histórico é, neste caso, decisivo, do nosso ponto de vista, para perscrutar a correspondente «mens legis». O intérprete é, por natureza, uma pessoa com memória. O «passado» da norma que interpreta não lhe pode ser indiferente, muito menos pode, pura e simplesmente, ignorá-lo.

Mantém-se a dedução, no caso de fracção autónoma de prédio em regime de propriedade horizontal, dos encargos de conservação, fruição e outros que, nos termos da lei civil, o condómino deva obrigatoriamente suportar, por ele sejam suportados, e se encontrem documentalmente provados.

Verificamos, pois, em relação à primitiva redacção da norma, que «caiu», entretanto, a dedução automática de 35% do rendimento bruto,

Revista de Finanças Públicas e Direito Fiscal

quando as despesas de manutenção e de conservação, fossem inferiores. Por outro lado, parece que foi consagrada uma nova dedução – a da contribuição autárquica – mas trata-se de uma ilusão, porque o que, em rigor, se verificou foi uma alteração não favorável aos titulares de rendimentos prediais. Com efeito, inicialmente, a contribuição autárquica que incidia sobre prédios arrendados era deduzida à colecta do IRS e, actualmente, é deduzida apenas ao rendimento bruto [14].

Por fim, o facto de a lei ter deixado de exemplificar as despesas de manutenção, e contrariamente ao que seria de supor, parece que vem dando origem a entendimentos administrativos cada vez excessivamente mais restritivos sobre a sua interpretação, da qual se crê arredado completamente o elemento histórico que acabámos de enunciar, cabendo-nos, porém, constatar a inércia dos contribuintes eventualmente prejudicados por tais entendimentos, pois não conhecemos jurisprudência dos tribunais fiscais onde os mesmos tenham sido postos em causa e tenham sido, por consequência, objecto de um juízo independente que, eventualmente, possa alterar o rumo dos acontecimentos. Em todo o caso, não podemos deixar de sublinhar a existência de uma grande assimetria entre o tratamento fiscal que é dado a um titular de prédios arrendados em nome individual, e o tratamento fiscal que é dado a um titular de rendimentos prediais obtidos no âmbito de uma actividade empresarial ou profissional exercida em nome individual, para não falarmos já do tratamento fiscal que é dado às sociedades que obtêm rendimentos prediais de imóveis detidos, pois nestes casos o conceito de custos, como se sabe, não está restringido pelos conceitos de «despesas de conservação e de manutenção» nem, consequentemente, pela interpretação que deles faz a Administração Fiscal. Quando se proclama que rege para os indivíduos enquanto agente económicos, constitucionalmente e como corolário do princípio do Estado fiscal, excepto quando estiver em causa a pessoa

---

[14] Solução que, sendo *formalmente correcta*, está, porém longe de merecer o consenso doutrinário. MORAIS, Rui Duarte, op. cit., pp. 119/121. Já para XAVIER DE BASTO, José Guilherme, *IRS, Incidência Real e Determinação dos Rendimentos Líquidos*, Coimbra Editora, Coimbra, 2007, pp. 357, «é a solução natural e imposta pela natureza económica do IMI, que efectivamente reduz o rendimento líquido do prédio, pois constitui uma despesa necessária para produzir o rendimento. É pois um encargo como os demais, a deduzir ao rendimento bruto».

Artigos

humana como tal, o princípio da liberdade da configuração jurídica para se organizarem ou estruturarem na forma jurídica que entenderem [15], sempre teremos que acrescentar que, na verdade, não foi na música, como terá pretendido Platão, que começou a indisciplina, mas sim nos impostos...

6. Outra área onde podemos constatar a avareza do legislador fiscal para com os rendimentos prediais foi a da dedução de perdas. Na sua primitiva redacção, o artigo 54.º do Código do IRS, no seu n.º 3, apenas previa o reporte para a frente, durante um período de cinco anos, do resultado líquido negativo da categoria F determinado pela realização de despesas de conservação. Se o resultado líquido negativo resultasse de despesas de manutenção, aplicava-se o princípio do reporte horizontal (ao rendimento positivo de qualquer outra categoria de rendimentos) consagrado no n.º 1 do mesmo preceito. Actualmente, dispõe o n.º 2 do artigo 55.º do Código do IRS que o resultado líquido negativo apurado na categoria F só pode ser reportado aos cinco anos seguintes àquele a que respeitam, deduzindo-se aos rendimentos líquidos da mesma categoria. Ou seja, acabou-se com a distinção entre rendimento líquido negativo resultante de despesas de conservação ou de despesas de manutenção e consagrou-se a aplicação do regime teoricamente mais gravoso, o do reporte vertical (só na mesma categoria de rendimentos)[16]. Acresce ainda, ao que parece[17] que, por interpretação administrativa plasmada

---

[15] CASALTA NABAIS, José, Direito Fiscal, 2.ª ed., Almedina, Coimbra, 2003, pp.168/169

[16] Criticando também o actual quadro do reporte de perdas, XAVIER DE BASTO, José Guilherme, op. cit., pp.353/355

[17] E, lamentavelmente, nunca podemos ser afirmativos. Não temos medo do confronto de ideias. Mas, para existir confronto, têm de existir campos definidos e explícitos. É o «princípio da transparência» a funcionar em pleno, do lado da Administração. As regras de liquidação do imposto, que, do ponto de vista jurídico, são a fundamentação do acto tributário de liquidação do IRS que, em relação a cada um de nós, contribuintes daquele imposto, anualmente é praticado, há anos que não são públicas, tendo-se, aliás, rodeado ultimamente de um secretismo superior ao que estão sujeitas as matérias de segurança e defesa nacional! Ninguém, excepto meia dúzia de privilegiados, as conhece. E grandes paladinos públicos da transparência da Administração Fiscal, tendo poder para modificar este estado de coisas, têm, inexplicável e surpreendentemente, pactuado com ele...

Revista de Finanças Públicas e Direito Fiscal

nas regras de liquidação do imposto, e que reputamos de absolutamente ilegal, extingue-se o direito à dedução de perdas por motivo de constituição de agregado familiar diferente daquele onde foram apuradas [18]. Gostaria de saber se quem adoptou esta regra, adoptaria regra idêntica caso no Código do IRS houvesse alguma situação de reporte, para a frente, de rendimentos (como, em teoria, poderia haver nas rendas antecipadas, vulgares, por exemplo, em arrendamentos florestais, como é sabido). Obviamente que não. Como quase sempre, dois pesos e duas medidas. Ora isto, na visão Aquiniana, não é direito: *ius is quod justum est*.

7. Em matéria de benefícios fiscais aos rendimentos prediais a história é também muito fácil de fazer. Sabemos que o regime transitório no artigo 2.º do Decreto-Lei n.º 215/89, de 1 de Julho, que aprovou o Estatuto dos Benefícios Fiscais teve um grande impacto ao nível dos rendimentos prediais, pois converteu em isenção de IRS as isenções concedidas a prédios arrendados em sede de Contribuição Predial e ou Imposto Complementar: se a isenção respeitasse aos dois impostos, a isenção em IRS era total; se a isenção respeitasse apenas a um dos impostos, operava-se a sua substituição por benefício equivalente, nos termos da Tabela B anexa ao referido Estatuto.

Posteriormente, o único diploma que consagrou, com carácter de generalidade, um benefício fiscal aos rendimentos derivados da locação de prédios, limitado embora a rendimentos derivados de arrendamentos habitacionais, foi o Decreto-Lei n.º 337/91, de 10 de Setembro [19]. Terminado o efeito útil desse diploma, em 1999, não sem antes se ter assistido a algo de inacreditável, que foi uma extemporânea e encapotada[20] ati-

---

[18] O que pode traduzir-se nas seguintes hipóteses: (i) o saldo negativo de perdas prediais que cada cônjuge tem na categoria F perde-se quando se casam; (ii) o saldo negativo de perdas prediais apurado na constância do casamento perde-se quando se divorciam; (iii) sendo rigoroso o princípio da «identidade de agregado», também o saldo negativo de perdas prediais apurado na constância do matrimónio se perde quando morre um dos cônjuges.

[19] Com uma história, aliás, algo agitada. Ver FAUSTINO, Manuel, *IRS, Teoria e Prática*, Edifisco, Lisboa, 1993, pp. 190/191.

[20] Uma vez mais ao abrigo das «regras de liquidação», a arma letal com que a gestão do IRS brinda, sem lhas dar a conhecer, os milhões de sujeitos passivos daquele imposto, assim lhes manifestando o respeito que lhe merecem.

107

Artigos

tude da Administração Fiscal que retirou o benefício aos não residentes, quando inicialmente lhes afirmara e publicitara a sua aplicação (veja-se o entendimento perfilhado e divulgado pelo ofício-circulado n.º 5/92, de 23 de Março, nunca expressa e publicamente revogado), posteriormente corrigida pelos Tribunais por aqueles que a eles recorreram para ver a justiça reposta [21], não mais o legislador se lembrou que, para efeitos de benefícios fiscais, os rendimentos prediais também existiam. Ficaram defraudados nas suas legítimas expectativas aqueles que, acreditando na boa-fé da Administração Fiscal, permaneceram quietos, na esperança de que ela voltasse atrás em tão estranho procedimento e ainda hoje permanecem, porque a Administração Fiscal manteve, impávida e serena, a sua posição! Isto acontece num Estado da União Europeia, num Estado democrático, num Estado de Direito, num Estado que vincula o procedimento administrativo ao princípio da legalidade em todas as suas decorrências.

8. Não podemos deixar de terminar esta revisitação à Categoria F sem uma referência de direito comparado. Ela vai, desprovida de comentários, ser feita com a tradução livre dos artigo 23.º da Lei n.º 35/2006, de 28 de Novembro da *Ley del Impuesto sobre la Renta de las Personas Físicas* e 13.º a 15.º do *Reglamento del IRPF*, aprovado pelo Real

---

[21] Ac. do STA de 02-12-1998, Recurso n.º 23045, em cujo sumário pode ler-se: *As importâncias recebidas a título de renda, de contratos de arrendamento habitacional, ao abrigo do DL 337/91, de 10-9, podem ser abatidas ao rendimento líquido total para efeitos de imposto sobre o rendimento das pessoas singulares. Nada estabelecendo o mencionado DL 337/91, de 10-9, quanto à exclusão dos não residentes do indicado abatimento igualmente não resulta tal exclusão do art. 55 do CIRS pelo que podem beneficiar do consagrado abatimento nos termos do art. 15 2 deste último diploma legal.* No mesmo sentido, o Acórdão do STA de 3-02-99, Recurso n.º 22966. Mais profundo e incisivo foi o Acórdão do mesmo STA, de 11-09-1999, tirado no Recurso n.º 23909, cujo sumário se transcreve: *I – O Decreto-Lei n. 337/91, de 10 de Setembro, que veio permitir o abatimento à matéria colectável de IRS das rendas recebidas pelos arrendamentos habitacionais, teve como finalidades beneficiar o mercado de arrendamento e aumentar o investimento nesse mercado. II – Estas finalidades são incompatíveis com a distinção entre contribuintes residentes e não residentes, para só aqueles poderem fazer o abatimento, pois o investimento estrangeiro também favorece os fins da lei. III – Uma distinção em função da residência ou de um lugar de investimento seria contrária à livre circulação de capitais, para além de ser arbitrária e desnecessária. IV – Mas, o DL n. 337/91 não faz essa distinção, pelo que o intérprete também não a pode fazer.*

Decreto n.º 439/2007, de 30 de Março, que disciplinam em Espanha a matéria relativa às deduções sobre rendimentos de imóveis, na esperança de que o legislador nacional lhe dê uma vista de olhos e neles possa colher alguma inspiração, para, tão breve quanto possível, introduzir a modificação legislativa que se impõe, entre nós, em matéria de deduções ao rendimento bruto da categoria F, pois, em nosso entender, é o caminho da regra geral, e não o da excepção (criação de benefícios fiscais avulso, como vem sendo anunciado), que deve ser adoptado, pelo menos enquanto aquela não estiver formulada e concretizada a um nível aceitável de respeito pelo princípio do «rendimento líquido» que, como aqui se procurou demonstrar, e ainda que seja mais por defeito da interpretação do que por deficiência do quadro legal, efectivamente parece não estar entre nós. Assim:

Impuesto sobre la Renta de las Personas Físicas

Artigo 23.º
Encargos dedutíveis e reduções
(aos rendimentos brutos do capital imobiliário)

1. Para a determinação do rendimento líquido, deduzir-se-ão dos rendimentos brutos os encargos seguintes:

a) Todos os encargos necessários para a obtenção dos rendimentos. Considerar-se-ão encargos necessários para a obtenção dos rendimentos, entre outros, os seguintes:

1.º Os juros dos capitais alheios investidos na aquisição ou beneficiação do bem, direito ou faculdade de uso de que derivem os rendimentos, e demais encargos de financiamento, assim como os encargos de reparação e conservação do imóvel. O montante total a deduzir por estes encargos não poderá exceder, por cada bem ou direito, a quantia dos rendimentos brutos obtidos. O excesso poder-se-á deduzir nos quatro anos seguintes de acordo com o consagrado neste n.º 1.º.

2.º Os impostos e adicionais não estatais, bem como as taxas e adicionais estatais, qualquer que seja a sua denominação, sempre que incidam sobre os rendimentos obtidos ou sobre o bem ou direito que os produz e não tenham carácter sancionatório.

3.º Os saldos de cobrança duvidosa nas condições estabelecidas em regulamento.

4.º As importâncias devidas a terceiros em consequência de serviços pessoais.

b) *Os montantes destinados à amortização do imóvel e dos demais bens cedidos com este, sempre que correspondam à sua depreciação efectiva, nas condições estabelecidas em regulamento. Tratando-se de imóveis, entende-se que a amortização cumpre o requisito da efectividade se não exceder o resultado da aplicação de 3% sobre o maior dos seguintes valores: o custo de aquisição pago ou o valor cadastral, sem incluir o valor do terreno.*

Tratando-se de rendimentos derivados de um direito ou faculdade de uso, será igualmente dedutível, a título de depreciação, com o limite dos rendimentos brutos, a parte proporcional do valor de aquisição satisfeito, nas condições estabelecidas em regulamento.

2.

1.º Nos casos de arrendamento de bens imóveis para habitação, o rendimento líquido calculado nos termos do disposto no número anterior reduzir-se-á em 50%. Tratando-se de rendimentos líquidos positivos, a redução só será aplicável a rendimentos declarados pelo contribuinte.

2.º A referida redução será de 100% quando o arrendatário tenha uma idade compreendida entre os 18 e os 35 anos e rendimentos líquidos do trabalho ou de actividades económicas no período impositivo superiores ao indicador públicos de rendimento de efeitos múltiplos.

O arrendatário deverá comunicar anualmente ao senhorio, nos termos estabelecidos em regulamento, o cumprimento destes requisitos. Quanto existirem vários arrendatários de uma mesma habitação, esta redução apenas se aplicará sobre a parte do rendimento líquido que proporcionalmente corresponda aos arrendatários que cumpram os requisitos previstos neste número 2.º.

3. *Os rendimentos líquidos com um período de formação superior a dois anos, assim como os que sejam classificados por regulamento como obtidos de forma notoriamente irregular no tempo, reduzir-se-ão em 40%.*

A contagem do tempo de formação, no caso de estes rendimentos serem pagos de forma fraccionada, terá em conta o número de anos de fraccionamento, nos termos estabelecidos em regulamento.

REGLAMENTO DEL IRPF

Artigo 13.º
Encargos dedutíveis dos rendimentos do capital imobiliário

Considerar-se-ão encargos dedutíveis para a determinação do rendimento líquido do capital imobiliário todos os que forem necessários para a sua obtenção.

Considerar-se-ão, nomeadamente, incluídos entre os encargos a que se refere o parágrafo anterior:

a) Os juros dos capitais alheios investidos na aquisição ou beneficiação do bem, direito ou faculdade de uso ou fruição de que derivem os rendimentos, e demais encargos de financiamento, assim como os encargos de reparação e de conservação.

Para este efeito considerar-se-ão encargos de reparação e conservação:

Os efectuados regularmente com a finalidade de manter o uso normal dos bens materiais, como a pintura, o reboco ou o arranjo de instalações.

Os de substituição de elementos, tais como instalações de aquecimento, elevadores, portas de segurança ou outras.

Não serão dedutíveis a título de encargos de reparação e conservação os custos suportados com obras de ampliação ou de beneficiação.

O montante total a deduzir pelos encargos previstos nesta alínea a) não poderá exceder, para cada bem ou direito, o montante dos rendimentos brutos obtidos.

O excesso poderá deduzir-se nos quatro anos seguintes, sem que possa exceder, em conjunto com os encargos da mesma natureza correspondentes a cada um destes anos, o montante dos rendimentos brutos obtidos em cada um desses anos, por cada bem ou direito.

a) Os impostos e encargos não estaduais, assim como as taxas e os encargos estaduais, qualquer que seja a sua denominação, sempre que incidam sobre os rendimentos englobados ou sobre os bens ou direitos que os produzem e não tenham carácter sancionatório.

Artigos

b) As importâncias devidas a terceiros, com a natureza de contraprestação directa ou indirecta ou em consequência de serviços pessoais, tais como os de administração, vigilância, portaria e outros de natureza análoga.

c) Os derivados da formalização do arrendamento, subarrendamento, cessão ou constituição de direitos, e os da defesa de carácter jurídico relativos aos bens, direitos ou rendimentos.

d) Os créditos de cobrança duvidosa, sempre que esta circunstância esteja suficientemente justificada. Considerar-se-á cumprido este requisito:

    i. Quando o devedor se ache em situação de insolvência;

    ii. Quando entre a primeira acção de cobrança realizada pelo contribuinte e o final do período de tributação tiverem decorrido mais de seis meses e não se tiver produzido uma renovação do crédito.

e) Os prémios dos contratos de seguro, sejam de responsabilidade civil, roubo, incêndio, vidros partidos ou outros de natureza análoga, sobre os bens ou direitos geradores dos rendimentos.

f) As importâncias destinadas a compras de bens ou serviços.

g) As importâncias a título de amortização nas condições estabelecidas no artigo seguinte deste Regulamento.

Artigo 14.º
Amortização dos rendimentos de capital mobiliário

1. Para a determinação do rendimento líquido do capital imobiliário considerar-se-ão encargo dedutível as importâncias destinadas à amortização do imóvel e dos demais bens cedidos com o mesmo, sempre que correspondam a uma depreciação efectiva.

2. Considerar-se-á que cumprem o requisito da efectividade:

    a) Tratando-se de imóveis: quando, por ano, não excedam 3% sobre o maior dos seguintes valores: o custo de aquisição pago ou o valor cadastral, sem incluir o valor do terreno.

    Quando se não conheça o valor do terreno, este calcular-se-á distribuindo proporcionalmente o valor de aquisição pago entre os valores cadastrais do terreno e da construção em cada ano.

Revista de Finanças Públicas e Direito Fiscal

a) Tratando-se de bens de natureza mobiliária, susceptíveis de serem utilizados por um período superior a um ano e que tiverem sido cedidos conjuntamente com o imóvel: quando não excederem, por ano, o resultado da aplicação ao custo de aquisição dos coeficientes de amortização determinados de acordo com a tabela de amortizações simplificada a que se refere o artigo 30.º-1.ª deste Regulamento.

3. No caso de os rendimentos derivarem da titularidade de um direito ou faculdade de uso ou fruição, poderá amortizar-se, com os limites do rendimento bruto de cada direito, o seu custo de aquisição pago.

A amortização, neste pressuposto, observará as seguintes regras:

a) Quando o direito ou faculdade tiverem prazo de duração determinado, o que resulta da divisão do preço de aquisição pago pelo número de anos de duração do mesmo.

b) Quando o direito ou faculdade forem vitalícios, o que resulta da aplicação ao preço de aquisição pago a percentagem de 3%.

Artigo 15.º

Rendimentos do capital imobiliário obtidos de forma notoriamente irregular no tempo e rendimentos recebidos de forma fraccionada

1. Para efeitos da redução prevista no artigo 23.3 da Lei do Imposto, consideram-se rendimentos do capital imobiliário obtidos de forma notoriamente irregular no tempo, exclusivamente, os seguintes, quando se imputem a um único período de tributação:

a) As importâncias recebidas pelo trespasse ou pela cessão do contrato de arrendamento de locais de comércio.

b) Indemnizações recebidas pelo arrendatário, subarrendatário ou cessionário, por danos ou defeitos no imóvel.

c) Importâncias recebidas pela constituição ou cessão de direitos de uso ou fruição de carácter vitalício.

2. Quando os rendimentos do capital imobiliário com um período de geração superior a dois anos seja recebidos de forma fraccionada, apenas será aplicada a redução de 40% prevista no artigo 23.3 da Lei do Imposto no caso de o quociente resultante da divisão do número de anos correspondente ao período de geração, calculados de data a data, pelo número de períodos de tributação de fraccionamento, seja superior a dois.

Artigos

9. Bem vistas as coisas, isto nem é assim tão complicado. É tempo de acabar com alguns mitos e de acarinhar transversalmente uma actividade económica (o arrendamento) cujo definhamento todos lamentam, mas para cuja recuperação parece existir muito activismo e muito pouca acção. Incluindo, pois, o plano fiscal, pois é a esse que aqui nos reportamos.

Fernando Castro Silva
Tiago Cassiano Neves

Planeamento fiscal abusivo:
o caso português no contexto internacional

Fernando Castro Silva
Advogado

Tiago Cassiano Neves
Advogado

Revista de Finanças Públicas e Direito Fiscal

RESUMO

No seguimento de outras experiências internacionais, Portugal é o primeiro país da Europa Continental a adoptar regras de comunicação de esquemas de planeamento fiscal (Decreto-Lei 29/2008). O presente artigo examina as questões associadas à introdução deste tipo de normas, através de uma análise comparativa de algumas jurisdições e da discussão das questões interpretativas mais relevantes.

Palavras-chave:
Planeamento Fiscal Abusivo;
Controlo Fiscal;
Normas anti-abuso.

ABSTRACT

Following other international experiences, Portugal is the first continental European country to enact disclosure rules on abusive tax planning schemes (Decree-Law 29/2008). This article examines the main implications of enacting disclosure rules through a comparative analysis of selected jurisdictions and discussion of the core interpretative issues.

Keywords:
Aggressive Tax Planning;
Tax Controls;
Anti-abuse rules.

Artigos

"O conceito de evasão fiscal abrange tudo aquilo que se chama de planeamento fiscal ilegítimo. Fora da evasão fiscal está, então, o planeamento fiscal legítimo (tax mitigation), que tem como fundamento jurídico as normas de isenção ou de redução do imposto, desde que não haja ocultação voluntária de receitas por parte dos sujeitos passivos."

(Relatório sobre a Evolução do Combate à Fraude e Evasão Fiscais,
Ministério das Finanças, 2007)

1. Introdução

O presente artigo tem por base o Decreto-Lei n.º 29/2008, de 25 de Fevereiro,[1] que estabelece medidas de natureza preventiva de combate ao planeamento fiscal abusivo, e tem por objectivo, por um lado, estabelecer o enquadramento desta iniciativa legislativa no contexto global em que se movem a fiscalidade e as administrações fiscais, tecer alguns comentários relativos à oportunidade da mesma e avaliar o impacto na actividade das empresas.

Importa salientar que o decreto-lei se insere num contexto internacional em que as autoridades fiscais de alguns dos países mais desenvolvidos têm vindo a reforçar mecanismos unilaterais, bilaterais e

---

[1] Quando aqui se fizer referência ao decreto-lei sem menção do seu número estamos a referir-nos ao Decreto-Lei n.º 29/2008, de 25/2. O decreto-lei entrou em vigor no dia 15/05/2008 e foi objecto de regulamentação através da Portaria n.º 364-A/2008, de 14 de Maio, que definiu o modelo para cumprimento da obrigação de comunicação o qual se encontra já disponível para remessa *on line* no portal da Direcção-Geral dos Impostos. Para além destes elementos de direito positivo, foram também divulgadas por despacho do Secretário de Estado dos Assuntos Fiscais de 15/5/2008 orientações interpretativas com o objectivo de clarificar a aplicação do novo regime de comunicação. Notamos a proactividade revelada pela iniciativa, que surge exactamente na data em que entra em vigor o novo regime, revelando uma refrescante atitude de intervenção clarificadora face à novidade do regime e às dúvidas interpretativas que o mesmo origina. Sem prejuízo, não deixe de se assinalar o papel meramente interpretativo destas orientações que, como bem se sabe, não constituem fonte de direito.

multilaterais, com o objectivo de minimizar os efeitos orçamentais de determinadas técnicas de planeamento fiscal internacional.[2]

Assim sendo, e tendo em vista a análise das várias questões suscitadas, na primeira parte descrevemos brevemente o conteúdo normativo do decreto-lei, ao que se segue uma análise comparativa de alguns modelos de *advanced disclosure rules* (regimes de comunicação prévia) em vigor ou em fase de estudo em jurisdições seleccionadas para o efeito. Na última parte, analisamos algumas questões associadas à introdução deste tipo de normas de controlo fiscal e opina-se sobre o seu impacto no sistema fiscal português.

2. Breve descrição do regime português de comunicação prévia

O decreto-lei estabelece obrigações específicas de comunicação, informação e esclarecimento à administração tributária de determinados "esquemas propostos, estratégias recomendadas, actos aconselhados ou actuações empreendidas que tenham como finalidade, exclusiva ou predominante, a obtenção de vantagens fiscais".

Nesse sentido, é definido um campo de aplicação que abrange quaisquer "actos de planeamento fiscal em que estejam implicadas vantagens fiscais". Para efeitos do decreto-lei são considerados genericamente como planeamento fiscal "quaisquer esquemas que determinem, ou se espere que determinem, de modo exclusivo ou predominante a obtenção de vantagens fiscais".[3]

---

[2] A própria autorização legislativa contida no artigo 98.º da Lei do Orçamento do Estado para 2007 (Lei n.º 53-A/2006, de 29/12) fez expressa referência às práticas internacionais como enquadramento da proposta legislativa. Para uma visão abrangente dos mais recentes desenvolvimentos internacionais, Spencer, D., Sharman, J.C., "International Tax Cooperation" (part 1, 2 & 3), Journal of international taxation, Vol. 18 (2007), no. 12, p. 35-49 e Bonney, S. Whitehead, S, "From Seoul to Cape Town ... and beyond : OECD Tax Intermediaries Study", The Tax Journal, 2008, no. 918, p. 7-8.

[3] Importa referir que o conceito de vantagem fiscal limita o seu âmbito de aplicação ao Imposto sobre o Rendimento das Pessoas Singulares (IRS), Imposto sobre o Rendimento das Pessoas Colectivas (IRC), Imposto sobre o Valor Acrescentado (IVA), Imposto Municipal sobre Imóveis (IMI), Imposto Municipal sobre as Transmissões Onerosas de Imóveis (IMT) e Imposto do Selo (IS).

Artigos

No plano das actuações sujeitas às regras de comunicação o decreto-lei determina que estas recaem sobre as operações ("qualificadas") que envolvam com carácter taxativo[4] uma das seguintes situações:

- Operações envolvendo entidades sujeitas a um regime fiscal claramente mais favorável;[5]
- Operações envolvendo entidades total ou parcialmente isentas de imposto;
- Operações financeiras ou sobre seguros, designadamente locação financeira, instrumentos financeiros híbridos, derivados ou contratos sobre instrumentos financeiros que sejam susceptíveis de determinar a requalificação do rendimento ou a alteração do beneficiário;
- Operações que impliquem (ou resultem) na utilização de prejuízos fiscais; e
- Qualquer outro esquema que, não correspondendo a nenhuma das situações anteriores seja proposto ou conduzido com cláusula de exclusão ou limitação de responsabilidade do promotor.

As obrigações declarativas recaem, em primeiro lugar, sobre os *promotores*, entidades que prestem, a qualquer título, serviços de apoio, assessoria, consultadoria ou análogos na área tributária.[6] Contudo, as

---

[4] O carácter taxativo desta enumeração resulta do texto da própria norma e é confirmado na interpretação que da mesma se faz nas orientações interpretativas anexas ao despacho de 15/5/2008 referidas (cf. ponto 14 das mencionadas orientações).

[5] Considerando-se como tais, as entidades que residam em território constante da chamada "lista negra" de paraísos fiscais (cf. Portaria n.º 150/2004), ou aí não tributadas em sede de imposto sobre o rendimento, bem como as entidades sujeitas a uma tributação efectiva inferior a 60% do imposto que seria devido em Portugal.

[6] De modo não taxativo são tipificados como promotores, instituições financeiras, revisores oficiais de contas, advogados, solicitadores e técnicos oficiais de contas. No entanto, na perspectiva de salvaguarda do dever de sigilo profissional, o decreto-lei consagra a exclusão dos advogados e solicitadores desse mesmo dever de comunicação nas situações em que o planeamento fiscal tenha sido por si conhecido no contexto da "avaliação da situação jurídica do cliente, no âmbito da consulta jurídica, no exercício da sua missão de defesa ou representação do cliente num processo judicial, ou a respeito de um processo judicial, incluindo o aconselhamento relativo à maneira de propor ou evitar um processo". Também os revisores oficiais de contas são excluídos do dever de

obrigações declarativas recaem, alternativamente, nos próprios utilizadores quando os promotores não se encontrem estabelecidos em território português ou o esquema for desenvolvido internamente pelo próprio utilizador.

Deduz-se do decreto-lei que o objectivo subjacente à inclusão de regras de comunicação de operações de planeamento fiscal é o conhecimento (prévio ou atempado) pela administração fiscal de esquemas de planeamento, para que esta os possa controlar e superar, promovendo, assim, as alterações legislativas e regulamentares que considerar adequadas. Adicionalmente, as regras de comunicação podem ser utilizadas como instrumento de divulgação pública, para efeitos de prevenção de fraude e evasão fiscais, dos esquemas que, no entender da administração fiscal, sejam considerados abusivos.

O conteúdo das informações a transmitir pelos promotores às autoridades tributárias são de natureza abstracta, no sentido em que não abrangem a identificação dos clientes a quem tenha sido proposto ou que tenham adoptado o esquema. Daquele conteúdo faz parte a descrição do esquema de planeamento fiscal, indicação da base legal subjacente ao planeamento, indicação do montante estimado da vantagem fiscal, informação referente à iniciativa da concepção do esquema, indicação do número de vezes em que o mesmo foi proposto ou adoptado e do número de clientes abrangidos.

O prazo de comunicação dos esquemas é geralmente de vinte dias subsequentes ao termo do mês relativamente ao qual o esquema de planeamento fiscal tenha sido concebido, proposto ou adoptado pela primeira

---

comunicação quando tomem conhecimento dos esquemas ou actuações de planeamento no âmbito do exercício de funções de interesse público.

Se se entende a exclusão dos advogados do dever de comunicar operações de que tomem conhecimento no âmbito da consulta jurídica, do patrocínio judiciário ou da prática em geral de actos próprios dos advogados, já se regista alguma dificuldade de compreensão da exclusão do cumprimento deste dever em relação aos revisores oficiais de contas ainda que no âmbito do exercício de funções de interesse público na medida em que a estes profissionais está já cometida uma obrigação de denúncia de crimes públicos, onde se incluem os crimes fiscais, situação em que amiúde podem recair operações de planeamento fiscal abusivo (cf. artigo 158º do Decreto-Lei n.º 487/99, de 16/11). Ainda assim, a exclusão do regime de comunicação não afasta a sujeição a este deve de denúncia dos crimes públicos.

vez.[7] Contudo, cumpre referir a consagração de uma norma de direito transitório, que prevê a aplicação do regime a promotores, excluindo-se, por conseguinte, os utilizadores, que prestem apoio, assessoria ou aconselhamento no âmbito fiscal a esquemas "em curso de realização" à data da entrada em vigor do diploma.[8]

O decreto-lei, além de abarcar várias disposições destinadas à gestão interna da informação remetida pelos promotores e utilizadores, incluindo a criação de uma base de dados nacional de esquemas de planeamento fiscal para utilização interna, tipifica as contra-ordenações e fixa as coimas correspondentes. Para referência, note-se que a falta de comunicação ou a comunicação fora do prazo legalmente fixado faz incorrer os promotores faltosos em coimas entre € 5 000 e € 100 000 ou de € 1 000 a € 50 000 e, no caso de utilizadores que omitam os deveres estabelecidos, de € 500 a € 80 000 ou de € 250 a € 40 000, em ambos os casos consoante se trate de pessoas colectivas ou de pessoas singulares.

Finalmente, em conjunto com o regime sancionatório acima referido, podem ainda ser aplicadas sanções acessórias previstas no Regime Geral das Infracções Tributárias, como a perda de benefícios fiscais concedidos, ainda que de forma automática, ou a inibição de os obter e a publicação da decisão condenatória a expensas do agente da infracção.

3. Experiência internacional de comunicação prévia de planeamento fiscal

a. *Contexto internacional*

A crescente integração de mercados, liberalização financeira e inovação tecnológica, têm criado uma considerável pressão para que

---

[7] Sempre que o esquema tenha sido proposto por outra entidade (sem que esta tenha efectuado a comunicação), o promotor que participe na implementação do esquema deve comunicar nos vinte dias subsequentes ao termo do mês em que o esquema ou actuação tenha passado a ser acompanhado pelo promotor.

[8] Neste caso, os deveres de comunicação terão de ser cumpridos no prazo de dois meses contados da data da entrada em vigor da Portaria n.º 364-A/2008, de 14 de Maio, que aprovou o modelo da declaração para comunicação dos esquemas ou actuações de planeamento fiscal através de um formulário *on-line* a efectuar pelos promotores e utilizadores (http://www.dgci.min-financas.pt/apps/pf/), isto é, até 15/07/2008.

as empresas se tornem mais competitivas. A carga fiscal, sendo um elemento de custo preponderante em qualquer empresa constitui um alvo privilegiado dos gestores para a obtenção de melhores resultados financeiros. Neste contexto, e em resultado de uma crescente complexidade dos sistemas fiscais, é comum o surgimento de operações ou transacções cada vez mais complexas de planeamento fiscal.

Nos Estados Unidos da América (EUA), o planeamento fiscal mais sofisticado e destinado essencialmente a empresas ou indivíduos de património elevado (*high net worth individuals*), foi convertido, nos anos noventa, em produtos comercializados, nomeadamente os denominados *tax shelters*. A indústria dos *tax shelters* desenvolveu-se como uma nova área de negócio com a sua própria lógica comercial, na qual assessores fiscais, advogados e instituições financeiras disponibilizam uma série de serviços relacionados com a estruturação, aconselhamento e implementação de planeamento fiscal.

A mordaz descrição de um tax shelter da autoria do Prof. Michael Graetz, que o sintetizou como *"a deal done by very smart people that, absent tax considerations, would be very stupid"*, evidencia o objectivo deste tipo de esquemas.[9]

Em linhas gerais, o termo anglo-saxónico de *tax shelters* inclui transacções complexas com pouca ou nenhuma substância económica destinadas simplesmente a alcançar uma vantagem fiscal, que apesar de afigurar-se permitida à luz de uma interpretação literal da lei fiscal aplicável, não estava incluída nas intenções originais do legislador.

Cumpre destacar de entre as características deste tipo de esquemas designados abusivos, por exemplo:

- A inexistência (ou quase inexistência) de substância ou justificação económica para a operação;
- A utilização nas estruturas de entidades terceiras que se revelam indiferentes ao resultado da operação (muitas vezes instituições financeiras);

---

[9] Donald L. Korb, Shelters, Schemes, and Abusive Transactions: Why Today's Thoughtful U.S. Tax Advisors Should Tell Their Clients to "Just Say No", Tax and Corporate Governance, 2008.

- A conclusão de operações complexas que exploram disparidades entre diferentes regimes fiscais (*cross-border tax arbitrage*) ou entre o resultado contabilístico e o resultado fiscal;
- A existência de uma cláusula de confidencialidade do promotor; e
- A remuneração do promotor ser estabelecida com base na percentagem de poupança do imposto final.[10]

Em resposta a estes esquemas, o trabalho levado a cabo por algumas autoridades fiscais envolveu, em primeiro lugar, o reforço da capacidade dessas autoridades para fiscalizar e auditar adequadamente os contribuintes. No entanto, cedo reconheceram que a fiscalização geralmente peca por ser tardia e quando se fala em planeamento fiscal em massa existe uma forte possibilidade de algumas operações simplesmente passarem pelas malhas da fiscalização. Assim sendo, as autoridades fiscais de alguns países concentraram-se, por um lado, no desenvolvimento de mecanismos internacionais (bilaterais ou multilaterais) de troca de informações que permitam o conhecimento e a fiscalização adequada deste tipo de operações e, por outro lado, mecanismos preventivos destinados a alcançar tanto os utilizadores dos esquemas abusivos como os seus promotores.

A introdução de *disclosure rules* enquadra-se, assim, num novo ânimo das autoridades fiscais de alguns dos países mais desenvolvidos em ampliar os mecanismos de luta contra a fraude e evasão fiscal, sendo que a declaração final tomada num fórum da OCDE realizado em 2006 em Seul espelha bem essa nova orientação. Nesse fórum as autoridades fiscais de trinta e cinco países trocaram ideias sobre o problema do não cumprimento das leis fiscais no plano internacional, tendo para esse efeito acordado em intensificar trabalho conjunto no sentido de desenvolver uma lista de esquemas de planeamento fiscal agressivo destinada a identificar tendências e as medidas de reacção a esses mesmos esquemas. Foi igualmente acordado nessa reunião iniciar um estudo com o objectivo de examinar o papel dos intermediários na promoção de esquemas

---

[10] Owens, J. "Abusive tax shelters: weapons of tax destruction?" Tax Notes International, Vol. 40 (2005), no. 10; p. 873-876.

Revista de Finanças Públicas e Direito Fiscal

de minimização de imposto considerados inaceitáveis pelas respectivas autoridades fiscais.[11]

O relatório, recentemente divulgado, descreve o importante papel dos referidos intermediários no planeamento fiscal agressivo e avalia as várias iniciativas destinadas a reduzir ou a minimizar a utilização deste tipo de estratégias.[12] O relatório conclui que é necessário adoptar uma estratégia tripartida que vise fortalecer os meios ao dispor das administrações fiscais e ao mesmo tempo reforçar a comunicação com os próprios intermediários e contribuintes. Nesse sentido a OCDE recomenda um reforço da gestão de risco *(risk management)* por parte das autoridades fiscais que permita identificar atempadamente as situações de risco e a divulgação de informação atempada aos próprios contribuintes envolvidos.[13]

Neste contexto internacional, cumpre igualmente realçar que as autoridades dos EUA com as da Austrália, Canadá e Reino Unido, estabeleceram recentemente um centro de informação internacional na área do planeamento internacional (JITSIC – *Joint International Tax Shelter Information Centre*), que serve para identificar, desenvolver e partilhar informação em tempo real sobre transacções de planeamento fiscal consideradas abusivas e como tal apoiar e complementar iniciativas que cada um destes países desenvolve no seu próprio território.[14]

Quanto à introdução de regras unilaterais, os EUA (propostas em 2001) e o Reino Unido (propostas em 2004) foram as primeiras jurisdi-

---

[11] Foi também acordado nessa reunião desenvolver os princípios da OCDE sobre o governo das sociedades no sentido de realçar a ligação entre o cumprimento dos deveres na área fiscal e a boa governação de sociedades; e intensificar o treino das autoridades fiscais em questões internacionais e incentivar o *secondment* de especialistas entre administrações fiscais de diferentes países.

[12] OECD Study into the Role of Tax Intermediaries, Paris, 8 de Abril de 2008.

[13] Fourth meeting of the OECD Forum on Tax Administration, Cape Town, 11 January 2008 (http://www.oecd.org/dataoecd/26/43/39886621.pdf).

[14] No mesmo sentido as administrações fiscais de nove países (Alemanha, Austrália, Canadá, China, Coreia do Sul, EUA, França, Índia, Japão e Reino Unido) criaram um grupo denominado "Leeds Castle" no âmbito do qual acordaram em reunir regularmente para considerar e discutir temas globais e nacionais de administração tributária dos seus respectivos países, particularmente os desafios do cumprimento mútuo de obrigações no plano internacional.

Artigos

ções a exigir a comunicação prévia de determinados esquemas ou estratégias de planeamento fiscal considerados abusivos, sendo que apenas mais recentemente a Austrália, Canadá, Africa do Sul e Israel decidiram igualmente implementar, com algumas adaptações, este tipo de regras.[15]

b. *Experiência recente nos EUA*

Na sequência dos esforços das autoridades dos EUA para combater operações fiscais abusivas, tanto os contribuintes como os promotores das denominadas transacções abusivas ou suspeitas de ser abusivas (*tax shelters*) estão obrigados desde Fevereiro de 2001 a declarar às autoridades fiscais determinadas transacções.[16]

O regime revela primordialmente dois objectivos. Em primeiro lugar, serve para identificar determinadas transacções abusivas que as autoridades fiscais pretendem examinar em maior detalhe. Em segundo lugar, o regime funciona como advertência antecipada aos contribuintes e promotores deste tipo de transacções, que as autoridades fiscais irão questionar a validade legal de determinadas operações com base nos vários meios legais ao seu dispor.

Cumpre referir que as obrigações declarativas recaem sobre o próprio contribuinte e sobre os denominados promotores das transacções abusivas. Nessa medida, o regime define os denominados promotores (*material advisor*) como qualquer pessoa que forneça aconselhamento material, assistência ou assessoria com o objectivo de organizar, promover, vender ou implementar alguma das transacções consideradas

---

[15] O'Connell, A., Brewster, K. "Combating large-scale tax evasion - Australia's experience", Bulletin for International Taxation, Vol. 62 (2008), no. 4; p. 145-150, Curr, S., French, D., "Pro-active' tax disclosure", The Taxpayer. - Cape Town. - Vol. 54 (2005), no. 4; 65-69 Kaplan, A., "Israeli legislation on aggressive tax planning", Trusts & Trustees. - Saffron Walden. - Vol. 13 (2007), no. 3; p. 96-98.

[16] Cf. Fed. Reg. 43146 (Aug. 3, 2007); 72 Fed. Reg. 43154 (Aug. 3, 2007); 72 Fed. Reg. 43157 (Aug. 3, 2007). Para uma análise mais detalhada vide Leduc, Robert J. "Overview of the Final Tax Shelter Regulations", Journal of Taxation of Financial Products, Vol. 4, No. 2, Spring 2003 e Lipton, R. M. Walton, R. S. Dixon, S. R., "The world changes: Broad sweep of new tax shelter rules in AJCA and Circular 230 affect everyone", Journal of Taxation, 2005, Vol 102; Numb 3, pages 134-151.

declaráveis e que, directa ou indirectamente, obtenha rendimento desse mesmo parecer ou assistência.

Quanto às operações declaráveis, o regime assenta essencialmente em seis categorias de transacções declaráveis. A primeira categoria corresponde a transacções identificadas pelas autoridades fiscais como sendo abusivas com base nas suas circulares ou decisões internas. A categoria de transacções "qualificadas" inclui transacções identificadas pelas autoridades fiscais[17] e transacções "substancialmente semelhantes" destinadas a obter as mesmas vantagens fiscais.[18]

A segunda e terceira categorias estão relacionadas com os termos do acordo entre o contribuinte e o promotor que, na perspectiva das autoridades norte-americanas, indiciam a existência de abuso na transacção subjacente. Estas categorias incluem: (i) transacções confidenciais, *i.e.* transacções promovidas por promotores sob condição de confidencialidade e sujeitas a uma comissão (*fee*) mínima; e (ii) transacções com protecção contratual, *i.e.* transacções que envolvem o pagamento de uma comissão contingente do resultado fiscal da operação ou que envolvam o reembolso total ou parcial das comissões cobradas dependendo do resultado fiscal da operação.

Finalmente, a quarta, quinta e sexta categoria correspondem a situações em que a transacção, em si mesma, ou a declaração fiscal do contribuinte indiciam a existência de abuso. Estas categorias incluem: (i) transacções envolvendo perdas fiscais, *i.e.* transacções que resultem na utilização de prejuízos fiscais; (ii) transacções envolvendo diferenças significativas entre o resultado contabilístico e o resultado fiscal; e (iii) transacções envolvendo períodos de detenção muito breves.

Cumpre referir que um dos pontos mais disputados deste regime diz respeito às exigências a nível da profissão de assessor ou advogado na área fiscal, nomeadamente na emissão de opiniões acerca de transacções

---

[17] Até ao momento foram identificadas trinta e uma transacções, sendo que o regime permite alargar a lista ou mesmo excluir transacções já referenciadas.

[18] Consideram-se transacções "substancialmente semelhantes" as transacções que, apesar de não se encontrarem descritas na lista de transacções identificadas pelas autoridades fiscais, deverão ser consideradas "substancialmente semelhantes" a operações já listadas.

que, na óptica das autoridades fiscais, podem ser questionáveis à luz do referido regime de comunicação prévia.[19]

Adicionalmente, a inclusão de uma referência à arbitragem fiscal (que chegou a fazer parte da proposta) tem sido alvo de intensa discussão académica, sendo contudo de realçar que recentes desenvolvimentos indicam que os EUA estão próximos de delinear uma política contra a arbitragem fiscal internacional.[20]

Tendo em conta o contexto específico do mercado dos EUA, não é de surpreender que este regime tenha tido, na perspectiva das autoridades fiscais dos EUA, bastante sucesso, contribuindo para um aumento do número de transacções abusivas declaradas, para o conhecimento precoce pelas autoridades fiscais de determinadas transacções de planeamento fiscal agressivo e, finalmente, para o desenvolvimento de um meio eficaz de comunicação entre as autoridades fiscais e os profissionais envolvidos na esfera tributária.

A principal crítica tem-se centrado no regime sancionatório e no âmbito alargado do regime, especialmente o conceito indeterminado de transacções similares destinadas a obter as mesmas vantagens fiscais. Nessa medida, a criação deste regime deu origem a um aumento dos litígios em tribunais o que demonstra não apenas a renitência dos contribuintes em colaborar com o regime como uma tentativa de esclarecer, através dos tribunais, pontos menos claros da legislação.[21]

---

[19] A Circular 230 dos EUA regula nessa matéria as exigências que um profissional na área fiscal deve cumprir incluindo diversos regimes sancionatórios aplicáveis aos assessores fiscais por infracções cometidas.

[20] Para uma visão geral da problemática da arbitragem internacional, Rosenbloom, "International Tax Arbitrage and the International Tax System, David R. Tillinghast Lecture on International Taxation," 53 Tax Law Rev. 137 (2000)) e Ring, "One Nation Among Many: Policy Implications of Cross-Border Tax Arbitrage," 44 B.C. L. Rev. 79 (2002-2003).

[21] West, P., "Antiabuse rules and policy: coherence or tower of Babel?", Tax Notes International, Vol. 49 (2008), no. 13; p. 1161-1180, Lipton, R., "Klamath Dispatches Another Tax Shelter", But Without Penalties," Journal of Taxation, April, 2007.

c. Experiência recente no Reino Unido

O Reino Unido seguiu basicamente as pisadas norte-americanas tendo como base a ideia de que através da comunicação prévia de determinadas operações, as autoridades fiscais estariam melhor capacitadas para reagir contra novas formas de planeamento fiscal.[22] Contudo, pode adiantar-se que o regime no Reino Unido, procura obter mais informações do lado da oferta de planeamento fiscal (promotores) deixando no anonimato quem procura esses mesmos esquemas.

O regime introduzido pelo Finance Act de 2004 abrangia inicialmente apenas transacções envolvendo produtos financeiros ou rendimentos do trabalho que tivessem como principal ou um dos principais objectivos a obtenção de vantagens fiscais.[23] O regime foi, entretanto, alargado, a partir de 1 Agosto 2006, a todo o tipo de operações com impacto em impostos sobre o rendimento.[24] Um esquema, operação ou transacção deverá nos termos do regime ser divulgado às autoridades fiscais quando: (i) se obtenha (ou se possa esperar obter) uma vantagem fiscal; (ii) que o principal ou um dos principais objectivos do esquema, operação ou transacção seja a obtenção de uma vantagem fiscal; e, (iii)

---

[22] Granwell, A. McGonigle, S., "US tax shelters: a UK reprise?", British Tax Review, 2006, no. 2; p. 170-208, White, P., "Tax scheme disclosure and registration rules", Derivatives and Financial Instruments, Vol. 7 (2005), no. 2; p. 90-96.

[23] Part 7 (sections 306 to 319) of Finance Act 2004, SI 2004/1863, SI 2004/1864, and SI 2006/1543 and SI 2007/785 (dealing with National Insurance Contribution avoidance schemes).

[24] Uma nota para referir que, a partir do momento que o Governo britânico deu indicações claras no sentido de querer estabelecer este tipo de *disclosure rules*, foi criada uma plataforma de trabalho conjunta com a indústria da assessoria fiscal (envolvendo consultores, advogados e instituições financeiras) no sentido de atingir a melhor regulamentação possível. Para uma abordagem às mais recentes alterações, cf. Wilks, S., Arenstein, A., Greenfield, P., "Do UK tax planning disclosure developments imply a general change of approach by tax authorities?", European Taxation, Vol. 47 (2007), no. 1; p. 47-50 e Pearson, M., Price, L.J. "Disclosure of Tax Avoidance Schemes - new HMRC regulations", Tax Planning International: European Union Focus, Vol. 8 (2006), no. 7; p. 13-14.

que o esquema, operação ou transacção preencha algum dos sete parâmetros ou filtros (*hallmarks*) descritos nos regulamentos.[25]

Os referidos parâmetros/filtros incluem, nomeadamente: (1) manter as transacções confidenciais e fora do alcance de um concorrente; (2) manter as transacções confidenciais e fora do alcance das autoridades fiscais; (3) transacções nas quais um determinado rendimento poderia razoavelmente ser obtido; (4) transacções que envolvam produtos financeiros; (5) transacções que são produtos estandardizados (*mass marketed schemes*); (6) transacções envolvendo prejuízos fiscais; e (7) transacções envolvendo operações de *leasing*.

Na maioria das situações onde uma divulgação do esquema é requerida, esta deve ser feita pelo promotor do esquema. No entanto, o próprio beneficiário do esquema pode ficar obrigado a fazer a divulgação nos casos em que:

- O promotor esteja estabelecido fora do Reino Unido;
- O promotor é um advogado e o sigilo profissional for aplicável; ou não exista qualquer promotor, como por exemplo no caso de o esquema ser desenvolvido *in-house*.

Importa por último referir que a entrada em vigor das regras de *disclosure* no Reino Unido foi complementada com a introdução de regras específicas que visam negar benefícios fiscais em algumas transacções que envolvam arbitragem fiscal.[26] As regras, que se aplicam apenas por iniciativa das autoridades fiscais britânicas, visam estabelecer limites em operações envolvendo instrumentos financeiros híbridos ou entidades híbridas.

De notar ainda a abertura manifestada recentemente pelas autoridades britânicas em proceder a alterações ao regime de imputação de lucros (regras CFC), no sentido de consagrar a passagem de um sistema de crédito de imposto para um regime de *participation exemption* em determinados investimentos "qualificados".[27]

---

[25] Os parâmetros/filtros servem assim para circunscrever o dever de comunicação às operações que preencham determinados requisitos e evitar a comunicação em massa de operações.

[26] Part 2, Chapter 4 (sections 24 to 31) of Finance (No. 2) Act 2005.

[27] Cf. http://www.hm-treasury.gov.uk/consultations_and_legislation/foreign_prof its/consult_foreign_profits.cfm.

d. *Experiências na Europa continental: os casos francês e alemão*

Importa salientar que até ao momento, este tipo de regimes não está ainda em vigor (além de Portugal) em qualquer país da Europa continental.

No que diz respeito à experiência francesa, a proposta apresentada em 2005 fracassou por falta de entendimento entre as autoridades fiscais e os operadores envolvidos, nomeadamente quanto à necessidade e à forma de instituir um regime de comunicação prévia.

Na Alemanha a discussão encontra-se apenas no início uma vez que uma proposta de lei com esta finalidade foi apenas apresentada ao *Bundestag* em Junho de 2007, sendo ainda de esperar diversas alterações à proposta.[28] Não obstante, considerada a afinidade entre os sistemas fiscais português e alemão, parece útil referenciar os aspectos fundamentais da proposta alemã.

Em primeiro lugar, a proposta alemã é direccionada exclusivamente às seguintes estruturas de planeamento fiscal que resultem numa diminuição de imposto cobrado na Alemanha (isto é uma redução do rendimento, diferimento de imposto ou a criação de créditos fiscais):

- O mesmo bem é registado para efeitos fiscais em diversas jurisdições;
- O mesmo rendimento é atribuído a diferentes contribuintes ou a diversos estabelecimentos permanentes do mesmo contribuinte;
- Uma entidade é classificada como um contribuinte numa jurisdição e não noutra;
- Uma entidade é tratada como duplo residente em duas jurisdições;
- As regras do ADT são interpretadas ou aplicadas diferentemente nos estados contratantes;
- Os rendimentos são qualificados de forma diferente em várias jurisdições; ou
- As mesmas despesas podem ser deduzidas em jurisdições diferentes.

---

[28] Kessler, W. Eicke, R., "Legal but Unwanted: The German Tax Planning Disclosure Draft", Tax Notes International, Vol. 48 (2007), no. 4, pages 577-582.

Artigos

De acordo com a referida proposta, o promotor da estrutura ou esquema terá que notificar às autoridades tributárias federais a estratégia proposta, a poupança fiscal prevista, a base legal e o número de clientes que beneficiaram da referida estratégia (embora não a sua identidade). Com base na informação transmitida, as autoridades tributárias federais emitem um número de identificação para cada estratégia de planeamento fiscal, sendo que os contribuintes que beneficiam da referida estratégia, que se destina a ser tornada pública, passam a estar obrigados a declarar se a usaram e qual a poupança de imposto obtida.

Um promotor, para efeitos da proposta alemã é definido como qualquer pessoa física ou jurídica que recomende ou promova esquemas de planeamento fiscal e que pelo exercício dessas actividades gere anualmente um proveito superior a € 250 000.[29]

A falta de divulgação por parte do promotor ou por parte do contribuinte, no caso em que este beneficia de uma estratégia de planeamento incluída na lista das autoridades tributárias, pode estar sujeita a sanções pecuniárias.

Finalmente, importa referir que outros desenvolvimentos recentes na Alemanha espelham a importância dada à problemática do planeamento fiscal internacional.[30] Em primeiro lugar, o Governo alemão aprovou recentemente legislação destinada a reforçar a cláusula geral anti-abuso e a regra específica anti-abuso destinada a prevenir o fenómeno do *treaty-shopping*.[31] Adicionalmente, a Alemanha propõe-se introduzir, na sua legislação de preços de transferência, um regime de tributação aplicável a "transferências de funções" sempre que tais transferências englobem a aptidão para gerar lucros futuros na sociedade beneficiária.

---

[29] Um promotor, para se encontrar sujeito às regras acima descritas, não necessita de ser considerado residente para efeitos fiscais na Alemanha.

[30] Resch, R., Perdelwitz, A., "The German tax reform 2008 - Part 2", European Taxation, Vol. 48 (2008), no. 4; p. 159-168

[31] A nova legislação visa criar novos requisitos de substância económica para que uma determinada sociedade não residente possa beneficiar dos ADT, nomeadamente (i) necessidade de importantes razões económicas e não económicas para interpor a sociedade não residente; (ii) a sociedade não residente deve obter mais de 10% do seu volume de negócios de actividades comerciais próprias; (iii) a sociedade não residente deverá ter instalações próprias e estar integrada na actividade empresarial no seu país de residência.

132
Revista de Finanças Públicas e Direito Fiscal

Esta regra anti-abuso visa avaliar e tributar o "goodwill" e lucro potencial envolvido em transferências de funções (e.g. *outsourcing*) para jurisdições de tributação privilegiada ou mais reduzida, nomeadamente fora da União Europeia. [32]

e. *Planeamento fiscal agressivo e o caso de Israel*

Por último, é interessante mencionar o caso de Israel que aprovou recentemente medidas legislativas destinadas a combater o planeamento fiscal agressivo utilizado por contribuintes após a mudança do sistema fiscal israelita duma base territorial para base mundial.

Assim, encontram-se sujeitas a comunicação às autoridades fiscais, a partir de 2007, as operações que se reconduzam a uma das seguintes situações:

- Pagamentos de *management fees* a entidades relacionadas em valor superior a EUR 350 000, quando a entidade relacionada esteja sujeita a uma taxa reduzida de IRC, beneficie de uma isenção de imposto, ou tenha prejuízos fiscais reportáveis;
- Venda de activos a uma entidade relacionada que origine uma perda fiscalmente dedutível superior a EUR 350 000, quando essa mesma perda seja aproveitada no ano da venda ou nos dois anos seguintes;
- Venda de activos que tenham sido adquiridos a uma entidade relacionada (que tenha beneficiado de uma isenção na venda anterior), quando a venda de activos origine uma perda fiscalmente dedutível superior a EUR 350 000 ou no aproveitamento de prejuízos fiscais nesse mesmo valor;
- Extinção de dívidas entre entidades relacionadas em valor superior a EUR 175 000, quando dessa extinção resulte uma redução de impostos devidos;

---

[32] Os EUA, por exemplo, tributam os intangíveis quando estes saem do país e arrogam-se no direito de ajustar o preço cobrado no caso de se revelar mais tarde que era inferior ao preço de mercado (*commensurate with income standards*).

133

Artigos

- Reembolso de suprimentos em valores superiores a EUR 175 000, quando no trimestre seguinte o valor dos suprimentos tenha aumentado em pelo menos 25% do valor entretanto reembolsado;
- Aquisição de uma participação social numa sociedade através da cessão de créditos, nos termos em que o adquirente paga uma dívida a terceiros ou essa dívida é paga por terceiros, desde que a operação envolva o pagamento de uma dívida superior ao valor pago pela participação social;
- Aquisição de participação superior a 50% numa sociedade que tenha mais de EUR 500 000 de prejuízos fiscais;
- Aquisição de participação social superior a 25% numa sociedade não residente sujeita a taxa de tributação inferior a 20%;
- Aquisição de participação social superior a 25% numa sociedade residente em país com o qual tenha sido celebrada convenção para evitar a dupla tributação internacional, quando mais de 50% do valor dos activos dessa entidade se situe em território nacional.

f. *Operações abusivas e a regulação da consultoria fiscal*

Aliado aos esforços para combater determinadas operações abusivas, importa destacar um desenvolvimento ao nível da regulação da profissão de consultor fiscal e a sua relação com as respectivas autoridades fiscais.

O primeiro ímpeto surgiu pelas mãos do Departamento do Tesouro norte-americano, que aprovou em 1984 as primeiras regras específicas exigindo aos assessores fiscais e advogados que emitam pareceres sobre esquemas de planeamento fiscal que realizem um inquérito exaustivo a todos os factos que se revelem importantes para determinar as consequências fiscais.[33] A própria violação da denominada "Circular 230" ou actuação negligente dos assessores fiscais ou advogados, poderia resultar na interdição da prática da sua profissão perante as autoridades fiscais. O preâmbulo ao regulamento que procedeu às últimas alterações à Circular 230, ao mencionar que "o regime fiscal é melhor servido quando o

---

[33] http://www.irs.gov/pub/irs-utl/pcir230.pdf

Revista de Finanças Públicas e Direito Fiscal

público tem confiança na honestidade e integridade dos profissionais que prestam consultoria fiscal", é demonstrativo dessa crescente necessidade das autoridades fiscais norte-americanas de criar regras pormenorizadas para regular uma profissão e estabelecer "melhores práticas" para a elaboração de pareceres escritos.

Nos termos da circular, os consultores fiscais devem seguir um conjunto de boas práticas, no sentido de proporcionar aos seus clientes a melhor representação possível em questões fiscais, nomeadamente:

- Comunicar claramente com o cliente quanto aos termos do compromisso (*engagement*), no sentido de determinar o objectivo e uso do aconselhamento, bem como a sua forma e âmbito de aplicação;
- Determinar os factos relevantes aplicáveis e avaliar o grau de razoabilidade de quaisquer presunções utilizadas e chegar a uma conclusão baseada na lei e os factos relevantes;
- Aconselhar o cliente no que se refere às conclusões e determinar se estas são suficientes para evitar a aplicação de quaisquer infracções fiscais; e
- Agir de forma justa e com integridade perante as autoridades fiscais.

A Circular 230 estabelece, assim, regras específicas sobre a elaboração de pareceres escritos que envolvam transacções identificadas como sendo abusivas ou que sejam substancialmente semelhantes a operações já identificadas pelas autoridades fiscais. O consultor fiscal que elabore um parecer escrito deve nesse caso cumprir um conjunto de requisitos materiais, designadamente:

- Usar métodos razoáveis para identificar os elementos essenciais da operação incluindo eventos futuros (o parecer deve identificar em secção própria todos os factos relevantes);
- Abster-se de basear o entendimento em presunções ou hipóteses que não se revelem razoáveis (o parecer deve conter uma secção própria com todas as presunções ou hipóteses);
- Incidir na aplicação da legislação aplicável (incluindo doutrinas jurisprudenciais) aos factos relevantes;

– Não assumir a resolução favorável a favor do contribuinte de qualquer aspecto controvertido;
– Não conter análises jurídicas ou conclusões inconsistentes ou contraditórias;
– Transmitir uma conclusão quanto ao grau de probabilidade de que o contribuinte irá prevalecer, no que diz respeito a cada questão controvertida do parecer, quanto ao mérito da questão. Caso não seja possível chegar a uma conclusão, o parecer deve indicar e descrever as razões pelas quais o consultor fiscal é incapaz de chegar a uma conclusão no que diz respeito a uma ou mais questões.
– Incluir informações referentes à eventual relação entre o promotor e o consultor fiscal.

4. Comentário ao novo regime sobre planeamento fiscal abusivo

Um comentário abrangente ao decreto-lei exige, no nosso entender, que se distingam os aspectos relativos à adequação e oportunidade do estabelecimento de deveres de comunicação na área do planeamento fiscal e os aspectos técnicos do regime.

a. *Aspectos relativos à adequação e oportunidade*

A introdução de uma espécie de "censura fiscal" ou "visto prévio" no domínio da actividade económica nacional afigura-se manifestamente inaceitável por contrariar ostensivamente princípios ancilares de liberdade de empresa e de autonomia da vontade, estar totalmente ao arrepio da cultura fiscal portuguesa e constituir uma erupção do provincianismo lusitano em mostrar vanguardismo, atitude já vista e censurada pontualmente na atitude voluntariosa de "bom aluno" por vezes assumida por Portugal no processo de construção europeia.

Não é admissível que a gestão das empresas fique de alguma forma condicionada por um dever geral de auto-denúncia de modelos contratuais ou de negócio que pretendam implementar, independentemente dos efeitos fiscais que desses mesmos modelos possam resultar.

Para além de se revelar manifestamente atentatório do princípio constitucional da liberdade de empresa, com o seu corolário da liberdade

Revista de Finanças Públicas e Direito Fiscal

de gestão (cf. artigo 86º da Constituição da República), semelhante exigência colide com a essência de um Estado de direito democrático a que não é admitido exigir que os cidadãos, ou as empresas por eles organizadas, forneçam elementos que possam conduzir à sua própria censura ou condenação.[34]

Acresce que a iniciativa agora empreendida desvia-se da tradição jurídica nacional e das medidas legislativas que se têm vindo a consolidar no sistema fiscal português após as últimas reformas estruturais de 1986-1988 e da introdução da Lei Geral Tributária.

Como bem refere Saldanha Sanches: "As consequências do princípio da inequívoca intenção do legislador são particularmente nítidas nos sistemas do *judge-made law*, como o do Reino Unido, em que a construção da cláusula geral anti-abuso está entregue à jurisprudência e onde temos não apenas uma administração fiscal empenhada em limitar e coarctar as práticas abusivas, como também uma cultura secular de busca sistemática de soluções legais que reduzam os custos fiscais e mudanças anuais das leis fiscais para impedir as novas formas de evitação fiscal abusiva."[35]

Nos sistemas de *common law*, como o inglês e o norte-americano, principais animadores das referidas *advanced disclosure rules*, a existência destas regras encontra um *rationale* justamente na ausência de enquadramento de direito positivo, nomeadamente ao nível da definição do abuso.

Ora, na nossa tradição legislativa compete ao legislador, em primeira mão, definir as previsões normativas com a abrangência e a clareza necessárias para vencer a debilidade congénita do sistema positivo em acompanhar, com a densidade e actualidade necessárias, a realidade da vida. Todavia, na prossecução deste objectivo deparamos, seguindo novamente Saldanha Sanches, um problema fundamental do direito tributário: "Por um lado, a lei fiscal não pode criar qualquer impedimento

---

[34] Teria sido mais fácil, se os fins justificassem os meios, impor a todos os sujeitos passivos o dever de auto-denunciarem todas as operações que realizem e que possam ser entendidas ou interpretadas pelas autoridades fiscais como crimes, contra-ordenações ou mero incumprimento de obrigações tributárias!

[35] "Os Limites do Planeamento Fiscal – Substância e Forma no Direito Fiscal Português, Comunitário e Internacional", Coimbra Editora, 2006, pág. 190.

à busca pelas partes contratuais de soluções que, dentro do largo quadro decisório que lhes é dado pelo normal exercício da autonomia privada, lhes pareçam mais adequadas para a prossecução dos seus interesses juridicamente tutelados e para a construção de contratos que sejam economicamente tão eficientes quanto é possível para a obtenção dos seus fins", mas, simultaneamente, "é necessário impedir a escolha de formas contratuais por razões de pura economia fiscal, razões integralmente fiscais ou essencialmente fiscais".[36]

Assim, não sendo possível densificar sistematicamente a previsão da lei fiscal ao ponto de acomodar todas as operações ou negócios jurídicos que de alguma forma distorçam a sua aplicação, originando ou abrindo zonas de não tributação indesejáveis no plano das políticas fiscais, torna-se inevitável uma crescente transferência de poder do legislador para as administrações tributárias através quer das margens de discricionariedade dita técnica que pontuam no ordenamento fiscal positivo, como através de novas ferramentas de intervenção activa no pano do controlo do cumprimento.[37]

Uma das principais vias tendentes a superar a necessidade crescente de densificação da *fattispecie* tributária e de incrementar a eficiência da economia reside, justamente, na criação da cláusula geral anti-abuso.[38] Esta norma deve ser considerada como o limite constitucional da ingerência admissível do Estado na liberdade dos contribuintes em conformarem as suas operações e negócios e, mesmo assim, com a preocupação de que se rodeou de prever um procedimento adequado de aplicação respeitando o princípio da fundamentação dos actos tributários e da audição prévia dos visados e conferindo a estes o ónus (que não o dever) de comuni-

---

[36] Ob. cit. pág. 167.

[37] Sobre este fenómeno da crescente deslocação do poder em sede fiscal do legislador para o administrador fiscal, veja-se, entre outros, Casalta Nabais, A face oculta dos direitos fundamentais: os deveres e os custos dos direitos, *in* Estudos de Direito Fiscal, Almedina, 2005, pag. 68.

[38] Vide Saldanha Sanches, ob. cit., pag. 169: "Mas é também uma forma de aumentar a eficiência da economia, evitando as distorções criadas pelas falhas da lei fiscal ou, pelo menos, as distorções mais graves, mais ostensivas e com maior aptidão para se transformarem em esquemas massificados e susceptíveis de ser uma estrutura jurídica que permite a construção de abrigos fiscais que estarão disponíveis para todos os contribuintes com elevada capacidade contributiva."

carem certas operações à administração tributária, obtendo desta, ainda que tacitamente, a segurança quanto à não aplicação da norma geral anti-abuso a essas operações.[39]

Mas não podemos ainda esquecer que o regime de comunicação prévia agora aprovado vem na linha de um sistemático ataque aos direitos dos contribuintes que confronta com a eficiência das administrações fiscais de onde se estão a copiar os modelos. Com efeito, tem-se assistido nos últimos anos, e em particular já depois da reforma fiscal de 2000, onde se empreenderam iniciativas pioneiras tendentes a estimular a reacção do Estado perante os pedidos dos contribuintes, à sistemática derrogação de direitos destes erigindo-se a "classe contribuinte" à condição quase genética de "evasor fiscal em potência".

É assim que se submetem os contribuintes a um sistemático calvário quando se trata de obter alguma informação vinculativa ou alguma decisão indispensável à realização de certas operações, à atitude amiúde prepotente quer no plano inspectivo quer no plano da execução de dívidas tributárias, etc. Não discutimos os óbvios resultados de semelhante sanha tributária, pois é bem evidente das estatísticas que a eficiência na cobrança de impostos tem vindo a crescer exponencialmente. O que nos parece dever ser discutido é que se continue a alimentar esta fúria endémica fornecendo-lhe ainda mais esta novíssima ferramenta, quase desconhecida ao nível planetário, e não se exigindo e aplicando antes o maior respeito devido aos contribuintes que não serão, estamos certos, na sua maioria, delinquentes fiscais em potência.[40]

Acresce, ainda, que o novo regime surge num contexto em que nada o fazia esperar porquanto, como é público, a cobrança fiscal tem vindo a aumentar sistematicamente (vide quadro *infra* retirado do Relatório de Actividades da DGCI de 2006), o que num contexto de alguma estagnação do crescimento do produto interno e de manutenção das taxas de imposto, em geral, revela a eficiência acrescida da "máquina fiscal". Aliás, esta eficiência está bem patente na crescente regularização volun-

---

[39] Cf. artigo 63º do Código de Procedimento e de Processo Tributário (CPPT).

[40] Importa ainda referir que as autoridades fiscais têm vindo a ser dotadas cada vez de mais meios para verificar o cumprimento e a validade das práticas dos contribuintes, nomeadamente através da fiscalização, registo de determinados actos, supervisão das instituições financeiras e extensas obrigações declarativas nos termos dos vários impostos.

tária a que se tem assistido nos últimos anos a qual é também reveladora de um reforço da cidadania no plano tributário (vide quadro *infra*).

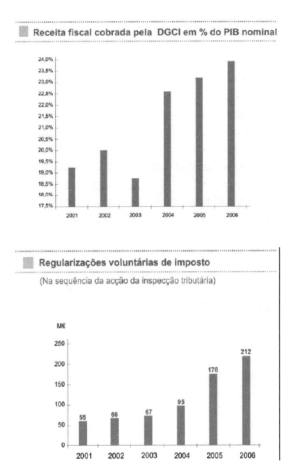

Assim, na ausência de qualquer elemento quantitativo ou qualitativo que permita "medir" o fenómeno do planeamento fiscal abusivo, também no plano da racionalidade económica da iniciativa, atendendo ao perfil crescentemente adimplente dos contribuintes, o que se evidencia pelos resultados da cobrança, e pela melhoria da eficiência dos serviços de inspecção, beneficiários cada vez mais da aplicação de instrumentos de controlo informático no domínio da tributação e do reforço da capacidade de

Revista de Finanças Públicas e Direito Fiscal

resposta no plano inspectivo, não se vislumbra qualquer oportunidade no regime de comunicação imposto pelo decreto-lei.

A falta de oportunidade deste sublinha a irracionalidade de sujeitar os contribuintes a um esforço acrescido de cumprimento e, em particular no que respeita ao sector financeiro, bancário e segurador, já fortemente penalizado com custos de contexto que lhe advêm do papel de intermediário na cobrança de impostos e de fornecedor de informação em massa sobre os impostos arrecadados e sobre as transacções relacionadas pelos seus clientes. Se juntarmos a estes custos ainda o dano de confiança que já hoje se regista no sector bancário devido à derrogação crescente do dever de segredo bancário, não podemos deixar de concluir que, além de inoportuno, o novo regime constitui mais uma penosa estocada na competitividade do sistema financeiro português, senão mesmo factor de evasão de capitais para outras praças financeiras onde estas medidas se não fazem sentir ou se fazem sentir com outra veemência.

Ainda no quadro da competitividade fiscal do nosso país parece-nos que deve ser feita referência particular aos efeitos que o regime de comunicação pode produzir ao nível das operações de entidades domiciliadas no Centro Internacional de Negócios da Madeira o qual viu o regime privilegiado ampliado até 2020 no quadro de uma negociação nem sempre fácil com as instituições da União Europeia. Confrontados com operações realizadas no âmbito daquele Centro, as quais, na sua vasta maioria, comportam por definição elementos predominantes de optimização fiscal, não restará aos promotores dessas operações ou aos seus próprios utilizadores senão a alternativa de procederem às competentes comunicações. Resta saber que uso as autoridades fiscais darão a essas comunicações num contexto em que o planeamento é a essência do regime especial do CINM.

Vários são ainda os aspectos que podem relevar-se na diferenciação da realidade nacional e que se conjuga com uma grande parte da realidade socio-económica e jurídica da Europa continental:

- Nos sistemas europeus, diferentemente do que sucede nos países anglo-saxónicos, existe uma forte conexão entre o resultado contabilístico e o resultado fiscal. Em Portugal a base tributável apurada nos termos da contabilidade é objecto de correcções, positivas e negativas, estabelecidas para o efeito na lei e que determinam uma base para efeitos fiscais. Em resultado desta tipificação do resultado fiscal por força da própria lei, constata-se uma forte limitação à adopção de políticas contabilísticas e ou de operações hábeis a desvirtuar o resultado tributável;

- Este tipo de regras preventivas faz mais sentido numa perspectiva de política fiscal em países exportadores de capital, no sentido em que é nestes países, e não nos países importadores de capital como Portugal, que o planeamento fiscal internacional se pode considerar mais prejudicial;
- Finalmente, a análise comparativa demonstra que os regimes analisados estão inseridos numa lógica de informação por parte das autoridades fiscais, aliada muitas vezes a um trabalho de consolidação jurisprudencial e administrativo, e não numa simples lógica de repressão dos contribuintes ou operadores económicos.

Importa ainda referir que o novo regime levanta complexos problemas ao nível da responsabilidade dos profissionais envolvidos, nomeadamente ao nível da aplicação do segredo profissional que importa ter em consideração.[41]

b. *Aspectos jurídicos do regime*

Se é certo que o decreto-lei tem programaticamente por objecto estabelecer medidas de natureza preventiva de combate ao planeamento fiscal abusivo (cf. artigo 1º), a verdade é que ao definir os elementos tipificadores do planeamento fiscal relevantes para o cumprimento da obrigação de comunicação (cf. artigo 4º) não faz expressa referência à necessidade da actuação do sujeito passivo visar, em primeiro lugar, uma vantagem fiscal.

Segundo entendemos, o critério decisivo para considerar uma operação sujeita às regras de comunicação reside no facto de a mesma determinar, de modo exclusivo ou predominante, uma vantagem fiscal por

---

[41] Para uma abordagem do tema no contexto das *disclosure rules* do Reino Unido, cf. Baker, P., "Legal professional privilege and tax avoidance disclosure", Tax Adviser, London, January 2005; p. 11-13.

qualquer sujeito passivo de imposto.[42] Nestes termos, uma operação que vise principalmente um objectivo de natureza económica ou financeira (ainda que envolva a obtenção de uma vantagem fiscal acessória ou residual) não deverá estar sujeita aos deveres de notificação. Nessa medida, apenas os esquemas propostos ou actuações adoptadas que preencham o critério geral da vantagem fiscal deverão ser escrutinadas à luz das situações tipificadamente previstas no regime (e.g. regime fiscal claramente mais favorável, operações financeiras, prejuízos fiscais).

Nessa matéria, cumpre realçar os esforços desenvolvidos nos estados onde semelhantes medidas têm sido adoptadas, como é o caso já referido dos EUA e do Reino Unido, no sentido de sujeitar a aplicação do regime de comunicação a operações que verifiquem determinados critérios ou filtros.[43] No decreto-lei a tentativa de utilização de determinados "critérios específicos" de planeamento fiscal abusivo levanta, contudo, naturais dúvidas de interpretação em relação à real intenção do legislador.

Em relação ao primeiro filtro, é necessário determinar se as situações que envolvem a participação de entidade sujeita a um regime fiscal privilegiado abrange, além dos 83 territórios qualificados como "paraísos fiscais", operações envolvendo Estados-Membros da UE com taxas de tributação inferior ao patamar dos 60% do IRC.[44]

Quanto ao segundo filtro, é necessário determinar se as operações envolvendo entidades total ou parcialmente isentas abrange apenas entidades que beneficiam de uma isenção subjectiva (pessoal) ou também entidades que beneficiam de isenções objectivas, ou seja isenções aplicáveis apenas a determinados rendimentos.

De referir que as orientações interpretativas consideram enquadrável nesta segunda categoria, a situação de constituição ou aquisição de

---

[42] É curioso notar que a cláusula geral anti-abuso do n.º 2 do art. 38º da Lei Geral Tributária utiliza os termos "essencial ou principalmente dirigidos" ao invés de "modo exclusivo ou predominante".

[43] Esta opção legislativa serve igualmente para evitar que toda e qualquer operação de planeamento fiscal seja comunicada, resultando na inoperância do regime por excesso de comunicações.

[44] A título de referência, as taxas de tributação na Irlanda e Chipre situam-se actualmente em 12,5% e 10% respectivamente.

sociedade que beneficie de isenção relativamente aos rendimentos obtidos fora do território português, para a qual são canalizadas prestações suplementares (capital) a utilizar para financiamento de empresa do mesmo grupo no estrangeiro, requalificando desta forma proveitos de juros sujeitos a imposto em dividendos dedutíveis na determinação do lucro tributável.

No entanto, a utilização sem limites deste exemplo não é livre de críticas, uma vez que parece direccionada para estruturas baseadas na utilização de sociedades financeiras (*finance companies*). Em primeiro lugar, importa mencionar que a utilização deste tipo de estruturas encontra-se geralmente assente em factores não-fiscais, nomeadamente em vantagens ao nível da gestão de tesouraria, riscos cambiais e coordenação ou controlo de determinados serviços intra-grupo, sendo que as sociedades financeiras são geralmente tributadas sobre uma margem do referido financiamento (o denominado *arm´s length spread*). Ora, assumindo que a sociedade financeira é tributada sobre o referido *spread*, não poderá dizer-se à partida que se trata de uma entidade total ou parcialmente isenta.[45]

O terceiro filtro é talvez o de mais difícil aplicação prática. Em primeiro lugar, pode questionar-se sobre quais as operações de locação financeira susceptíveis de determinar a requalificação de um rendimento ou a alteração de um seu beneficiário. Da mesma forma, pode perguntar-se legitimamente quais as operações com base na utilização de instrumentos financeiros híbridos são susceptíveis de determinar a requalificação do rendimento.

Segundo entendemos, a alteração do beneficiário do rendimento pode ocorrer em determinados contratos de locação financeira internacional de activos nos termos do qual duas jurisdições distintas determinam, de forma diferente, quem é considerado o proprietário do activo

---

[45] Talvez seja curioso notar que este exemplo "encaixa" de certa forma na situação prevista por uma controversa cláusula específica anti-abuso entretanto revogada (n.º 10 do art. 46º do CIRC), que determinava que em determinadas condições, nomeadamente quando os lucros distribuídos não tivessem sido sujeitos a tributação efectiva ou tenham origem em rendimentos aos quais este regime não seja aplicável, a isenção dos dividendos não seria aplicável.

Revista de Finanças Públicas e Direito Fiscal

locado.[46] De forma análoga, os instrumentos financeiros híbridos podem beneficiar de diferente qualificação fiscal na esfera do emitente e do beneficiário (*debt* ou *equity*).[47] Assim, a utilização de acções preferenciais, empréstimos perpétuos, obrigações convertíveis e empréstimos com participação nos lucros em determinadas operações pode ter como objectivo uma qualificação diferente nos diferentes estados envolvidos. Por exemplo, a dedução como juros na esfera do emitente (custo dedutível) e a isenção como dividendos na esfera do recipiente (rendimento isento).[48]

No entanto, pode dizer-se que em muitos destes casos, o planeamento fiscal (internacional) tem por base diferenças conhecidas da legislação fiscal de dois estados e, como tal, a referência a este tipo de transacções pressupõe uma valoração negativa por parte das autoridades portuguesas do fenómeno da arbitragem fiscal internacional. O curioso é que este debate no plano internacional está longe de estar concluído.[49]

A referência a operações financeiras envolvendo instrumentos financeiros derivados pode igualmente suscitar dúvidas. Não obstante admitirmos que a utilização de um instrumento financeiro derivado (e.g. futuros, *swaps* e opções) possa implicar a alteração "económica" do res-

---

[46] Assim, um determinado Estado pode entender que o locador é o proprietário do bem enquanto nos termos do sistema fiscal do outro Estado, a propriedade desse mesmo activo pertence ao locatário. Desta forma, ambos (locador e locatário) poderão beneficiar de uma depreciação do activo locado, alem de outros benefícios fiscais ao investimento (e.g. crédito de imposto). Caso a operação ocorra num só Estado, a dedução a titulo de depreciação e eventuais créditos de imposto somente seriam atribuídos a uma das partes.

[47] Instrumentos financeiros híbridos são instrumentos financeiros que têm características económicas que são incoerentes, no todo ou em parte, com a classificação determinada pela sua própria forma jurídica.

[48] O exemplo incluído nas orientações interpretativas refere a situação da utilização de uma sociedade (do mesmo grupo) estabelecida ou domiciliada no território "Z" (fora da União Europeia) para facturar serviços financeiros isentos de IVA, mas que conferem direito à dedução, de modo a aumentar a percentagem de dedução do imposto ("pro rata") da entidade financeira no território nacional. À primeira vista, parece-nos difícil enquadrar este exemplo no âmbito do terceiro filtro por não ser claro que envolva a alteração do beneficiário ou a requalificação do rendimento.

[49] Avi-Yonah, Reuven, Tax competition, tax arbitrage and the international tax regime, Bulletin for International Taxation, Vol. 61 (2007), no. 4; p. 130-138.

pectivo beneficiário de um determinado rendimento, em muitos casos a sua utilização é meramente dirigida à transferência ou redução do risco inerente à transacção principal. Assim sendo, poderá argumentar-se que os deveres de comunicação deverão ser aplicáveis apenas nos casos em que a vantagem fiscal seja obtida primordialmente através da inclusão de um ou mais produtos financeiros derivados na operação. Seguindo essa interpretação, os deveres de comunicação não seriam aplicáveis quando os produtos financeiros derivados não contribuíssem para a vantagem fiscal ou fossem meramente acessórios da operação principal.

Finalmente, a inclusão nas operações tipificadas de esquemas que impliquem (ou resultem) na utilização de prejuízos fiscais, parece visar aquelas operações em que se possa razoavelmente concluir que a principal vantagem consiste na acumulação de prejuízos na esfera dos participantes da operação, desde que esses mesmos prejuízos fiscais possam vir a ser utilizados posteriormente com o intuito de reduzir o imposto devido.[50] No mesmo sentido, as orientações interpretativas referem como exemplo uma operação de titularização de créditos futuros com imputação das receitas da titularização aos resultados do exercício de forma a garantir a utilização de prejuízos fiscais cuja possibilidade de reporte caducaria nesse exercício.[51]

---

[50] De referir que as operações que visem a obtenção pelo sujeito passivo de uma menos-valia fiscalmente dedutível não parecem estar directamente abrangidas pelo regime de comunicação.

[51] O controlo de operações que possam indirectamente levar à negociação de prejuízos fiscais já é objecto de regulamentação no âmbito do artigo 47º do Código do IRC. Procedendo à interpretação sistemática, e assumindo a adequada integração entre as normas tributárias, devem ficar excluídas da obrigação de comunicação as operações que, nos termos do artigo 47º, n.º 8, do Código do IRC, determinam a perda do direito ao reporte dos prejuízos fiscais – v.g. a modificação substancial de actividade e a transferência de mais de 50% do capital social ou dos direitos de voto. Também as utilizações de prejuízos fiscais com recurso a métodos transaccionais parece deverem ficar prioritariamente abrangidas pelas regras relativas a preços de transferência. Assim, a menos que se aceite a sobreposição das normas de comunicação do decreto-lei aos outros mecanismos já previstos na lei para o controlo e correcção de operações determinadas apenas por propósitos fiscais de redução ou deslocação do lucro, o espaço ocupado pela obrigação de comunicação no âmbito do decreto-lei restringe-se àquelas operações que visem a antecipação da utilização de prejuízos fiscais ou o seu diferimento fictício, na própria entidade.

Um ponto adicional que pode ser susceptível de causar tanto dificuldades interpretativas como práticas é a questão dos esquemas de planeamento fiscal que sejam propostos com cláusula de exclusão ou de limitação da responsabilidade em benefício do respectivo promotor, que nos termos do artigo 4.º estão sempre sujeitas a comunicação. Por exemplo, nos EUA uma operação é considerada como sendo proposta com protecção contratual quando um participante (ou entidade relacionada) tem o direito a um reembolso total ou parcial dos valores pagos ao promotor caso a vantagem fiscal não venha a ser obtida.[52]

Outro aspecto ao qual se colocam dúvidas reside na susceptibilidade de os advogados estarem sujeitos às obrigações declarativas.[53] O artigo 6.º do decreto-lei afasta a qualificação como promotor, não se aplicando as obrigações previstas no referido decreto-lei, nos casos de aconselhamento sobre esquema ou actuação de planeamento fiscal por advogado ou solicitador ou por sociedade de advogados ou de solicitadores no contexto da avaliação da situação jurídica do cliente, no âmbito da consulta jurídica, no exercício da sua missão de defesa ou representação do cliente num processo judicial, ou a respeito de um processo judicial, incluindo o aconselhamento relativo à maneira de propor ou evitar um processo, quer as informações sejam obtidas antes, durante ou depois do processo, bem como no âmbito dos demais actos próprios dos advogados e solicitadores, tal como definidos na Lei n.º 49/2004, de 24 de Agosto. Importa mencionar que o artigo 3.º desta Lei, define o conceito de consulta jurídica por remissão para o artigo 63.º do Estatuto da Ordem dos Advogados (Lei n.º 15/2005) como a actividade de aconselhamento jurídico que consiste na interpretação e aplicação de normas jurídicas mediante solicitação de terceiro. Nesse sentido, qualquer consulta dirigida por um cliente a respeito de esquemas ou actuações por si concebidos e ou implementados, estará excluída da obrigação de comu-

---

[52] Este tipo de protecção também inclui transacções nas quais as comissões do promotor estão dependentes da obtenção das referidas vantagens fiscais.

[53] Estatui o artigo 87.º do Estatuto da Ordem dos Advogados que "o advogado é obrigado a guardar segredo profissional em relação a todos os factos cujo conhecimento advenha do exercício das suas funções ou da prestação dos seus serviços". No n.º 3 do mesmo preceito acrescenta-se que o segredo abrange ainda os documentos ou outras coisas que se relacionem, directa ou indirectamente, com os factos sujeitos a sigilo.

nicação pelo advogado, o qual apenas ficará obrigado a cumprir o dever de comunicação nos casos em que lhe pertença a própria concepção do esquema ou actuação de planeamento que depois *coloca* ou *comercializa* junto de outras entidades.

Mesmo naqueles casos em que o advogado confira execução a esquema ou actuação desenvolvido pelo cliente, por exemplo procedendo o advogado à redacção e celebração dos actos e contratos necessários à execução jurídica daquele esquema ou actuação, o advogado não fica submetido à obrigação de comunicação por se tratar da execução de actos próprios dos advogados e não lhe caber a iniciativa do esquema ou actuação cujos veículos jurídicos de execução elabora a pedido do cliente promotor. Nestas situações compete a este, se susceptível de ser considerado como promotor nos termos do decreto-lei, ou ao utilizador, nos demais casos, cumprir com a obrigação de comunicação.[54]

De referir ainda, que as próprias instituições financeiras podem inadvertidamente vir a ser consideradas como promotores em relação a determinados produtos financeiros disponibilizados ao balcão, no sentido que o elemento fiscal desses mesmos produtos é, em muitos casos, um elemento preponderante. Ao contrário por exemplo das regras britânicas, o decreto-lei não estabelece qualquer procedimento específico para os denominados *mass marketed schemes*, no sentido de excluir, preenchidas determinadas condições, a necessidade de notificação.

Outro aspecto do regime que não pode deixar de assinalar-se, em reforço do que já acima foi dito, reside no facto de à divulgação da estratégia ou esquema de planeamento por parte do promotor ou utilizador não corresponder qualquer dever de resposta pelas autoridades fiscais. Destarte, o contribuinte continua, por tempo indeterminado, sem saber se as autoridades fiscais rejeitam o esquema comunicado e, em consequência, que contra-medidas se propõe aplicar, nomeadamente no plano inspectivo ou no âmbito do *law making process*. No mínimo seria exigí-

---

[54] É expectável que surjam situações em que, seja por iniciativa do próprio promotor ou do utilizador, o advogado seja solicitado a proceder à comunicação em ordem a evitar a personificação das comunicações pelos próprios utilizadores. Estas situações de *inversão voluntária de promotor* embora não previstas pela lei poderão tornar-se inevitáveis no plano da prática profissional e de difícil controlo porquanto trata-se de demonstrar a quem coube efectivamente a iniciativa do esquema ou actuação comunicado.

Revista de Finanças Públicas e Direito Fiscal

vel que fosse aplicada aqui a solução já prevista ao nível do artigo 63º, n.º 8, do CPPT, e considerar tacitamente admitida a licitude do esquema uma vez decorrido determinado período de tempo sobre a comunicação realizada sem que a administração tributária sobre a mesma emita algum juízo de apreciação.

No plano da utilização da informação recebida dos promotores/ utilizadores, será talvez importante que as autoridades fiscais adoptem um conjunto de boas práticas em relação ao tratamento da informação disponibilizada no âmbito do presente decreto-lei. Segundo entendemos, apenas um código de conduta rigoroso pode, por exemplo, impedir a utilização da informação comunicada para accionar uma auditoria fiscal que leve à identificação da contraparte e consequentemente à identificação de outros utilizadores do esquema.[55]

O regime sancionatório estabelecido no decreto-lei revela-se, em nosso entender, manifestamente desproporcionado aos objectivos em causa nomeadamente quando comparado com as sanções cominadas noutros sistemas que seguem este regime de comunicação e que se enquadram em economias muito mais desenvolvidas do que a portuguesa.[56] Em alguns casos podemos estar perante uma situação em que diversas entidades podem ser consideradas promotores. Nesses casos, importa definir se esta multiplicidade desencadeia uma obrigação principal e uma obrigação subsidiária de comunicação e consequente minimização das penalidades para aquele consultor fiscal que, apesar de materialmente

---

[55] "Códigos de conducta en el orden tributario", José A. Rozas Valdés, Montserrat Casanella Chuecos y Pablo García Mexía, Instituto de Estudios Fiscales, 2006.

[56] A este respeito sublinhe-se que, de acordo com a informação que pudemos recolher (Paul White, "Tax Scheme Disclosure nd Registration Rules", in Derivatives and Financial Instruments, IBFD, March/April 2005, pag. 90 e seguintes), no Reino Unido as penalidades por falta de cumprimento da obrigação de comunicação de esquemas de planeamento podem ir até GBP 5 000 por infracção, e, em caso de continuação da omissão de comunicação, o Inland Revenue pode impor uma penalidade até GBP 600 por dia de atraso. Ainda assim, as penalidades não são aplicadas desde que o promotor ou utilizador tenham fundamentos razoáveis para a omissão ou para a desqualificação do esquema de planeamento como estando sujeito a comunicação. A mesma fonte informa que as penalidades aplicáveis nos EUA por falta de comunicação de uma operação sujeita são reduzidas prevendo-se, embora o seu agravamento em nova legislação pendente de aprovação.

envolvido no apoio fiscal à concretização da operação, não tem um papel preponderante na conclusão da transacção.

Por último, não podemos deixar de mencionar a incerteza jurídica que representa a norma transitória que se contém no decreto-lei e da qual resulta que as obrigações de comunicação se aplicam a esquemas de planeamento fiscal *em curso de realização* na data da entrada em vigor conferindo-se um prazo de dois meses para o cumprimento das mencionadas obrigações. Com base na mencionada norma transitória, que nem sequer define a anterioridade dos esquemas a reportar em relação à data da entrada em vigor reportando-se apenas ao conceito indeterminado de esquemas *em curso de realização*, a definição do perímetro de esquemas sujeitos a comunicação e dos sujeitos que à mesma ficam obrigados constitui um verdadeiro exercício de adivinhação, da qual resulta uma inadmissível insegurança jurídica. Como acontece em geral, e em particular no domínio da lei fiscal onde prepondera o princípio da legalidade, a lei apenas deve dispor para o futuro sendo essa a melhor forma de assegurar a certeza e segurança jurídicas da sua aplicação.

5. Conclusão

Em conclusão, o Decreto-Lei n.º 29/2008, assenta em realidades sócio-económicas e em tradições jurídicas diversas das europeias e, em particular, das portuguesas, põe em causa a confiança entre as autoridades fiscais e os contribuintes, constituindo mais um escolho ao desenvolvimento sustentável de uma política fiscal competitiva, ao mesmo tempo que chega a ferir princípios e direitos fundamentais dos cidadãos-contribuintes.

Apesar da relação de cooperação entre os serviços competentes e os promotores, no combate à fraude e à evasão fiscais, ser um dos objectivos principais do presente regime, parece-nos que para a cooperação se tornar uma realidade será necessário mais que uma política tipo *carrot and stick*, obviamente desmobilizadora de uma cooperação franca dos agentes económicos, em geral, e dos consultores, em particular. Urge a criação de um novo paradigma na relação entre o Estado, intermediado pela administração tributária, e os contribuintes que potencie o dever de cooperação destes mas em que ao Estado seja também cometido dever

Revista de Finanças Públicas e Direito Fiscal

equivalente, concretizado nomeadamente na instituição de prazos de resposta adequados às petições dos contribuintes, à atribuição de efeitos jurídicos ao silêncio do Estado em relação a essas petições, à instituição de uma justiça fiscal, administrativa e judicial, melhor equipadas e capazes de responder com celeridade. Estes são também elementos cruciais para a competitividade do País no contexto global em que se move.

Em nosso entender, a prioridade das opções do legislador deveria passar pelo reforço do regime legal das informações vinculativas no sentido de incentivar notificações voluntárias de determinadas transacções potencialmente abusivas, e pelo reforço dos meios humanos e materiais necessários para agilizar o funcionamento dessa importante ferramenta de certeza e segurança fiscais[57]. O reforço destes meios permitiria, não apenas, antever a posição das autoridades em relação a determinadas operações como, ainda, envolver o contribuinte num diálogo mais construtivo com o fisco, contribuindo de forma decisiva para a superação da crítica recorrente, que é dirigida pelos agentes económicos e pelos investidores, à total inércia da administração na resposta aos pedidos de informação vinculativa e a outros pedidos impostos pela lei para outros efeitos fiscais de relevante importância para aqueles.

É nossa firme convicção que o sistema fiscal português, a atravessar uma fase de evidente maturidade, não necessitava de uma medida como esta. E a economia nacional, também ela numa fase em que sobremaneira necessita de encontrar argumentos para vencer a dura batalha da competitividade, dispensava uma medida que, claramente em contra-ciclo com o bom desempenho da cobrança e da eficiência fiscal, vai contribuir para a insegurança dos investidores e para o desvio de investimentos e de capitais para outros territórios de investimento e ou de refúgio.

---

[57] Temos conhecimento de que estão em curso trabalhos preparatórios no sentido de avaliar eventuais modificações no regime das informações vinculativas. Sem prejuízo da importância que reveste uma adequada e completa regulamentação das informações vinculativas e a sua eventual integração com o regime da comunicação prévia agora aprovado, não podemos deixar de sublinhar que o grande desafio para que as informações vinculativas passem a ser um factor de incremento da competitividade fiscal, passa por dotar os serviços da administração tributária de recursos humanos e técnicos adequados.

Alexandra Pessanha
Guilherme Waldemar d'Oliveira Martins
Nuno Cunha Rodrigues

As implicações público-financeiras e concorrenciais do novo Código dos Contratos Públicos: Análise preliminar

Alexandra Pessanha

Mestre em Direito
Assistente da UAL

Guilherme Waldemar d'Oliveira Martins

Mestre em Direito
Assistente da FDUL

Nuno Cunha Rodrigues

Mestre em Direito
Assistente da FDUL

RESUMO

No momento em que se aproxima a entrada em vigor do Código dos Contratos Públicos (CCP), emergem dúvidas em áreas que interceptam determinados ramos de direito, como o direito financeiro e o direito da concorrência com aquele Código.

Se, numa determinada vertente, pode afirmar-se que o CCP assume uma dimensão essencialmente jus-administrativista, englobando a totalidade dos procedimentos de contratação até agora dispersos – nomeadamente os regulados pelos Decretos-Lei n.ºs 59/99, de 2 de Março e 197/99, de 8 de Junho -, juntamente com o regime substantivo dos contratos administrativos (cfr. artigos 278.º a 454.º), é certo que o CCP terá implicações mais extensas do que aquelas que aparentemente se podem configurar.

A presente revista tem uma natureza temática, associada ao estudo das Finanças Públicas e do Direito Fiscal.

Interessa-nos, por isso, lançar um breve olhar sobre o CCP nesta perspectiva temática, verificando em particular as implicações do CCP na realização da despesa pública por parte das entidades contratantes; na fiscalização exercida pelo Tribunal de Contas a esse propósito e, por último, no impacto jus-concorrencial que o CCP terá e que deve, necessariamente, ser considerado pelas entidades contratantes.

Palavras-chave:
Contratos Públicos
Finanças Públicas
Direito da Concorrência

ABSTRACT

As the coming into force of the Public Contracts Code approaches, doubts rise out in the areas of interception of this Code with certain branches of Law, such as the financial Law and the competition Law.

If in a certain way, we can affirm that the Public Contracts Code takes a dimension mainly administrative, including the totality of contract proceedings till now scattered – namely those regulated by Decree-Law no.59/99 of 2 of March and no.197/99 of 8 of June –, together with the material regime (Articles from 278 to 454), it's a fact that the Public Contracts Code will have more extensive implications than those apparently shapen.

This magazine is thematic, associated to the study of Public Finance and Tax Law.

Therefore, we're interested in taking a short glance over the Public Contracts Code in a thematic perspective, checking the implications of the Public Contracts Code in the handling of the public expenditure by the contracting entities, in the inspection pratised by the Court of Accounts to this purpose and, for last, in the concorrencial impact that the Public Contracts Code will have and that should be taken into consideration by the contracting entities.

Keywords:
Public Contracts
Public Finance
Competition Law

A. O Novo Código dos Contratos Públicos e a Lei da Estabilidade Orçamental

O novo Código dos Contratos Públicos, aprovado pelo Decreto-Lei n.º 18/2008, de 29 de Janeiro, reflecte, em primeiro lugar, o culminar de um conjunto de esforço tendentes à estabilidade das finanças públicas.

O impropriamente designado Pacto de Estabilidade e Crescimento foi adoptado, no âmbito da aplicação do artigo 104.º do TUE, para garantir a credibilidade do Euro e consta de dois Regulamentos do Conselho da União Europeia relativos ao reforço da supervisão das situações orçamentais e à clarificação da aplicação do procedimento sobre os défices excessivos, bem como de uma Resolução do Conselho, adoptada na Conselho Europeu de Amesterdão de 17 de Junho de 1997. Não se trata de um Pacto intergovernamental, mas de uma Resolução política e de dois instrumentos técnicos (Regulamentos CE nºs 1466/97 e 1467/97), que podem ser objecto de alteração[1].

---

[1] De acordo com os regulamentos, os países do Euro apresentarão programas de estabilidade, enquanto os países não participantes na UEM continuarão a apresentar programas de convergência. Em 1997 falou-se inicialmente apenas de um Pacto de Estabilidade, tendo, porém, prevalecido o ponto de vista segundo o qual o Crescimento económico não poderia ficar arredado ou esquecido. Nesse sentido, ainda que timidamente, foi incluída a referência ao crescimento e à criação de emprego.

Em finais de 2002, a Comissão Europeia, perante os sinais de abrandamento e de recessão económicos veio a considerar a necessidade de os regulamentos serem interpretados com inteligência e flexibilidade, tendo em consideração as necessidades de combate à recessão, de investimento e de criação de emprego, sem prejuízo do prosseguimento de um esforço de médio prazo para a redução sustentada da despesa corrente. A violação em 2003 do limite de 3 por cento para o défice orçamental pela França e pela Alemanha determinou uma proposta da Comissão de aplicação das sanções previstas, que o Conselho rejeitou. Perante este facto a Comissão suscitou junto do Tribunal de Justiça a apreciação da conformidade da decisão do Conselho relativamente aos Tratados da União Europeia. A nova Comissão europeia, investida no Outono de 2004 apresentou ao Conselho Europeu uma revisão dos regulamentos de 1997.

Assim, em 23 de Março de 2005 foram alterados os regulamentos de 1997 (através dos Regulamentos CE nºs 1055/2005 e 1056/2005, publicados a 27 de Junho de 2005), no sentido de um maior realismo e flexibilidade. Nenhum procedimento será levantado contra um Estado em caso de haver crescimento negativo ou de se estar num período prolongado de muito fraco crescimento, enquanto antes se exigia uma quebra de produto de pelo menos 2%. Por outro lado, um Estado que registe um défice excessivo temporá-

Estamos perante um determinado número de meios que visam salvaguardar a solidez das finanças públicas na terceira fase da União Económica e Monetária, de forma a reforçar as condições para a estabilidade de preços e a garantir um crescimento sustentável conducente à criação de emprego. O objectivo visado de médio prazo é, assim, o de alcançar posições orçamentais próximas do equilíbrio ("close to balance") ou excedentárias, que permitirão aos Estados membros enfrentar as flutuações cíclicas normais, mantendo o défice público abaixo do valor de referência de 3% do PIB. No caso de persistência de défice superior a 3% do PIB, não sendo a situação considerada excepcional e temporária, o país fica sujeito a sanções pecuniárias, que podem assumir a forma de uma multa de montante até 0,5% do PIB.

O ordenamento português recebeu o mencionado Pacto de Estabilidade e Crescimento através da chamada Lei de Estabilidade Orçamental (Lei n.º 2/2002, de 28 de Agosto), que introduziu na Lei de Enquadramento Orçamental (LEO)[2] o Título V, que integra os artigos 82.º a 92.º. Mais especificamente, o artigo 84.º da LEO contém três novos princípios orçamentais que iremos analisar sumariamente: a estabilidade orçamental, a solidariedade recíproca e a transparência orçamental.

---

rio, próximo do valor de referência de 3% poderá invocar uma série de "factores pertinentes", que evitam o desencadear do procedimento, ligados ao crescimento potencial, ao ciclo económico, à concretização de reformas económicas (aposentação, segurança social), às políticas de investigação e desenvolvimento e aos esforços orçamentais com efeito a médio prazo.

[2] Publicada no Diário da República, n.º 192, Série I-A, de 20 de Agosto de 2001; Republicada no Diário da República, n.º 198, Série I-A, de 28 de Agosto de 2002 (página 6072), com as alterações introduzidas pela Lei Orgânica n.º 2/2002 (Lei da Estabilidade Orçamental), de 28 de Agosto, da Assembleia da República; Publicada a segunda alteração no Diário da República, n.º 150, Série I-A, de 2 de Julho de 2003 - nova redacção dada ao artigo 35.º (prazo de entrega da Proposta de Lei do OE na Assembleia da República); Publicada a terceira alteração no Diário da República, n.º 199, Série I-A, de 24 de Agosto de 2004 - Lei n.o 48/2004 de 24 de Agosto.

a) *A estabilidade financeira*

Do ponto de vista positivo, a estabilidade[3] é uma forma mais restritiva de equilíbrio financeiro. Ou melhor, pressupõe a manutenção do

---

[3] Não confundamos estabilidade orçamental com a consolidação temporal financeira. Acrescente-se que, de acordo com o que tem constado do relatório (mais concretamente no Capítulo Primeiro, dedicado à política orçamental e fiscal para o ano) dos orçamentos do Estado apresentados desde a entrada em vigor da presente LEO, quase paradoxalmente, a estabilidade financeira associada aos ciclos, perdeu um instrumento valioso: o instrumento da compensação. No entanto, assistiu-se, no final da década de 70 do século passado, ao surgimento de uma nova garantia da estabilidade financeira através daquilo que se chama de consolidação orçamental. Consolidar significa tornar sólido, firme, estável, firmar, fortalecer ou, no mesmo sentido tornar firme uma situação, um estado. Evidencia-se, assim, um conceito dinâmico, por oposição ao carácter estático, que não admite oscilações, por obviar a uma mera igualdade e proporção entre receitas e despesas.

Desde 1978 que vinte e quatro países membros da OCDE(a saber, Alemanha, Austrália, Áustria, Bélgica, Canadá, Coreia, Dinamarca, Espanha, Estados Unidos, Finlândia, França, Grécia, Holanda , Islândia, Irlanda, Itália, Japão, Luxemburgo, Nova Zelândia, Noruega, Portugal, Reino Unido, Suécia e Suíça) determinaram que a consolidação orçamental basear-se-ia na determinação de episódios, com ou sem oscilações, tendo em vista a firmeza financeira de uma economia.

De acordo com a definição mecânica apresentada considera-se que se verifica um episódio de consolidação orçamental sempre que se cumpram três etapas consecutivas:

a. Num momento inicial, o saldo primário ajustado ao ciclo melhore (ou seja, tenda para o equilíbrio ou superavit) pelo menos um ponto percentual em termos de Produto Interno Bruto, durante um ano, ou meio ponto percentual, no primeiro dos dois anos, durante um período de dois anos;

b. Num momento intermédio, o referido saldo primário ajustado ao ciclo tem de apresentar melhorias sucessivas. Admite-se, no entanto, interrupções neste progresso, desde que a deterioração saldo primário ajustado ao ciclo não exceda 0,3% do PIB e uma vez compensada em 0,5%, de melhoria, no ano seguinte;

c. Num momento final, representativo do termo do episódio, sempre que o saldo primário ajustado ao ciclo páre de melhorar, ou apresente melhorias inferiores a 0,2% do PIB e com deterioração manifesta nos períodos seguintes.

Tendo em conta o conceito mecânico apresentado, podemos ainda retirar duas realidades. Por um lado, enquanto a dimensão da consolidação orçamental é medida pelas mudanças positivas do saldo primário ajustado ao ciclo, em termos de percentagem do PIB, já a intensidade resulta da dimensão dividida pela duração do episódio, em termos de períodos orçamentais. Sobre o assunto, consultar Harold M. Somers – Public Finance

equilíbrio sem perdas. Ora, o equilíbrio sem perdas depende da capacidade de financiamento de uma entidade. A capacidade de financiamento de uma entidade está ligada ao nível de endividamento, que não pode exceder as receitas ordinárias (como as receitas tributárias e as receitas patrimoniais).

A estabilidade orçamental tem, assim, duas vertentes:

a) a vertente pública – que assume que nela estão apenas incluídos os entes que incorporam as Administrações Públicas, que são financiados maioritariamente por receitas unilaterais, situadas fora de uma lógica de mercado;

b) a vertente privada – que assume que nela estão incluídos os entes que não participam no livre jogo da oferta e da procura, que norteia, por sua vez, os preços economicamente significativos.

A estabilidade só se torna por si uma garantia da disciplina financeira, se forem conjugados três elementos:

A. a flexibilidade, por forma a legitimar as políticas contracíclicas, sempre que sejam necessárias;

B. a credibilidade e a solidariedade recíproca orgânica, no sentido de assegurar a permanência das referidas regras;

C. a transparência, de maneira que seja fácil de monitorizar e difícil de manipular.

A flexibilidade e a credibilidade são amiúde elementos conflituantes, contudo. A credibilidade exige rigidez. No entanto, uma regra demasiadamente rígida pode tornar a sua aplicação insustentável. Pensemos numa regra financeira de estabilidade que dá uma grande ênfase no combate ao défice, ignorando não só os efeitos potenciais de choques

---

and National Income, Philadelfia, The Blackstone Company, 1949; Paulo de Pitta e Cunha – Expansão e Estabilidade, Lisboa, 1972; Richard M. Lindholm – Introduction to Fiscal Policy, New York: Pitman Publishing Corp., 1948; Rudiger Ahrend, Pietro Catte e Robert Price – "Interactions between monetary and fiscal policy: How monetary conditions affect fiscal consolidation", Economics Departement Working Papers n.º 521, 2006; Stéphanie Guichard, Mike Kennedy, Echkard Wurzel e Christophe André – "What promotes fiscal consolidation: OECD country experience", Economics Departement Working Papers n.º 553, 2007.

Revista de Finanças Públicas e Direito Fiscal

do ciclo económico, como também, podendo acentuar as políticas financeiras pró-cíclicas. Por outro lado, uma regra dirigida exclusivamente a uma política financeira contracíclica, não está desenhada para garantir a sustentabilidade da dívida no longo prazo, podendo ser insustentável e, ao mesmo tempo, não credível. Uma boa regra, que garanta a flexibilidade e a credibilidade terá de facilitar a operatividade dos estabilizadores automáticos, bem como evitar o agravamento do défice.

O Conselho de Coordenação Financeira do Sector Público Administrativo, funcionando como um órgão fundamentalmente paritário, de natureza consultiva, é o guardião da estabilidade, que tem como objectivos fundamentais não só apreciar a adequação dos diversos orçamentos do sector público administrativo à evolução da economia e às vinculações externas, como também promover a articulação entre esses orçamentos. O seu âmbito de competências vê-se alargado pelos artigos 5.º da LFL e, indirectamente, pelo Conselho de Acompanhamento das Políticas Financeiras, previsto no artigo 11.º da LFRA.

b) A solidariedade recíproca e as regras orçamentais
   de tipo numérico

A aplicabilidade da lei de estabilidade aos vários orçamentos do Sector Público Administrativo realça aquilo que a prática administrativa chama de regras orçamentais de tipo numérico, como garantia da solidariedade entre as várias entidades decisoras, estaduais e infra-estaduais. Refira-se, a este propósito, que no relatório *Public Finances in EMU* de 2006, a Comissão Europeia levou a cabo, em articulação com os Estados membros, um levantamento exaustivo das regras orçamentais de tipo numérico existentes nos diversos países. No caso português foram identificadas duas inicialmente, ambas incidindo sobre saldos orçamentais:

a) uma relativa às autarquias locais, e
b) outra aos fundos e serviços autónomos (artigo 25.º da LEO).

Contudo, as novas leis financeiras aplicáveis à Administração Regional e Local, recentemente aprovadas pela Assembleia da República, vieram modificar a natureza da regra aplicável aos municípios (instituindo uma regra de dívida, e não de saldo) e criar uma nova regra

Artigos

de saldo orçamental incidindo sobre as Regiões Autónomas e sobre as Autarquias Locais[4].

---

[4] Mais complexa se apresenta a regra de tipo numérico aplicável ao Sector Público Empresarial. Prevê o n.º 2 do artigo 13.º do Decreto-Lei n.º 558/99, de 17 de Novembro, na redacção dada pelo Decreto-Lei n.º 300/2007, de 23 de Agosto, que *"o endividamento ou assunção de responsabilidades de natureza similar fora do balanço, a médio-longo prazo, ou a curto prazo, se excederem em termos acumulados 30 % do capital e não estiverem previstos nos respectivos orçamento ou plano de investimentos, estão sujeitos a autorização do Ministro das Finanças e do ministro responsável pelo sector ou da assembleia geral, consoante se trate de entidade pública empresarial ou de sociedade, respectivamente, tendo por base proposta do órgão de gestão da respectiva empresa pública"*.

Trata-se de uma regra de tipo numérico para o Sector Público Empresarial que obriga a que a dívida (dentro e fora do balanço) não possa exceder, em termos acumulados 30% do capital.

Pretende abranger esta norma, em termos mais amplos, os passivos, como "obrigação presente da entidade proveniente de acontecimentos passados, da liquidação da qual se espera que resulte um exfluxo de recursos da entidade incorporando benefícios económicos"/.

Tendo em conta, contudo, que, no universo dos passivos, os acréscimos e diferimentos não são dívida, temos de restringir o conceito apresentado ao conceito de dívida financeira, que inclui as dívidas a instituições bancárias, empréstimos obrigacionistas e dívidas por contratos de leasing, abrangendo também quer a dívida financeira negociável, quer a não negociável, isto é, tendo em conta que a primeira é livremente transmissível e que a segunda tem uma transmissibilidade reduzida ou até mesmo nula.

Assim, em regra, a referida dívida financeira, cumulativamente:

a) Não poderá exceder, em termos acumulados, 30% do capital;

b) Deverá estar prevista no respectivo orçamento ou plano de investimento.

Excepcionalmente, poderão os referidos limites e/ou previsão orçamental ser ultrapassados por autorização expressa do Ministro das Finanças e da tutela do sector, ou da Assembleia-geral, consoante se trate de Entidade Pública Empresarial ou sociedade, respectivamente.

Acresce ainda que o legislador não se refere só à dívida financeira, mas também às responsabilidades fora do balanço, implicando aqui um dever especial de informação e registo das referidas operações, em nome da transparência e clareza financeira.

Ademais, conjugados os vários conceitos, interessa clarificar que o legislador quando se refere ao capital, implica o capital em dívida, o que quer significar que a mencionada regra numérica vem limitar que as responsabilidades fora do balanço não possam exceder 30% dos passivos registados.

Ora, conjugando o artigo 13.º com o disposto no artigo 7.º, do mesmo diploma, parece evidente que o apuramento dos passivos financeiros/dívida financeira submetidos

Revista de Finanças Públicas e Direito Fiscal

Assim, em matéria de regras orçamentais de tipo numérico aplicáveis a este artigo, temos a regra de saldo orçamental para as Regiões Autónomas. A nova LFRA determina a fixação anual pela Lei do Orçamento do Estado, com base em conceitos compatíveis com a contabilidade nacional, de limites máximos ao endividamento das Regiões Autónomas, os quais deverão impedir que o serviço da dívida (juros e amortizações) ultrapasse 25% das receitas correntes do ano anterior (com exclusão das transferências e comparticipações do Estado).

Apesar de a fixação de limites anuais ao endividamento por remissão para o Orçamento do Estado já se encontrar contemplada na LFRA anterior (Lei n.º 13/98, de 24 de Fevereiro), a nova Lei introduz ou reforça elementos conducentes a um cumprimento sistemático daqueles limites. Assim, são aperfeiçoados os mecanismos de acompanhamento e controlo, consagrando na própria LFRA deveres de informação e sanções pelo seu incumprimento até agora apenas inscritas em legislação orçamental de horizonte anual, e co-responsabilizando os serviços regionais de estatística pelo apuramento do saldo e da dívida regionais. São também confirmadas, face à Lei de Enquadramento Orçamental, sanções predefinidas em caso de violação dos limites de endividamento – consubstanciadas numa redução nas transferências do Estado, no ano subsequente ao incumprimento, de montante igual ao excesso de endividamento verificado.

A disciplina decorrente de regras de saldo orçamental aplicáveis à ARL é em geral favorecida pela transparência que rodeia as receitas daquele subsector, bem como pela plena responsabilização do mesmo relativamente à dívida que emite. Ambas as vertentes se encontram acauteladas na nova LFRA. Para além de aprofundar o princípio de atribuição às regiões das receitas fiscais nelas geradas, a Lei introduz limites

---

à referida regra numérica deverá reger-se pelo direito privado, porquanto não há nada disposto em contrário, imperativa ou supletivamente.

O problema levanta-se, contudo, porquanto estamos dentro do sector público. E, como tal, há necessidade de ajustar os critérios de contabilização empresarial privada/ pública com as contas nacionais, para efeitos de aplicação de regras harmonizadas aplicáveis a todos os Estados membros da UE, tendo em vista a aplicação do concreto do Protocolo sobre o procedimento relativo aos défices excessivos (PDE) anexo ao Tratado que institui a Comunidade Europeia, aprovado pelo Regulamento (CE) n.º 3605/93, do Conselho, de 22 de Novembro de 1993.

ao crescimento das transferências do Estado para as Regiões (conducentes a uma gradual redução do respectivo peso face ao PIB), e prevê uma diminuição dos montantes transferidos a título de Fundo de Coesão à medida que as Regiões convirjam para o PIB per capita médio do país.

Quanto à regra de dívida para os municípios, a nova LFL estabelece um limite de endividamento aplicável individualmente a cada município. Este limite recai sobre o conceito de endividamento líquido municipal (definido em termos compatíveis com o SEC95 e correspondente à diferença entre a soma dos passivos – qualquer que seja a sua forma – e a soma dos activos), que não poderá exceder, no final de cada ano, 125% das receitas municipais relativas ao ano anterior. De forma complementar, são ainda definidos limites, também em percentagem das receitas, para os empréstimos a curto prazo e aberturas de crédito, e para os empréstimos a médio e longo prazo. A nova Lei introduz assim, na terminologia das regras orçamentais de tipo numérico, uma regra de dívida.

c) *A transparência financeira*

A transparência financeira[5] constitui o meio mais eficaz de racionalização da gestão financeira por força do constrangimento que representa a exposição pública dos actos de gestão dos dinheiros públicos e permitem efectivar a responsabilidade política[6] pela prática de actos financeiros.

---

[5] Não confundamos a transparência financeira com a publicidade dos actos normativos, resultante da aplicação do artigo 119.º da CRP, que reconduz-nos ao princípio da publicidade orçamental. A transparência financeira implica uma relação de dois planos: (1) um plano interno, que engloba um determinado conjunto de obrigações aplicáveis a todo o Sector Público Administrativo; e (2) um plano externo, que releva a relação entre o Sector Público Administrativo e o resto da economia. Em ambas as situações, resulta a efectivação da responsabilidade política.

[6] A responsabilidade política não tem qualquer aplicação prática, pelo menos do ponto de vista de sanções legalmente tuteladas. No entanto, discute-se, um pouco por todos os países da OCDE, que na fase da execução deve caber lugar para a criação de consequências legais decorrentes do aprofundamento da transparência financeira e do aperfeiçoamento dos mecanismos de controlo disponíveis. A este propósito, debate-se

Revista de Finanças Públicas e Direito Fiscal

A estabilidade está associada, muito frequentemente, ao princípio da transparência, na medida em que o orçamento e a conta deverão conter a informação suficiente para verificação dessa situação de equilíbrio financeiro sem perdas. O alcance efectivo da transparência dependerá, contudo, de desenvolvimento regulamentar posterior. Este carácter programático do princípio não impede, no entanto, de podermos defender que a transparência financeira pode servir de auxiliar para a uniformização conceptual de duas realidades:

a) a adaptação da estrutura do sistema contabilístico público vigente à organização institucional constante dos orçamentos aprovados;
b) a criação de critérios válidos quantitativos que permitam identificar uma forma de conversão de sistemas contabilísticos, sempre que, por força das imposições externas, possa resultar a sobreposição de dois sistemas contabilísticos (como a contabilidade pública e a contabilidade nacional).

Para os efeitos de aplicação das medidas de estabilidade foi criado o chamado controlo global e sistemático e, para tal, podemos encontrar no n.º 2 do artigo 65.º um procedimento que cumpre os quatro pilares em que assenta este tipo de controlo, que são, como já se disse, em sede própria:

a) Informação – apuramento permanente dos elementos relativos a essa execução;
b) Detecção e análise – de desvios dos valores previstos e apurados;

---

sobre a utilidade das garantias orçamentais (budget institutions) nos ordenamentos financeiros. As garantias orçamentais terão espaço em três grandes fases do procedimento orçamental, a saber: a preparação do orçamento, a fase legislativa e a fase da execução.

É na fase da execução que faria todo o sentido criar mecanismos de demissão política dos titulares dos cargos que não cumprissem as metas específicas em matéria de défice, arrecadação de receitas ou realização de despesas. Ora, juntamente com a garantia da transparência financeira, estas regras, com um determinado grau de detalhe (pense-se o caso em que se prevê que o Ministro das Finanças não poderá gastar, no período orçamental, mais do que 5% da despesa orçamentada originariamente, cumpridos os procedimentos exigidos em matéria de alterações orçamentais), impediriam a criatividade orçamental que por vezes pode surgir.

163

Artigos

c) Correcção – formulação de propostas de correcção e de racionalização da execução orçamental;
d) Cooperação – tendo em vista o melhor desempenho das funções que são cometidas a cada um dos serviços.

É neste triplo quadro, próprio das novas Finanças Públicas, de estabilidade, solidariedade e transparência que estamos em condições de apreciar os reflexos imediatos do novo CCP na intervenção do Tribunal de Contas, como garante da fiscalização financeira e no Direito da Concorrência.

B. O Tribunal de Contas e a contratação pública

Dois são os motivos fundamentais que nos levam a considerar no âmbito do presente artigo a fiscalização da actividade contratual pública desenvolvida pelo Estado e demais entidades públicas e entes privados. O primeiro é o de que não se pode dissociar a gestão financeira pública da vertente do controlo, especialmente no actual contexto de mudança da própria concepção de Estado e das tarefas públicas, onde princípios como o da responsabilidade financeira, o da transparência na utilização dos dinheiros públicos ou do controlo da boa administração ganham centralidade decisiva. Em segundo, o interesse e a actualidade que o tema reveste, especialmente se tivermos presente a 4ª alteração à Lei de Organização e Processo do Tribunal de Contas[7], operada pela Lei n.º 48/2006, de 29 de Agosto, que algumas novidades relevantes trouxe neste domínio[8].

É sintomático que nenhum dos motivos invocados se prende com a publicação e a entrada em vigor do novo Código da contratação, o que significa que a actividade de controlo externo desenvolvida pelo

---

[7] Aprovada pela Lei n.º 98/97, de 26 de Agosto.

[8] Para uma análise mais genérica da reforma operada por esta lei, vd. GUILHERME D' OLIVEIRA MARTINS, *A reforma do Tribunal de Contas em 2006,* ed. Tribunal de Contas, Lisboa, 2006; "As Grandes Linhas da Reforma do Tribunal de Contas", *in Revista da Administração Local,* nº 214, Jul/Ago., ano 29, 2006, pp. 427-432.

Revista de Finanças Públicas e Direito Fiscal

Tribunal é indiferente aos diversos enquadramentos jurídico-financeiros, sendo apenas estes relevantes na parte em que o Tribunal deve zelar pelo seu cumprimento.

Vejamos então em que medida a actividade contratual pública é fiscalizada pelo Tribunal de Contas, considerando, em especial, a assinalada reforma em 2006. Antes, porém, será importante que visionemos, ainda que genericamente, as atribuições e competências deste órgão de soberania em matéria de controlo financeiro.

a) A função de controlo financeiro

Deve começar por sublinhar-se que as atribuições legalmente cometidas ao Tribunal de Contas correspondem à necessidade de assegurar o controlo financeiro dos dinheiros públicos, das receitas e das despesas públicas e do património público, tendo em vista «a conformidade do exercício da actividade de administração daqueles recursos com a Ordem Jurídica, julgando, sendo caso disso, a responsabilidade financeira inerente»[9].

Para a prossecução de tais atribuições, a Lei definiu a competência material do Tribunal de Contas com base no conceito de dinheiros ou valores públicos, em termos tais que não permite excluir a sua utilização, seja a que título for e ainda que meramente ocasional, da jurisdição do Tribunal, ou seja, do seu campo de actuação[10].

Assim se compreende que seja muito vasto o universo de entidades sujeito à actuação do Tribunal, englobando, em geral, todas as entidades que tenham a seu cargo a gestão de dinheiros ou valores públicos independentemente da sua natureza ou qualificação jurídicas.

Em bom rigor, a jurisdição do Tribunal de Contas engloba hoje não apenas as entidades que fazem parte do Sector Público Administrativo (Estado e seus serviços; Regiões Autónomas e seus serviços; Autarquias

---

[9] JOSÉ TAVARES, Do visto, em especial. Conceito, natureza e enquadramento na actividade de administração, Almedina, Lisboa, 1998, pp. 45.

[10] Já 1996 Sousa Franco afirmava o mesmo, a propósito do "Projecto de Lei de Bases do Tribunal de Contas", in Revista do Tribunal de Contas, n.º 25, t. II, Lisboa, 1996, pp. 58.

Locais, suas associações ou federações e respectivos serviços e, ainda, áreas metropolitanas; institutos públicos e instituições de segurança social), ou as que integram o Sector Público Empresarial (empresas públicas; sociedades de capitais exclusivamente públicos, constituídas pelo Estado, por outras entidades públicas ou por ambos em associação; sociedades comerciais em que se associem capitais públicos e privados, nacionais ou estrangeiros, desde que a parte pública detenha de forma directa a maioria do capital ou controle de forma directa a respectiva gestão), mas igualmente um outro conjunto muito vasto e heterogéneo de entidades, a saber:

- As empresas concessionárias (concessionárias da gestão de empresas públicas, concessionárias de sociedades de capitais públicos; concessionárias de sociedades de economia mista controladas, pelo capital ou pela gestão; concessionárias de serviços públicos);

- As empresas gestoras de serviços públicos;

- As associações públicas (de entidades públicas ou de entidades públicas e privadas, maioritariamente financiadas por entidades públicas ou sujeitas ao seu controlo de gestão);

- As fundações de direito privado que recebam, anualmente, com carácter de regularidade, fundos provenientes do Orçamento do Estado ou das autarquias locais, no tocante apenas à utilização desses fundos;

- As entidades de qualquer natureza, que tenham participação de capitais públicos ou sejam beneficiárias, a qualquer título, de recursos financeiros públicos, incluindo os provenientes do Orçamento das Comunidades Europeias, tendo em vista o controlo da sua aplicação.

Conforme se pode verificar, a área de actuação do Tribunal de Contas abarca «*todos os domínios da actividade financeira pública*, bem como todas as *entidades e seus gestores* tanto do *SPA*, como do *SPE*; e, ainda, todas as demais entidades, independentemente da sua natureza ou inserção no Sector Público, que sejam financiadas ou controladas ao nível da gestão por entidades públicas, ou sejam beneficiárias, a qual-

Revista de Finanças Públicas e Direito Fiscal

quer título, de dinheiros ou outros valores públicos ou tenham participação de capitais públicos»[11].

Contudo, e embora seja este o âmbito actual da jurisdição do Tribunal de Contas, são de âmbito e extensão diferentes os poderes que o Tribunal tem sobre as referidas entidades. Essa diferença faz-se hoje sentir já não ao nível do exercício da função jurisdicional, mas apenas no que respeita à função de controlo financeiro.

O quadro dos poderes que neste domínio o Tribunal de Contas detém é tradicionalmente apresentado segundo o critério do *momento do exercício da fiscalização ou controlo,* nos seguintes termos:

– Poderes de fiscalização prévia;
– Poderes de fiscalização concomitante;
– Poderes de fiscalização sucessiva ou *a posteriori.*

A fiscalização prévia «tem por fim verificar se os actos, contratos ou outros instrumentos geradores de despesa ou representativos de responsabilidades financeiras directas e indirectas estão conformes com as leis em vigor e se os respectivos encargos têm cabimento em verba orçamental própria»[12].

Apesar desta formulação demasiado ampla, deve ter-se presente que, em nome do princípio da redução e substituição progressiva da fiscalização prévia pela denominada fiscalização concomitante, nem todos os actos geradores de despesa estão sujeitos a visto mas somente os tipificados no artigo 46.º e, de entre estes, aqueles cujo valor se situe acima do limiar fixado anualmente na Lei do Orçamento do Estado[13], a saber:

– Os actos de que resulte aumento da dívida pública fundada;
– Os actos que modifiquem as condições gerais de empréstimos visados;
– Os contratos de obras públicas;
– Os contratos de aquisição de bens e serviços;
– Outras aquisições patrimoniais que impliquem despesa.

---

[11] CARLOS MORENO, *O sistema nacional de controlo financeiro. Subsídios para a sua compreensão,* UAL, Lisboa, 1997, pp. 312.

[12] N.º 1 do art. 44º da Lei n.º 98/97.

[13] Assim determina o artigo 48.º da Lei do Tribunal.

Deste universo há ainda que excluir os actos e contratos abrangidos pelo regime de dispensa constante do artigo 47.º, de que se destaca, em face das últimas alterações à Lei do Tribunal, os contratos adicionais aos contratos visados. Sublinhe-se, no entanto, que tais contratos continuam a ter que ser remetidos ao Tribunal, no prazo de 15 dias a contar do início da sua execução[14].

Quanto ao universo de entidades abrangido pela fiscalização prévia, há igualmente que registar algumas novidades. Assim, e para além das entidades que integram o SPA, estão agora igualmente subordinadas a esta forma de fiscalização os actos e contratos celebrados por quaisquer outras entidades públicas ou privadas criadas para o desempenho de funções tipicamente administrativas e cujos encargos sejam suportados por dinheiros públicos oriundos da entidade criadora (artigo 5.º, n.º 1, al. c)).

Por seu lado, a fiscalização concomitante traduz o acompanhamento da execução de actos, contratos, orçamentos, programas e projectos e, em geral, da actividade financeira exercida antes do encerramento da respectiva gerência. A esta modalidade de fiscalização estão sujeitas todas as entidades indicadas no artigo 2º do diploma em análise, ou seja, quer as entidades que integram o SPA, quer as que fazem parte do SPE, bem como as demais entidades que tenham a seu cargo a gestão de recursos públicos.

Há, contudo, que estabelecer uma destrinça entre os poderes de fiscalização concomitante cometidos à 1ª Secção e os que são exercidos pela 2ª Secção.

Quanto à 1ª Secção, a Lei atribui-lhe o poder de fiscalizar a execução de contratos visados e os que nos termos da lei são dispensados de visto, quer força da sua natureza, como é o caso dos contratos de pessoal, quer pelo seu valor, atento o limiar anualmente fixado na Lei do Orçamento do Estado, quer ainda por força de deliberação do próprio Tribunal, de acordo com o disposto no artigo 38.º, n.º 1, al. c).

No que respeita à 2ª Secção, os seus poderes de fiscalização concomitante decorrem da faculdade que lhe é reconhecida de a qualquer momento, ou seja, antes ou depois do encerramento da gerência, poder

---

[14] Nos termos do artigo 47.º, n.º 2.

Revista de Finanças Públicas e Direito Fiscal

realizar auditorias, por sua iniciativa ou a solicitação do Governo ou da Assembleia da República.

No âmbito da fiscalização sucessiva ou *a posteriori*, exercida depois de terminado o exercício ou a gerência e elaboradas as contas anuais, os poderes do Tribunal são bem mais amplos, consubstanciando as seguintes formas de controlo:

- Apreciação da execução do Orçamento do Estado e das Regiões Autónomas, mediante a elaboração de pareceres sobre as respectivas Contas[15];
- Realização de auditoria de contas às contas das entidades sujeitas à sua jurisdição (e não de todas mas apenas daquelas que o Tribunal decidir examinar em cada ano) [16];
- Realização de auditorias de gestão à actividade financeira desenvolvida por qualquer das entidades referidas no artigo 2º [17];
- Verificação interna de contas restrita «a análise e conferência da conta apenas para demonstração numérica das operações realizadas que integram o débito e o crédito da gerência»[18].

Feito este breve enquadramento da função de controlo financeiro, estamos agora em condições de melhor perceber quais os poderes de fiscalização que o Tribunal dispõe sobre a contratação pública e de que modo exerce tais poderes.

b) *A fiscalização dos contratos públicos*

De tudo quanto se disse, fica claro que a fiscalização dos contratos públicos poderá ocorrer quer em sede de fiscalização prévia, quer no âmbito da fiscalização concomitante, pela 1ª ou 2ª Secções, quer ainda no domínio da fiscalização sucessiva.

A primeira questão que se poderá colocar e que cumpre clarificar é a de saber se não estaremos perante a possibilidade de existir uma

---

[15] Cfr. als. a) e b) do n.º 1 do art.º 5º da Lei n.º 98/97.

[16] Cfr. al. d) do n.º 1 do art.º 5º, e art.ºs 40º e 54º da Lei n.º 98/97.

[17] Cfr. als. f) e g) do n.º 1 do art.º 5º e art.º 55º, ambos da Lei n.º 98/97.

[18] Nos termos do art.º 53º da Lei n.º 98/97.

duplicação de controlos financeiros quando incidente sobre a mesma realidade jurídico-contratual. A resposta a esta questão não pode deixar de ser negativa. Senão vejamos.

Tal como decorre da Lei, a fiscalização prévia constitui um exame prévio da legalidade do contrato e do cabimento orçamental da despesa, por via do qual se pretende garantir, designadamente, a observância dos procedimentos contratuais legalmente estabelecidos para o caso em apreço e do regime a que está subordinado o processo de autorização das despesas (conformidade legal, regularidade financeira, economia, eficiência e eficácia). Para efeitos de exercício desta competência, as entidades remetem os seus actos e contratos ao Tribunal, que conclui a sua intervenção proferindo decisão que poderá consubstanciar declaração de conformidade ou de visto, recusa de visto ou de concessão de visto com recomendações.

A fiscalização concomitante realizada pela 1ª Secção, por seu lado, é exercida com recurso a métodos e técnicas de auditoria, por iniciativa do Tribunal ou a solicitação da Assembleia da República ou do Governo, com o objectivo de verificar em que medida as operações de execução dos actos e contratos estão conformes à lei. Tratando-se de instrumento jurídico-financeiro que não foi objecto de fiscalização prévia, pelas razões já por nós identificadas, é natural que o Tribunal proceda a uma exame preliminar dos aspectos que teriam constituído o objecto do controlo prévio. Ainda assim, não existe duplicação de controlos financeiros, uma vez que o âmbito de incidência da fiscalização concomitante é não só diferente, uma vez que estamos em sede de avaliação de uma fase posterior da vida do acto ou contrato em causa (a sua execução), como é mais abrangente. Assim resulta claramente da Lei do Tribunal, bastando comparar o artigo 44.º que, a propósito da finalidade do visto, prevê que "*A fiscalização prévia tem por fim verificar se os actos, contratos ou outros instrumentos geradores de despesa ou representativos de responsabilidades financeiras directas ou indirectas estão conformes às leis em vigor e se os respectivos encargos têm cabimento em verba orçamental própria*", com o artigo 54.º, n.º 3[19], do qual se extrai um âmbito de incidência em sede de concomitante que extravasa a verifica-

---

[19] Aplicável às auditorias realizadas no âmbito da fiscalização concomitante, por remissão do artigo 55.º, n.º 2.

Revista de Finanças Públicas e Direito Fiscal

ção da legalidade subjacente ao próprio acto ou contrato, nela cabendo não apenas o juízo sobre a legalidade e regularidade das operações examinadas, mas também a apreciação da economia, eficiência e eficácia da gestão financeira da entidade auditada, o que pressupõe a análise de um conjunto de aspectos que não são avaliados em sede de visto, de que é exemplo a avaliação dos sistemas de controlo interno.

Ultrapassada esta questão prévia, importa agora observar como opera a fiscalização prévia do Tribunal.

A instrução dos processos para fiscalização prévia deve realizar-se nos termos definidos pelo próprio Tribunal, constantes actualmente da Resolução n.º 13/2007[20]. Por que os actos e contratos podem produzir todos os seus efeitos antes do visto, à excepção dos efeitos financeiros, a lei estabelece um prazo de remessa ao Tribunal, cuja inobservância faz incorrer o infractor em responsabilidade sancionatória[21]: 20 dias a contar do início da produção de efeitos, admitindo-se a sua prorrogação por decisão do Presidente do Tribunal até 45 dias, a solicitação dos serviços interessados, desde que exista razão que o justifique. Por seu lado, o Tribunal dispõe de 30 dias úteis a contar da data do registo de entrada do processo para emitir uma decisão[22], findo o qual se formará visto tácito.

Nos termos do artigo 44.º, n.º 3, constitui fundamento da recusa do visto a desconformidade com as leis em vigor, que implique:

a) Nulidade;
b) Encargos sem cabimento em verba orçamental própria ou a violação directa de normas financeiras;

---

[20] Publicada no DR., II Série, 23 de Abril de 2007.

[21] Nos termos do artigo 66.º, o Tribunal pode aplicar multas "pela inobservância dos prazos legais de remessa ao Tribunal dos processos relativos a actos ou contratos que produzam efeitos antes do visto". Refira-se que esta competência que antes da Lei n.º 48/2006 era exercida pela 3ª Secção do Tribunal, passou agora para a esfera das 1ª e 2ª Secções, consoante os casos (cf. artigos 77.º, n.º 4, e 78.º, n.º 4, al. e)). Quanto à multa, é graduada pelo Tribunal considerando os limites mínimo e máximo fixados na lei (artigo 66.º, n.º 2) e as circunstâncias que rodearam a infracção (artigo 67.º).

[22] Este prazo será suspenso em caso de devolução à entidade remetente com vista à realização de diligências instrutórias (artigo 81.º, n.º 1). Neste caso, e tratando-se de acto que produza efeitos antes do visto, o processo devolvido deve ser novamente remetido ao Tribunal no prazo de 20 dias.

Artigos

c) Ilegalidade que altere ou possa alterar o respectivo resultado financeiro.

Conforme se pode observar, qualquer das causas referidas se funda na prática de acto contrário à lei. Contudo, na situação prevista na al. c), pode o Tribunal, mediante decisão fundamentada, *"conceder o visto e fazer recomendações aos serviços e organismos no sentido de suprir ou evitar no futuro tais ilegalidades"* (n.º 4 do artigo 44.º). Haverá, pois, que indagar que tipo de ilegalidades pode justificar visto com recomendações. Por exclusão de partes, deve dizer-se que a ilegalidade que origine a nulidade do contrato (al. a)) ou que se traduza na violação de regras constantes das leis de enquadramento ou de diplomas definidores do regime financeiro dos serviços, organismos ou de entidades públicas (al. b)), geram obrigatoriamente a recusa de visto. Nas demais situações, ou seja, perante as demais desconformidades legais que alterem ou possam alterar o resultado financeiro, o Tribunal pode recusar ou conceder o visto, mediante decisão fundamentada (acórdão), da qual deve constar a ilegalidade e as recomendações para casos futuros.

Refira-se, por fim, que a decisão de recusa de visto gera a ineficácia jurídica do respectivo contrato, devendo, no entanto, ser pagos os bens ou serviços adquiridos ou os trabalhos realizados até à notificação da decisão de recusa, observando-se, para efeitos de pagamentos, a programação contratualmente estabelecida até esse momento (artigo 45.º, n.ºs 2 e 3). Compreende-se que assim seja atenta a permissão legal para os contratos poderem produzir efeitos antes do visto, à excepção de efeitos financeiros (artigo 45.º, n.º 1). De resto, se assim não fosse, poderíamos facilmente cair na situação de enriquecimento sem causa.

C. O Código dos Contratos Públicos e o Direito da Concorrência

É sabido que a despesa pública com aquisições de bens, serviços e contratos de empreitada equivale, em Portugal, a cerca de 13,3% do PIB, valor ligeiramente inferior ao da média da União Europeia a 15-16,3% do PIB.

Trata-se, consequentemente, de uma área de negócio extremamente apetecível para as empresas em que frequentemente se especula sobre

Revista de Finanças Públicas e Direito Fiscal

fenómenos de *cartelização* da contratação pública que podem fazer inflaccionar em mais 50% os preços praticados.

Com efeito, estudos internacionais apontam o sector de empreitada e obras públicas como um daqueles em que se verifica uma maior probabilidade de tal suceder.

Em 1998, na Holanda, detectou-se um acordo entre 400 empresas em resultado da denúncia de um funcionário de uma das empresas.

As empresas foram punidas tendo, consequentemente, o preço das empreitadas baixado, em média, entre 20% a 30%;

Consequentemente, haverá que prevenir e punir as práticas anti-concorrenciais que se verifiquem neste domínio.

a) *As práticas anti-concorrenciais*

A prevenção e repressão de tais práticas anti-concorrenciais determina a aplicação simultânea de normas jus-concorrenciais e do Código da Contratação Pública.

A aplicação concomitante destas áreas normativas visa prevenir e punir a eventual cartelização dos mercados, mas também deve, em nosso entender, disciplinar o poder de mercado do lado da procura – entidades adjudicantes –, garantindo a amplitude e a igualdade de acesso aos mercados públicos e disciplinar auxílios de Estado.

Sabe-se que o direito da concorrência centra-se na repressão de práticas colectivas (acordos entre empresas, decisões de associações de empresas e práticas concertadas – cfr. artigo 4.º da Lei n.º 18/2003, de 11 de Junho (LDC) e artigo 81.º do TCE); na proibição de práticas de abuso de posição dominante – cfr. artigo 6.º da LDC e artigo 82.º do TCE), na disciplina do regime de concessão de auxílios de Estado (cfr. artigo 13.º da LDC e artigo 87.º, n.º 1 do TCE) e na análise prévia de concentrações de empresas (cfr. artigos 8.º a 12.º da LDC e Regulamento n.º 139/2004, do Conselho, de 20 de Janeiro de 2004.

Coloca-se, portanto, o problema de saber se como harmonizar a aplicação do Código dos Contratos Públicos com problemas jus-concorrenciais que possam surgir nomeadamente os relacionados, em particular, com práticas colectivas anti-concorrenciais (cfr. artigos 4.º da LDC e 81.º do TCE).

173

Artigos

É que são conhecidos padrões de práticas colectivas que distorcem a concorrência no domínio da contratação pública.

Vejamos alguns, identificados pela Autoridade da Concorrência:[23]

a) Supressão das Propostas:

Neste cenário, um ou mais concorrentes que, em circunstâncias normais, apresentariam uma proposta independente, acordam em não apresentar propostas ou em retirar uma proposta do concurso, de modo a que um outro concorrente pré-designado seja o vencedor do concurso público e possa cobrar, dessa forma, um preço mais elevado.

b) Propostas Complementares ou Propostas Sombra:

Tratam-se de propostas apresentadas para simular a existência de concorrência e ocultar a existência de acordos entre as empresas proponentes.

Existem propostas sombra quando um conjunto de empresas apresenta propostas que têm por único objectivo dar cobertura à proposta vencedora, introduzindo informações erradas no processo de concurso e criando a aparência de concorrência real.

Este comportamento resulta na apresentação de propostas com valores demasiados elevados ou outras condições inaceitáveis, que estão, à partida, condenadas ao fracasso, e que sob a aparência da normalidade, pretendem induzir artificialmente os preços ou criar outras condições mais favoráveis à operação.

c) Propostas Rotativas:

Acontecem quando os concorrentes acordam, entre si, um processo rotativo de apresentação de propostas vencedoras.

Esta estratégia elimina a incerteza associada aos processos concursais e permite a repartição do valor dos contratos a adjudicar, por um ou por um conjunto de donos de obra, de acordo com uma regra de quotas iguais ou de proporcionalidade.

---

[23] Cfr. http://www.concorrencia.pt/carteis.asp

Revista de Finanças Públicas e Direito Fiscal

A prática de propostas rotativas pode ser implementada quando os concursos públicos seguem um calendário conhecido e cíclico (anual, por exemplo).

d) Subcontratação:

Esta situação verifica-se quando os concorrentes acordam em não concorrer ou em apresentar uma proposta sombra de forma a não ganharem o concurso, recebendo do vencedor do concurso, em contrapartida, subcontratos ou contratos de fornecimento para a execução da obra adjudicada.

b) *A intervenção da Autoridade da Concorrência*

O Código dos Contratos Públicos preocupa-se com o impacto jus-concorrencial da contratação pública nomeadamente quanto estabelece, no artigo 70.º, n.º 2, alíneas e) e g), a obrigatoriedade de serem comunicadas à Autoridade da Concorrência as seguintes situações:

i) A existência de fortes indícios de actos, acordos, práticas ou informações susceptíveis de falsear as regras da concorrência (cfr. artigo 70.º, n.º 2, alínea g)), nomeadamente quando seja identificado algum dos padrões anteriormente referidos;
ii) Preços anormalmente baixos:

A noção de preço anormalmente baixo resulta do disposto no artigo 71.º, n.º 1 do CCP, correspondendo a um valor, no mínimo, 40% inferior ao preço base fixado no caderno de encargos - quando se tratar de um procedimento de formação de um contrato de empreitada de obras públicas – ou 50% inferior ao preço base - quando se tratar de um procedimento de formação de qualquer dos restantes contratos.

O CCP prevê a possibilidade de o concorrente justificar o preço anormalmente baixo, no momento da proposta, nos termos do artigo 57.º, n.º 1, alínea d).

Nenhuma proposta pode ser excluída com fundamento em preço anormalmente baixo sem antes ser solicitado ao respectivo concorrente,

175

Artigos

em prazo adequado, esclarecimentos justificativos da proposta (cfr. artigo 71.º, n.º 3).

O Código prevê um elenco exemplificativo de justificações para um preço anormalmente baixo, tais como (cfr. artigo 71.º, n.º 4):

a) A economia do processo de construção, de fabrico ou de prestação do serviço;

b) As soluções técnicas adoptadas ou as condições excepcionalmente favoráveis de que o concorrente comprovadamente disponha para a execução da prestação objecto do contrato a celebrar;

c) A originalidade da obra, dos bens ou dos serviços propostos;

d) As específicas condições de trabalho de que beneficia o concorrente;

e) A possibilidade de obtenção de um auxílio de Estado pelo concorrente, desde que legalmente concedido;

Caso não seja aceite a justificação e, consequentemente, se a proposta for excluída, a entidade adjudicante deve comunicar imediatamente tal facto à AdC e, no caso de empreitadas ou de concessões de obras públicas, ao Instituto da Construção e do Imobiliário, I.P. (cfr. artigo 70.º, n.º 3).

Pode suscitar-se a dúvida quanto à actuação da entidade adjudicante face à detecção, numa proposta, de qualquer das situações descritas no artigo 70.º, n.º 2, alíneas e) e g), nomeadamente face a um eventual dever de suspensão ou de anulação do procedimento em curso.

Sabe-se que as entidades adjudicantes não dispõem de poderes de investigação nem estão particularmente vocacionadas para a detecção e repressão de práticas anti-concorrenciais.

O exercício do poder de investigação deve ser prosseguido pela entidade reguladora com competência neste domínio – a Autoridade da Concorrência – em estreita colaboração com a entidade adjudicante.

O que implica que o procedimento em curso deva prosseguir.

É que pode, a final, verificar-se a impossibilidade de provar a existência de determinado "cartel" – pelo que a interrupção do processo pode implicar prejuízos para os concorrentes, conducentes ao accionamento do regime de responsabilidade civil extra-contratual do Estado – ou, noutra perspectiva, ser necessário recolher outros indícios de prova que permitam demonstrar certa prática anti-concorrencial, estando essa recolha dependente da continuidade do processo de contratação pública e da colaboração entre a entidade adjudicante e a AdC.

Pode, consequentemente, afirmar-se que o CCP apela à sensibilidade jus-oncorrencial da entidade adjudicante no desenvolvimento dos procedimentos de contratação sabendo-se que essa sensibilidade deve manifestar-se ao longo da execução do contrato.

Com efeito, o artigo 295.º, n.º 3 do CCP determina que, quando existam fortes indícios de que a cessão da posição contratual ou a sub-contratação resultem de actos, acordos, práticas ou informações susceptíveis de falsear as regras da concorrência, o contraente público deva, de imediato, comunicar tais situações à AdC e, no caso de empreitadas e de concessões de obras públicas, também ao Instituto da Construção e do Imobiliário.

As práticas anti-concorrenciais detectadas podem conduzir à aplicação das sanções habitualmente aplicadas em situações similares (cfr. artigos 43.º e 44.º da LdC) e, bem-assim, à sanção acessória de privação do direito de participar em procedimentos de formação de contratos durante um período de até dois anos, nos termos do artigo 6.º do Decreto-Lei n.º 18/2008, de 29 de Janeiro, que aprovou o CCP, alterando o artigo 45.º da LdC.

c) *O controlo dos monopsónios estatais*

Uma das questões que resultam da intercepção do CCP com o direito da concorrência diz respeito à possibilidade de serem controlados monopsónios estatais.

Detectamos um monopsónio quando, num determinado mercado, existem vários oferentes mas apenas um comprador.

Frequentemente, pelas características de determinado mercado (*v.g.* face às especificidades de determinado produto – material militar –, pela inexistência de outros adquirentes – aluguer de aviões de combate a fogos florestais) verifica-se que o Estado pode influenciar decisivamente o funcionamento deste, através das aquisições que efectue.

Esta possibilidade será ampliada com o CCP considerando que o Estado passa, através das centrais de compras, a ter uma capacidade acrescida de influenciar, enquanto comprador, determinados mercados.

Trata-se de um problema em que a abordagem, do ponto de vista jus-concorrencial tem sido, até ao momento, incipiente.

Recentemente, a Autoridade da Concorrência e o Tribunal de Justiça das Comunidades Europeias debruçaram-se sobre o problema ainda que, como veremos, de forma indirecta.

No primeiro caso, a Autoridade da Concorrência analisou a contratação, pelo Estado, de serviços de telecomunicações, frequentemente adjudicados de forma agrupada (abrangendo diferentes formas de comunicações – fixas, móveis e de *internet*) a um mesmo adjudicatário.

Na decorrência da análise operada, a AdC, na recomendação n.º 1/2004, considerou que o mercado das telecomunicações é um mercado em permanente mutação e evolução pelo que propôs que o Estado celebrasse contratos de curta duração (tendencialmente com um prazo máximo de três anos), sendo os diferentes mercados segmentados em concursos diferentes (*v.g.* comunicações fixas e comunicações móveis). A adjudicação devia ser feita com base em cadernos de encargos tecnologicamente neutros, por forma a abranger o maior número de concorrentes possível.

Esta última exigência tem sido aplicada noutros mercados (*v.g.* na aquisição de veículos automóveis).

No segundo caso, o Tribunal de Justiça das Comunidades Europeias apreciou um recurso da Fenin – associação espanhola que reúne empresas que vendem material sanitário – de uma decisão do Tribunal de Primeira Instância.[24]

Os factos subjacentes ao referido recurso diziam respeito à denúncia apresentada pela Fenin à Comissão Europeia segundo a qual a circunstância de as vendas dos seus associados destinarem-se, em mais de 80%, ao Serviço Nacional de Saúde (SNS) do Estado Espanhol e de este pagar em média com mais de 300 dias de atraso representava, na opinião da Fenin, uma prática de abuso de posição dominante por parte do Estado Espanhol para efeitos do disposto no artigo 82.º do TCE.

A Comissão Europeia rejeitou a referida denúncia por considerar que o Serviço Nacional de Saúde Espanhol não podia ser considerado como uma empresa, para efeitos de aplicação do direito da concorrência,

---

[24] Ac. FENIN, de 11 de Julho de 2006, proc. C-205/03, disponível em www.curia. eu.int

Revista de Finanças Públicas e Direito Fiscal

uma vez que não se enquadrava na noção tradicionalmente associada a empresa para efeitos jus-concorrenciais (*"qualquer entidade que exerça uma actividade económica, independentemente do estatuto jurídico dessa entidade e do seu modo de funcionamento"*) dado que participava na gestão do serviço de saúde pública e, por outro lado, porque a sua qualidade de comprador não podia ser dissociada do uso dado ao material sanitário posteriormente à compra do mesmo.

O TJCE, no acórdão Fenin, concluiu de forma idêntica à decisão da Comissão Europeia e do Tribunal de Primeira Instância, considerando que o SNS Espanhol não pode ser considerado como uma empresa, porque funciona em conformidade com o princípio da solidariedade quanto ao seu modo de financiamento e quanto à prestação gratuita de serviços aos seus beneficiários para acrescentar que a actividade da compra de um determinado produto não deve ser dissociada da posterior utilização, pelo que o carácter económico da posterior utilização determina o carácter da actividade da compra.

A esta luz, a circunstância de os produtos a adquirir se destinarem a tratamento hospitalar em locais públicos, afastava a natureza comercial e empresarial hipoteticamente associada à aquisição, pelo que se excluía a hipotética detecção de uma prática de abuso de posição dominante.

Compreendendo-se o raciocínio do TJCE no caso Fenin lamenta-se que se tenha perdido uma oportunidade para clarificar os monopsónios públicos no contexto do direito da concorrência e as graves consequências para o mercado deles decorrentes traduzidos, nomeadamente, nos atrasos a pagamentos e que podem implicar, para os fornecedores, uma desvantagem face a outros concorrentes, em virtude, exclusivamente, da qualidade do adquirente e do poder de mercado deste.

No entanto, apesar da interpretação restritiva resultante do acórdão Fenin quanto à possibilidade de ser aplicada a figura do abuso de posição dominante à actividade do Estado enquanto contratante público, este acórdão parece permitir, em alguns casos, aplicar o direito da concorrência a entidades públicas no âmbito de processos de contratação pública, nomeadamente a centrais de compras em que a aquisição de bens e a sua posterior utilização não tenha uma natureza gratuita considerando o princípio da solidariedade.

José Luís Pinto Almeida

Fiscalização prévia, concomitante e sucessiva no quadro das competências doTribunal de Contas

José Luís Pinto Almeida
Juiz Conselheiro do Tribunal de Contas

180

Revista de Finanças Públicas e Direito Fiscal

RESUMO

Sobre os administradores da coisa pública recai o dever de boa administração e o dever de prestar contas.

Em Portugal o controlo financeiro (de legalidade e regularidade e/ou economicidade) externo é exercido pelo Tribunal de Contas que, para o efeito, dispõe de poderes de fiscalização: prévia (ocorre antes da consolidação e execução do acto ou contrato a ela sujeitos); concomitante (exercida durante a pendência do procedimento ou da execução do contrato); e sucessiva (efectuada depois de terminado o exercício ou a gerência).

Palavras-chave:
Tribunal de Contas;
Controlo financeiro;
Fiscalização prévia, concomitante e sucessiva.

ABSTRACT

The duties of good management and accountability fall upon the administrators of the public funds.

In Portugal, the financial external control (of legality and regularity and/or economy) is assured by the *Tribunal de Contas* (Court of Auditors), which, for that purpose, has control powers: *a priori* control (it takes place before the consolidation and before the implementation of the act or contract which are subject to it); concomitant control (it takes place during the pendency of the verification procedure or during the implementation of the contract); and successive control (which takes place after the end of the financial year or after the closure of the revenue and expenditure account).

Keywords:
Court of Auditors;
Financial control;
A priori control, concomitant control and successive control.

I. A boa administração. A Legítima expectativa dos contribuintes

A obrigação que recai sobre a Administração Pública de administrar a coisa pública e de prosseguir o bem-comum, o interesse geral de uma comunidade, exige dos seus servidores a adopção em concreto das melhores soluções tanto do ponto de vista administrativo e técnico como financeiro: é o chamado Dever de Boa Administração.

A Administração na sua actividade de satisfação das necessidades colectivas, administra os bens públicos, devendo alcançar aquele objectivo com o menor sacrifício do património dos contribuintes e no respeito pela equidade intergeracional. Trata-se da disposição de bens que pertencem a todos e a sua gestão é realizada em nome e por conta dos cidadãos.

Por boa administração deve entender-se, assim, uma administração economicamente eficiente, sustentável e socialmente justa, por forma a obter os melhores resultados ao menor custo social, ou seja, garantir o bem-estar social com o menor sacrifício do património pessoal dos contribuintes

Desta forma, à acção governativa não se impõe apenas o respeito pela legalidade formal mas também a vinculação a uma legalidade substantiva, que envolve a boa administração dos bens públicos.

Esta legalidade substantiva da gestão de bens públicos só pode ser apreciada através do recurso a critérios técnicos de avaliação do mérito financeiro.

Pelo que, podemos dizer que a violação do dever de boa administração constitui, hoje, no nosso ordenamento jurídico, uma ilegalidade por violação de normas que impõem determinada conduta: princípios constitucionais de boa gestão e de normas legais que concretizam o seu exercício.

Desta forma, deve entender-se hoje as "más decisões" como decisões ilegais. Somente é legal a melhor decisão.

A instituição superior de controlo independente como garante da boa gestão financeira

E porque quem administra bens públicos, *maxime* o dinheiro que a todos pertence e que é solicitado aos contribuintes, tem o dever de prestar contas, assumem nesta matéria primordial importância as Instituições Superioras de Controlo, como garantes da defesa dos interesses legítimos dos cidadãos, na transparência da gestão desses dinheiros públicos e na responsabilização dos responsáveis pela sua má gestão e utilização.

Desempenham, por isso, uma função insubstituível tanto no controlo da legalidade, como na fiscalização substancial sobre a utilização dos dinheiros e valores públicos sob o ponto de vista da eficiência, eficácia e economia da respectiva utilização em prol do interesse público.

As Instituições Superiores de Controlo, através da sua tecnicidade e independência, garantem, ainda, a credibilidade da informação financeira proporcionando aos Parlamentos um exercício mais eficaz da sua acção de fiscalização dos Governos, devendo, também, informar os cidadãos, *maxime* os contribuintes, sobre a forma como são gastos os dinheiros e valores públicos.[1]

I.1. *O controlo da administração*

São várias as formas de controlo da Administração. Referimos apenas algumas das mais relevantes[2]:

- Controlo político, governamental, parlamentar, jurisdicional ou administrativo, consoante a natureza e os poderes da entidade que o exerce.
- O controlo jurídico ou não jurídico: consoante se traduza no exercício de poderes jurídicos (de autoridade: parlamentar, executiva, jurisdicional...) ou resulta de meros poderes de facto (controlo da opinião pública, dos partidos, da imprensa);
- Controlo prévio ("a priori"), se exercido antes da consolidação e execução do acto ou contrato e os condiciona, (através da verificação dos pressupostos para a válida prática do acto ou celebração do contrato); controlo concomitante (ou "simultâneo"), se

---

[1] José F.F. Tavares, *Relações entre Órgãos de Controlo Interno e Externo*, Estudos de Administração e Finanças Públicas, Almedina, 2004.

[2] António de Sousa Franco, *O Controlo da Administração Pública em Portugal*, RTC, n.º 19/20, Jul./Dez., 1993.

exercido durante a execução do acto ou contrato; ou sucessivo ("a posteriori") se exercido após a execução do acto ou contrato ou do encerramento das contas, resultando na emissão de juízos de valor legal, técnico e financeiro, na sugestão de correcções e na formulação de recomendações com vista a evitar, para o futuro, os desvios que haja detectado, ou no desencadear da efectivação de eventuais responsabilidades;
* Pode ser auto-controlo ou hetero-controlo, consoante seja exercido pelo próprio autor do acto (que desenvolve a sua funcional consciência crítica, formando uma «mentalidade de controlo» que é, ou deve ser, o primeiro, mais generalizado e eficaz meio de controlo numa estrutura organizativa moderna) ou por uma entidade ou órgão a ele estranha;
* Controlo interno ou controlo externo, consoante a entidade que o exerce esteja dentro ou fora da organização ou serviço controlado;
* Controlo administrativo (de legalidade e regularidade administrativa); controlo técnico, de gestão de pessoal, ambiental, etc. (consoante a natureza, o objecto e os critérios predominantes); controlo financeiro (de legalidade e regularidade e/ou economicidade financeira).

I.2. *O controlo financeiro*

Em Portugal o controlo financeiro assume as seguintes formas:

* Político, exercido pela Assembleia da República ou pelas Assembleias Legislativas Regionais (relativamente às contas dos Governos das Regiões Autónomas);
* Orçamental, referente à execução do orçamento, e que na Administração Central cabe à Direcção-Geral do Orçamento;
* Administrativo diferenciado, cabendo aos órgãos de controlo interno e, em especial, à Inspecção-Geral de Finanças, à Direcção Geral do Orçamento e ao Instituto de Gestão Financeira da Segurança Social;
* Jurisdicional, a cargo do Tribunal de Contas.

Revista de Finanças Públicas e Direito Fiscal

De todos estes, o que aqui nos ocupa é o controlo financeiro exercido pelo Tribunal de Contas que, nos termos constitucionais (arts. 209.º e 214.º)[3], é um órgão integrado no poder judicial, é independente e externo à Administração. Daí que o controlo por si exercido seja externo e independente.

O controlo financeiro abrange todas as áreas das finanças públicas (património, rendimentos/receitas, despesa, dívida, orçamento e conta, contabilidade, tesouraria, etc.) e tem por objectivos verificar, nas palavras de Sousa Franco[4]:

a) se a actividade financeira obedece aos princípios, normas ou regras de legalidade e regularidade (incluindo regularidade contabilística) que a regem;

b) se a actividade financeira realiza os seus objectivos e atinge os resultados esperados, segundo critérios técnicos, económicos ou de boa gestão (economia, eficácia, eficiência, equidade...).

I. Âmbito, Natureza e Metodologia do Controlo no TC

O Tribunal de Contas de Portugal sofreu uma profunda reforma na sua organização, atribuições e processo com a publicação da Lei n.º 98/97, de 26 de Agosto (Lei de Organização e Processo do Tribunal de Contas – LOPTC), alterada, em virtude do decurso do tempo e da evolução da organização administrativa, pela Lei n.º 48/2006, de 29 de Agosto e pela Lei n.º 35/2007, de 13 de Agosto[5].

É o regime constante destes diplomas legais que iremos, sucintamente, explanar.

---

[3] Ver também a Lei n.º 98/97, de 26 de Agosto, designadamente os seus art. 1.º e 7.º

[4] *O controlo da Administração Pública em Portugal*, Revista do Tribunal de Contas (RTC), n.º 19 e 20, 1993, Tomo I

[5] Daqui em diante, as normas citadas sem indicação de fonte pertencem à Lei n.º 98/97, de 26 de Agosto, com as alterações referidas.

II.1. *As modalidades do controlo*

Nos termos da Constituição da República Portuguesa e da Lei de Organização e Processo do Tribunal de Contas, a função de fiscalização ou controlo financeiro compreende o exercício de poderes fundamentais que, segundo o critério do momento do seu exercício são designados nos seguintes termos:

- poderes de fiscalização prévia, ou à priori;
- poderes de fiscalização concomitante, ou simultânea; e
- poderes de fiscalização sucessiva, ou a *posteriori*.

II.2. *A Fiscalização Prévia*

Através do exercício da **fiscalização prévia**, que, por definição e como já se disse, acontece antes da consolidação e execução do acto ou contrato a ela sujeitos, o Tribunal de Contas verifica se os actos, contratos e outros instrumentos geradores de despesa ou representativos de responsabilidades financeiras directas e indirectas tipificados na lei estão conformes com as leis em vigor e se os respectivos encargos têm cabimento em verba orçamental própria.[6]

A fiscalização prévia, que culmina com a concessão ou recusa do "visto", conferiu a este instituto a natureza de requisito de eficácia do acto ou contrato a ele sujeitos com isso se evitando, em caso de recusa, a produção de efeitos de um acto ou contrato ilegais. Era a função preventiva na sua plenitude. Prevenia-se e evitava-se a prática de actos ilegais. Hoje, como veremos adiante esta função preventiva encontra-se muito, mesmo muito, mitigada.

A fiscalização prévia em Portugal tem raízes profundas. O seu nascimento ocorre, no seguimento da Lei de 25 de Junho de 1881 que aprovou o Plano de Reforma da Contabilidade Pública, com o Regulamento Geral da Contabilidade Pública, de 31 de Agosto do mesmo ano, que

---

[6] Art. 44.º.

Revista de Finanças Públicas e Direito Fiscal

estabelece os princípios fundamentais da organização da Administração financeira portuguesa.[7]

Incidia sobre as ordens de pagamento (e não sobre os actos ou contratos, como hoje) das chamadas "despesas variáveis", podendo o visto ser recusado "quando a despesa não estivesse autorizada, ou porque excedia a autorização legal, ou porque estava erradamente referida a alguns artigos do orçamento".

Com o Regimento do Tribunal de Contas, em 1886, alarga-se o número de operações a submeter a visto, incluindo-se agora não só a totalidade das ordens de pagamento como também os próprios contratos de compra e venda, fornecimento e de empreitada. Em 1898, a Lei de 30 de Abril aumenta a área de incidência do visto aos actos relativos a pessoal e comete ao Tribunal, agora, o exame global da legalidade e não apenas a legalidade estritamente financeira nos termos antes enunciados.

Com a Lei de 20 de Março de 1907 deixam de estar sujeitas a visto as ordens de pagamento.

Este tipo de fiscalização foi evoluindo, salientando-se as reformas do Tribunal no início da República que vieram introduzir a análise da economicidade no exame dos contratos – **verificar "se as condições estipuladas são as mais vantajosas para o Estado"** (cfr. Decreto de 11 de Abril de 1911)[8].

Seguem-se as reformas financeiras do Estado Novo – Decreto n.º 18 962, de 25 de Outubro e Decreto c.f.l. n.º 22 257, de 25 de Fevereiro de 1933 – que estabeleceram um regime que tinha como vectores fundamentais:

– controlo sistemático de todos os actos e contratos de que resultasse despesa pública;
– proibição quase generalizada da produção de efeitos dos actos e contratos sem o visto; e
– possibilidade de o Conselho de Ministros, mediante decreto, sustentar o acto a que houvesse sido recusado visto. A norma que

---

[7] In LÍDIO DE MAGALHÃES, *A Fiscalização Prévia do Tribunal de Contas – algumas questões*, RTC n.º 19 e 20, 1993, Tomo I.

[8] Esta vertente de análise dos contratos manteve-se até à Lai n.º 86/89, de 8 de Setembro. A partir desta Lei a análise da economicidade dos contratos passou para o domínio da fiscalização sucessiva

previa esta possibilidade foi revogada expressamente pela Lei n.º 8/82, de 26 de Maio, embora já se entendesse que tal preceito violava a Constituição de 1976, que incluía expressamente o Tribunal de Contas entre os Tribunais.

Das decisões de recusa de visto não havia, pois, recurso ou reclamação, possibilidade que só foi introduzida pela já citada Lei n.º 8/82.

Com a nova realidade autárquica, então emergente das transformações ocorridas com a revolução de 25 de Abril de 1974, em 1982 submetem-se um número limitado de contratos das autarquias à fiscalização prévia do TC – contratos de empreitada, de fornecimento e de concessão (art. 10.º do Decreto-Lei n.º 390/82, de 17 de Setembro).

Com a reforma do Tribunal de Contas ocorrida pela Lei de 86/89, o visto consolidou-se como um controlo sistemático das admissões de pessoal não vinculado e dos ingressos em carreira diferente para os não vinculados, bem como da generalidade dos contratos que não fossem de pessoal. Foi com esta reforma que as autarquias passaram a estar sujeitas à fiscalização prévia, embora com uma diferença em relação à administração central, que era a de que a fiscalização prévia apenas incidia sobre os seus contratos de "um valor superior a um montante a definir por lei".

O sistema actualmente em vigor resulta da última reforma, profunda, do Tribunal de Contas, trazida, como já dissemos, pela Lei 98/97, de 26 de Agosto, com as alterações entretanto introduzidas pela Lei n.º 48/2006, de 29 de Agosto, e que tentaremos agora expor com um pouco mais de pormenor.

Natureza

A fiscalização prévia consiste no exame da legalidade e regularidade em sentido restrito, segundo critérios de conformidade legal e regularidade financeira e contabilística, designadamente: (art. 44.º, n.ºs 1 e 2).

- exame da legalidade (financeira);
- verificação da cobertura orçamenta! dos respectivos encargos;
- verificação, relativa aos instrumentos geradores de dívida pública, da conformação dos limites do endividamento e das respectivas finalidades.

Revista de Finanças Públicas e Direito Fiscal

Âmbito

A Lei 98/97, na sua versão inicial, reduziu o âmbito de incidência da fiscalização prévia quer numa perspectiva orgânica quer numa perspectiva substancial.

Em termos orgânicos estavam sujeitos a fiscalização prévia os actos e contratos celebrados pelo Estado e seus serviços; as Regiões Autónomas e seus serviços; as Autarquias Locais, suas associações ou federações e áreas metropolitanas; os Institutos Públicos; e as Instituições de segurança social.

Em termos substantivos, deixaram de estar sujeitos a fiscalização prévia os actos e contratos relacionados com pessoal, passando a estar sujeitos apenas:

- Os actos ou contratos celebrados pelos serviços e fundos do Estado, das Regiões Autónomas e das Autarquias Locais de que resulte o aumento da dívida pública fundada, bem como dos actos que modifiquem as condições gerais de empréstimos visados; e
- Os contratos de obras públicas, aquisições de bens e serviços ou outras aquisições patrimoniais de que impliquem despesa[9].

Com as alterações introduzidas pela Lei n.º 48/2006, de 29 de Agosto deixaram de estar sujeitos a fiscalização prévia os denominados contratos adicionais (por razões que se prendiam com a eficácia do próprio instituto do "visto"), mas alargou-se, em termos orgânicos, o âmbito de sujeição a visto, passando a partir daí [art. 5.º, n.º 1 al. c)] a estarem também sujeitos a fiscalização prévia os actos e contratos celebrados pelas

a. "entidades de qualquer natureza;
b. criadas pelo Estado ou por quaisquer outras entidades públicas;
c. para desempenhar funções administrativas originariamente a cargo da Administração Pública;
d. com encargos suportados por transferência do orçamento da entidade que os criou;

---

[9] Estão isentos de fiscalização prévia os contratos cujo valor seja inferior ao montante fixado anualmente pela Lei do Orçamento para o efeito (art. 48.º da Lei n.º 98/97).

Artigos

e. sempre que daí resulte a subtracção de actos e contratos à fiscalização prévia do Tribunal de Contas".

Esta foi uma alteração da maior importância na medida em que, dada a crescente criação de entidades de natureza empresarial geridas em regime de direito privado, recolocou sob o controlo prévio muitos actos e contratos que haviam passado a ser celebrados por, designadamente, empresas públicas que funcionam numa total "dependência" financeira da entidade "criadora" dada a sua impossibilidade de auto-subsistência e que foram criadas com o propósito especial de fuga ao controlo prévio do Tribunal de Contas dos contratos por elas celebrados e que originariamente se encontravam no âmbito das atribuições do Estado e das Autarquias Locais[10].

Estamos, agora, perante um novo pressuposto de incidência da fiscalização prévia, que está em consonância com o actual paradigma e objectivo da jurisdição financeira: **a perseguição do dinheiro e valores públicos onde quer que eles se encontrem.**

Efectivamente, assiste-se hoje a uma dinâmica privatizadora das formas de actuação da Administração Pública. Nas palavras de PAULO OTERO[11], «pretende-se hoje realizar alienações patrimoniais sem as restrições do direito público, efectuar despesas sem controlo do Tribunal de Contas ou à margem das normas orçamentais e da legislação específica sobre despesas públicas, contratar sem se submeter às limitações decorrentes das regras da contratação pública etc., ... a opção administrativa pelo direito privado, apesar de justificada quase sempre por exigências de maior eficiência, comporta uma diminuição das vinculações existentes no ordenamento jurídico-administrativo, traduzindo uma renúncia ao direito administrativo que, efectuada muitas vezes discricionariamente pela própria Administração Pública, envolve um autêntico mecanismo

---

[10] O "caso-tipo" de aplicação da norma [art. 5.º, n.º 1 al. c)], segundo LÍDIO MAGALHÃES, in *A fiscalização prévia do Tribunal de Contas na Lei n.º 48/2006*, (Revista de Administração Local, Setembro/Outubro de 2006) seria aquele em que o Departamento de Obras de uma entidade pública, a quem compete o lançamento de empreitadas de obras públicas, aparecesse transformado em "OBREX, Empresa de Lançamento de Obras Públicas", com o mesmo pessoal, as mesmas funções, os mesmos fundos etc.

[11] *Legalidade e Administração Pública*, pp. 282, Almedina, 2003.

Revista de Finanças Públicas e Direito Fiscal

arbitrário (e inconstitucional) de auto-atribuição de uma margem de liberdade de escolha da normatividade reguladora da sua actividade.

Não faltando quem, por isso mesmo, veja nesta "fuga" da Administração Pública para o direito privado uma "fuga" ao Direito Constitucional, ou adoptando uma postura mais radical, em fuga ao Direito, isto pelo simples facto de que o direito privado não oferece aos particulares um grau de garantias igualável ao que o direito administrativo entretanto desenvolveu, tal como sucede, por exemplo, a favor de terceiros lesados por actuações administrativas contratuais.»

Efeitos

Já dissemos que a fiscalização era prévia para ser preventiva. Porém, sobretudo depois da Lei n.º 98/97 o que até então era a regra – os actos e contratos não podiam produzir qualquer efeito antes de visados – passou a ser, praticamente, uma excepção. Agora, os actos e contratos sujeitos à fiscalização prévia podem produzir todos os seus efeitos antes do visto com **excepção dos pagamentos a que deram causa**. (art. 45.º)

E então, recusado o visto poderão ser pagos os trabalhos realizados bem como os bens ou serviços adquiridos, até à data da notificação da recusa, desde que o valor a pagar não ultrapasse a programação contratualmente estabelecida para aquele período. (art. 45.º, n.º 2).

O objectivo de prevenir e evitar actos e contratos ilegais ficou, com este regime, seriamente afectado. Há, no entanto uma excepção: É o caso da obrigatoriedade de submeter a fiscalização prévia as minutas dos contratos cujos encargos, ou parte deles, tenham de ser satisfeitos no acto da sua celebração.

Porém, como contraponto a esta permissividade de produção de efeitos antes do visto, a lei impôs aos dirigentes dos serviços que celebrem contratos a que permitam a produção de efeitos materiais (que não financeiros) antes do visto a obrigação de os remeterem ao Tribunal no prazo de 20 dias a contar da data do início da sua execução, sob pena de, não cumprindo, virem a ser condenados no pagamento de uma multa que varia entre o mínimo de 5 Unidades de Conta (480,00 €) e o máximo de 40 Unidades de Conta (3.840,00 €), a aplicar no próprio processo de visto após a audição dos responsáveis, cabendo da sentença condenatória recurso para o plenário da 3.ª Secção (art. 79.º, n.º 1, al. c).

Fundamentos da Recusa de Visto

Com a Lei n.º 98/97 tipificaram-se os fundamentos da recusa de visto (art. 44.º, n.º 3):

- Nulidade;
- Encargos sem cabimento em verba orçamental própria;
- Violação directa de norma financeira;
- Ilegalidade que altere ou possa alterar o respectivo resultado financeiro.

As recomendações

Havendo fundamento para a recusa do visto baseado em ilegalidade que altera ou seja susceptível de alterar o resultado financeiro, e portanto com eventual repercussão no erário público, a lei permite, no entanto, que o Tribunal, em decisão fundamentada, possa conceder o visto e recomendar aos serviços e organismos no sentido de suprir ou evitar no futuro tais ilegalidades (n.º 4 do art. 44.º). É o chamado visto com recomendações e que assume uma função pedagógica de relevante importância na contribuição para a melhoria e aperfeiçoamento da administração.

Estas recomendações são decisões proferidas no exercício da função jurisdicional e resultam da ponderação que o Tribunal faz dos vários elementos em presença, designadamente da natureza e valoração da ilegalidade, da efectiva alteração ou não do resultado financeiro do contrato e da reincidência na ilegalidade.

O valor das recomendações veio a ser reforçado com a última alteração à Lei de Organização e Processo do Tribunal (Lei n.º 48/2006, de 29 de Agosto).

Várias alterações demonstram essa intenção:

- O artigo 62.º, que considera culpa grave, para efeitos de efectivação de responsabilidade financeira reintegratória subsidiária de várias entidades, quando estranhas ao facto gerador da mesma, o não terem acatado as recomendações do Tribunal em ordem à existência de controlo interno.

- O artigo 64.º, acrescentou, como critério de avaliação do grau de culpa, o grau de acatamento das eventuais recomendações do Tribunal;
- O artigo 65, n.º 1, alínea j) que prevê a possibilidade de aplicar multas pelo não acatamento reiterado e injustificado das recomendações do Tribunal;
- O mesmo artigo 65, mas no n.º 8, onde prevê a impossibilidade de relevação da responsabilidade financeira sancionatória no caso de ter havido recomendação anterior sobre o tipo de ilegalidade da então sob julgamento.

O visto tácito

O Tribunal dispõe do prazo de 30 dias úteis[12] para emitir decisão de recusa ou concessão do visto, sob pena de os actos ou contratos se considerarem tacitamente visados, podendo os serviços dar-lhe execução decorridos cinco dias úteis sobre o termo daquele prazo (art. 85.º da Lei n.º 98/97).

Com este regime acautelaram-se os interesses dos serviços perante eventuais demoras na decisão do Tribunal.

II.3. A fiscalização concomitante

A recente alteração à LOPTC isentou de fiscalização prévia os contratos adicionais de contratos visados de empreitadas de obras públicas. Mas, em simultâneo, reforçou o âmbito da fiscalização concomitante que passou a abranger agora "a execução de contratos visados", o que engloba a apreciação dos denominados contratos adicionais [art.s 47.º, n.º 1, al. d) e 49.º, n.º 1 al. a) da LOPTC].

Esta alteração prende-se com a necessidade de evitar a existência de competências do Tribunal sem efeito útil no que toca aos seus fins

---

[12] Este prazo corre durante as férias judiciais e conta-se a partir da data de entrada do acto ou contrato no Tribunal. Porém, suspende-se sempre que são solicitados esclarecimentos ou documentos instrutórios até à remessa destes.

principais. [13] Muitas vezes quando eram analisados os contratos adicionais já tinham produzido os efeitos materiais. Pelo que a fiscalização ocorria tarde e a recusa de visto quando tinha lugar, não surtia o efeito desejado.

Assim, o legislador optou por isentá-los da fiscalização prévia reforçando, em contrapartida, a fiscalização concomitante a cargo da mesma secção do Tribunal que leva a cabo a fiscalização prévia. Este reforço é potenciado pelo curto prazo concedido às entidades para remeterem ao TC os contratos adicionais (15 dias a contar do início da sua execução – 47.º/2). Com este prazo, conjugado com a aposta na fiscalização concomitante, e ainda pelo facto de ser o Juiz que apreciou o contrato inicial, no âmbito da fiscalização prévia, que acompanha os contratos adicionais relativos a essa obra, a actuação do Tribunal poderá agora reportar-se à realização material da obra, dando assim a oportunidade de se efectuarem acções de controlo antes de o facto estar consumado, aumentando, por essa via, o grau de responsabilização de quem autorizou os contratos.

Estas modificações provocam um reforço da actividade da 1ª Secção que, ao longo dos anos, e através das já referidas criações de entidades "fora do catálogo", vira diminuída a sua capacidade de intervenção.

Com as alterações à LOPTC, ganhou peso a fiscalização concomitante, que é pedagógica, substitutiva da fiscalização prévia, é preventiva e responsabilizadora.

Tudo porque, em primeiro lugar, no caso de na acção de verificação se apurar ilegalidade de procedimento pendente ou de acto ou contrato ainda não executado é notificada a entidade competente para a autorização da despesa para remeter o referido acto ou contrato a fiscalização prévia do TC, ficando o referido procedimento suspenso da sua execução sob pena de responsabilidade financeira. E em segundo porque as ilegalidades detectadas nesta sede fazem incorrer os seus autores em responsabilidade financeira sancionatória, punível com multa que varia entre o mínimo de 15 Unidades de Conta (1.440,00 €) e 150 Unidades de Conta (14.400,00 €) a efectivar em processo próprio na 3ª secção do Tribunal.

---

[13] GUILHERME DE OLIVEIRA MARTINS, *A reforma do Tribunal de Contas*, p. 33. TC, 2006.

Revista de Finanças Públicas e Direito Fiscal

A esta modalidade de fiscalização estão sujeitas todas as entidades, independentemente da sua natureza, que tenham a seu cargo a gestão de recursos públicos.[14]

II.4. *Fiscalização Sucessiva*

II.4.1. *Âmbito*

A **fiscalização sucessiva** tem por finalidade: verificar as contas das entidades sujeitas à respectiva prestação; avaliar os sistemas de decisão e de controlo interno; e apreciar a legalidade, a correcção financeira, a economia, eficiência e eficácia da gestão financeira, incluindo os fluxos com a União Europeia, de todas as entidades, independentemente da sua natureza, que tenham a seu cargo a responsabilidade por dinheiros ou outros valores públicos, sempre na medida necessária à fiscalização dessa legalidade, regularidade e correcção económica e financeira da aplicação dos mesmos dinheiros e valores públicos.[15]

No domínio da **fiscalização sucessiva ou a *posteriori*,** exercida depois de terminado o exercício ou a gerência e elaboradas as contas anuais, são amplos os poderes do Tribunal, consubstanciando as seguintes formas de controlo:

- Apreciação da execução do Orçamento Estado e das Regiões Autónomas, mediante a elaboração de pareceres sobre as respectivas contas, incluindo a da segurança social, e a da Assembleia da República, e as das respectivas Assembleias Legislativas Regionais; [art. 5.º, n.º 1, al. a) e b), art. 36.º];
- Realização de auditorias de qualquer tipo ou natureza sobre a legalidade, bem como a economia, eficácia e eficiência, segundo critérios técnicos, da gestão financeira, das entidades sujeitas à sua jurisdição e controlo, incluindo a organização, o funcionamento e a fiabilidade dos seus sistemas de controlo interno, tendo por base determinados actos, procedimentos, aspectos parcelares

---

[14] Art. 49.º.
[15] Art. 2.º. n.º 3; art. 50.º.

da gestão financeira ou a sua globalidade [art. 5.º, n.º 1, al. f), art. 50.º, n.º 1, art. 55.º, art. 78.º];

- Verificar as contas dos organismos, serviços e entidades sujeitos à sua prestação [art. 5.º, n.º 1, al. d), art. 50.º e ss., art. 78.º]. Quando restrita «*à análise e conferência da conta apenas para demonstração numérica das operações realizadas que integram o débito e o crédito da gerência com evidência dos saldos de abertura e de encerramento e, se for caso disso, a declaração de extinção de responsabilidade dos tesoureiros caucionados.*», é a denominada verificação interna de contas (art. 53.º). Se alargada à verificação da legalidade e da regularidade das operações efectuadas, da fiabilidade do controlo interno da fidedignidade das demonstrações financeiras, estamos perante a denominada verificação externa de contas (art. 54.º).

- Verificar, no âmbito da dívida pública directa do Estado, se foram observados os limites de endividamento e demais condições gerais estabelecidos pela A.R. em cada exercício orçamental; bem como os empréstimos e as operações financeiras e respectivos encargos relativos à sua gestão (art. 50.º, n.ºs 2 e 3);

- Realização de acções específicas, nomeadamente auditorias, a solicitação da Assembleia da República ou do Governo [art. 5.º, n.º 1, al. g), art. 78.º, n.º 1, al. b];

- Fiscalização da cobrança relativa à comparticipação nacional nos recursos próprios comunitários e da aplicação dos recursos financeiros oriundos da União Europeia [art. 6.º al. h; art. 50.º, n.º 1];

- Poder regulamentar interno [art. 6.º; art. 78.º, n.º 1, al. c];

- Poder regulamentar externo, que integra a competência para a emissão de instruções indispensáveis ao exercício das suas competências, v.g. o modo como as contas e os processos devem ser submetidos à sua apreciação [art. 6.º, al. b), art. 78.º, n.º 1, al. e)];

- Aplicação de multas, no âmbito dos respectivos processos, pela violação de normas não financeiras [art. 78.º, n.º 4, al. e), art. 66.º, n.º 1].

II.4.2. *Natureza (o controlo sucessivo do TC como um controlo da legalidade e do mérito financeiro)*

O Tribunal de Contas pode proceder a qualquer momento, à fiscalização sucessiva da **legalidade, economia, eficiência e eficácia, segundo critérios técnicos, da gestão financeira** a uma ou mais entidades sujeitas aos seus poderes de controlo jurisdicional e financeiro.

Qual a natureza deste controlo?

Neste particular, como refere o Prof. Sousa Franco[16], o art. 266.º da CRP impõe aos órgãos da Administração Pública o dever de actuar, no exercício das suas funções, com respeito pelos princípios da igualdade, da proporcionalidade, da justiça e da imparcialidade. Trata-se de uma imposição à Administração de prosseguir o interesse público, segundo o princípio da justa medida, ou seja, adoptando, dentro das medidas necessárias e adequadas ao interesse público, aquelas que se mostrem menos gravosas para os administrados.

Da imposição de tais princípios à Administração decorre que, em matéria de legalidade, não estamos em presença de uma legalidade meramente formal ou restrita, mas antes perante um conceito amplo de legalidade, o qual integra o mérito da decisão.

E a correcção financeira integra hoje o conceito de legalidade em sentido amplo. É o que resulta das pertinentes disposições legais que, para a autorização de despesas públicas, impõem, além da legalidade estrita (conformidade legal) e regularidade financeira e contabilística (inscrição orçamental, cabimento e adequada classificação), que a mesma seja justificada quanto à sua economia, eficiência e eficácia.

Daí que o exercício do controlo da actividade financeira pública, externo e independente, pelo Tribunal de Contas, face ao quadro constitucional e legal de actuação da Administração, abrange o controlo da legalidade formal e da legalidade substantiva: legalidade estrita, regularidade financeira (segundo critérios regulamentares e/ou contabilísticos) e correcção financeira.

---

[16] *O Sistema de Controlo Sucessivo do Tribunal de Contas*, Tribunal de Contas, 1994.

É esta, aliás, a tendência a nível mundial reflectida, já em 1977, na declaração de LIMA[17].

II.4.3. *A metodologia do controlo sucessivo*

Os trabalhos a desenvolver na prossecução dos objectivos definidos pelo Tribunal são realizados através dos seguintes tipos de acções:

- Acções Internas: Verificação interna de Contas;
- Acções externas: Verificação externa de contas e Auditorias de qualquer tipo e natureza.

Quanto às entidades a fiscalizar anualmente pelo Tribunal de Contas, o Plenário da 2.ª Secção, procurando que todos os serviços e entidades sejam controladas pelo menos 1 vez em cada ciclo de quatro anos, aprova até 15 de Dezembro de cada ano, com subordinação ao plano trienal[18], o respectivo plano anual de verificação, do qual constam designadamente:

- O valor da despesa ou receita abaixo do qual as entidades sujeitas à prestação de contas ficam dispensadas de as remeter ao Tribunal;
- A relação das entidades dispensadas da remessa de contas;
- A relação das entidades cujas contas são objecto de verificação externa;

---

[17] IX Congresso da INTOSAI, Lima, Perú, 1977: "Declaração de Lima sobre as Linhas Básicas do Controlo Financeiro"

«Artigo 4.º – Controlo Formal e Controlo das Realizações

1. A tarefa tradicional das Instituições Superiores de Controlo Financeiro consiste no controlo da legalidade e regularidade das operações.

2. A este tipo de controlo que preserva a sua importância e transcendência, alia-se um controlo orientado, relativamente à rentabilidade, utilidade, economia e eficácia das operações estatais que engloba não só cada operação como também a actividade global da administração, incluindo a sua organização e os sistemas administrativos.

3. Os objectivos de controlo a que a ISCF deve aspirar são nomeadamente, legalidade, regularidade, rentabilidade, utilidade e racionalidade das operações, embora estas possuam basicamente a mesma importância; não obstante a ISCF possui a faculdade de determinar, em casos concretos, qual destes aspectos deve ter prioridade.»

[18] O Plenário Geral do TC aprova o programa das suas acções de fiscalização e controlo para cada período de 3 anos, com base nos programas trienais das respectivas secções.

Revista de Finanças Públicas e Direito Fiscal

- A enumeração das auditorias a realizar, independentemente de processos de verificação de contas;
- As acções a realizar no âmbito da elaboração do relatório e parecer sobre a Conta Geral do Estado.

A – Verificação de Contas

O Tribunal verifica as contas que lhe são submetidas, nos termos legais, pelas entidades a tal obrigadas (art. 51.º).

As contas são prestadas por anos económicos ou por gerências, são elaboradas e documentadas de acordo com as instruções emitidas pelo Tribunal, e são remetidas ao Tribunal até 30 de Abril do ano seguinte àquele a que respeitam (art.º. 52.º).

A verificação pode ser interna ou externa, fazendo-se esta com recurso aos métodos e técnicas de auditoria [art.º 54.º, n.ºs 1 e 3, al. h)].

A **verificação interna** é efectuada pelos serviços de apoio do Tribunal de Contas, com homologação pela 2ª Secção, e abrange a análise, conferência e liquidação da conta, incluindo a demonstração do respectivo ajustamento, podendo ainda incluir as conferências documentais necessárias à comprovação da correcção das operações consubstanciadas na conta de gerência.

Tarefa que está a cargo do Departamento de Verificação Interna de Contas (DVIC) e que envolve, concretamente, os seguintes aspectos:

- se todos os documentos de elaboração e apresentação obrigatória foram remetidos ao Tribunal;
- se houve cumprimento dos aspectos formais, datas, assinaturas, campos preenchidos, etc.;
- se há correspondência entre o saldo de abertura e o de encerramento do exercício anterior;

Procede, também, à confirmação aritmética do "ajustamento", ou seja, o confronto das somas do saldo de abertura e os débitos, por um lado, com a soma dos créditos e o saldo de encerramento por outro.[19]

---

[19] Armindo de Jesus Sousa Ribeiro, *O Controlo Sucessivo e a Responsabilidade Financeira*, RTC, n.º 45, Jan/Jun 2006.

199

Artigos

Assim verificada e relatadas as deficiências encontradas, a conta é apresentada à 2ª Secção que procederá à sua homologação ou não consoante apresente ou não erros grosseiros ou falhas inexplicáveis.

A verificação interna pode ser complementada com auditoria, designadamente quando haja indícios ou evidência de factos constitutivos de responsabilidade financeira (art. 55.º, n.º 2).

A **verificação externa** é realizada através de métodos e técnicas de auditoria e tem por objecto apreciar, designadamente, se (art. 54.º):

- As operações efectuadas são legais e regulares;
- Os sistemas de controlo interno são fiáveis;
- As contas e as demonstrações financeiras reflectem fidedignamente as receitas e despesas, bem como a situação financeira e patrimonial das entidades a que respeitam;
- As contas são elaboradas de acordo com as regras contabilísticas fixadas.

B – Auditoria

As auditorias representam hoje um instrumento privilegiado de controlo financeiro no Tribunal de Contas. É através desta forma de controlo sucessivo que o Tribunal pode emitir juízos sobre a legalidade substantiva dos actos, como já foi referido, com base em critérios de economia, eficiência e eficácia.

Por Auditoria entende-se "o exame das operações, actividades e sistemas de determinada entidade, com vista a verificar se são executados ou funcionam em conformidade com determinados objectivos, orçamentos, regras e normas"[20].

Existem vários critérios adoptados para a classificação das auditorias, que podem atender ao objectivo prosseguido, ao sujeito que as

---

[20] Tribunal de Contas da União (Brasil) e Tribunal de Contas de Portugal, *Glossário de termos comuns utilizados no âmbito do controlo externo*, Lisboa, Abril de 1992, e aprovado pelo Tribunal de Contas da União Europeia. Cf. Patrick Everard e Diane Wolder, Glossarium – *Sélection de Termes et expressions utilizes en matière de contrôle externe des finances publiques*, Luxemburgo, Office des publications officielles des Communautés européennes, 1989. Esta definição é ainda a adoptada pela INTOSAI, e portanto mais voltada para o controlo das finanças públicas.

Revista de Finanças Públicas e Direito Fiscal

realiza, à sua amplitude, à periodicidade, ou à exaustão ou profundidade, etc.

Referiremos os mais importantes.

Quanto ao **âmbito**

• *Auditorias gerais* – dirigidas à actividade do serviço ou entidade em todas as suas dimensões, tendo por fim obter uma visão global da organização;
• *Auditorias orientadas* – centradas em sectores, áreas, programas/projectos ou actividades específicas.

Quanto ao **objectivo** prosseguido, poderão ser realizadas:

• Auditorias *financeiras* (de contas, da situação financeira, de legalidade e de regularidade);
• Auditorias de *gestão* (também designadas operacionais ou de resultados) que incluem a avaliação da gestão em geral ou de aspectos ou impactos em particular; e ainda
• Auditorias *integradas* quando englobam os dois tipos, de gestão e financeira.

A *Auditoria Financeira* procede à análise das contas, da situação financeira e da legalidade e regularidade das operações, é realizada por um auditor e tem em vista a emissão de um parecer.

Este tipo de auditoria inclui:

(1) A análise das contas e da situação financeira da entidade fiscalizada, com vista a verificar se:
   a) Todas as operações foram correctamente autorizadas, liquidadas, ordenadas, pagas e registadas;
   b) Foram tomadas medidas apropriadas com vista a registar com exactidão e a proteger todos os activos, (como por exemplo, tesouraria, investimentos, inventário dos valores imobilizados, existências).

(2) A análise da legalidade e regularidade, com vista a verificar se:
   a) Todas as operações registadas estão em conformidade com a legislação geral e específica em vigor;

b) Todas as despesas e receitas são, respectivamente, efectuadas e arrecadadas com observância dos limites financeiros e do período autorizados;

c) Todos os direitos e obrigações são apurados e geridos segundo as normas aplicáveis.

Já a *auditoria da gestão*, ou auditoria operacional ou de resultados, tem como objectivo básico a avaliação da gestão de uma determinada entidade, consistindo aquela avaliação na apreciação dos resultados face aos objectivos fixados, da segurança e da gestão dos meios utilizados nas decisões tomadas e nas acções empreendidas, bem como da conformidade legal destas últimas.

A segurança prende-se com a existência de sistemas de controlo interno para salvaguarda e controlo dos bens; a gestão dos meios refere-se à aplicação de critérios de medida que servirão de orientação às decisões dos responsáveis; e a conformidade legal refere-se à existência de lei que autorize a despesa.

Os critérios de medida geralmente utilizados na avaliação e controlo da gestão são o da economia, o da eficiência e o da eficácia.

Economia: Aquisição de recursos financeiros, humanos e materiais apropriados, tanto sob o ponto de vista da qualidade como da quantidade, no momento oportuno e pelo menor custo;

Eficácia: Grau de alcance dos objectivos visados, segundo uma relação de custo/benefício favorável.

Eficiência: Utilização dos recursos financeiros, humanos e materiais de modo a atingir a maximização dos resultados para um determinado nível de recursos ou a minimização dos meios para determinada quantidade e qualidade de resultados.

A *Auditoria Integrada* é uma auditoria de conjunto que inclui simultaneamente a auditoria financeira e a auditoria de resultados, como foi referido, sendo certo que em ambos os tipos de auditorias há aspectos comuns, como o exame da conformidade legal da autorização da despesa e a avaliação do sistema de controlo interno.

Este tipo de auditoria justifica-se sempre que coincidem o objecto da auditoria, o período de referência e as informações a examinar.

*

Revista de Finanças Públicas e Direito Fiscal

Como já referimos, o Tribunal de Contas pode realizar auditorias de qualquer tipo ou natureza (art.º 55.º), sendo aqueles a que mais recorre, por se adequarem especificamente ao exercício das suas funções, as seguintes:

- Auditorias financeiras;
- Auditorias de gestão (operacionais ou de resultados);
- Auditorias integradas;
- Auditorias orientadas;
- Auditorias de projectos ou programas;
- Auditorias de sistemas;
- Auditorias ambientais.

Os sentidos que se atribuem a estas expressões são as inscritas no glossário adoptado pelo Tribunal de Contas[21] e, ainda, no Manual de Auditoria e de Procedimentos do Tribunal de Contas, Vol. I, 1999.

✳

As normas e procedimentos de Auditoria, bem como os métodos a levar a cabo pelos Auditores constam do Manual de Auditoria do Tribunal de Contas que reflecte os princípios gerais de auditoria internacional-mente aceites e definidos nas normas de auditoria de organizações internacionais, designadamente da *International Federation of Accountants* (IFAC) e da *Féderation des Experts Comptables Européens* (FEE), e do movimento de harmonização que a nível internacional se tem feito sentir sob a égide da *International Organization of Supreme Audit Institutions* (INTOSAI). Daqui resultou a definição de normas de controlo destinadas às instituições superiores de controlo.

II.4.4. *Resultados*

Os resultados do controlo sucessivo constam dos respectivos relatórios de auditoria que podem ter as seguintes finalidades e destinos:

---

[21] Cfr. *ob. cit.*

a) Apresentação de relatórios ao público, designadamente através do *site* do Tribunal de Contas e dos *media,* permitindo aos contribuintes o controlo da gestão dos dinheiros públicos e do dever de prestação de contas (accountability);
b) Ao Parlamento, como destinatário privilegiado da acção de controlo, atentas as suas atribuições no domínio do controlo político e orçamental da acção governativa.
c) Ao governo, enquanto entidade responsável pela direcção ou tutela dos serviços e organismos da administração pública;
d) Ao serviço controlado, no sentido da correcção das ilegalidades e/ou melhoria de eventuais pontos fracos no seu sistema de controlo;
e) Ao Ministério Público, acompanhado do respectivo processo e documentação pertinente, se for caso disso, a fim de serem desencadeados eventuais procedimentos jurisdicionais com vista à efectivação da eventual responsabilidade financeira, reintegratória e/ou sancionatória (arts. 29.º, n.ºs 4, 5 e 6, 54.º, n.º 4, 55.º e 57.º, n.º 5);
f) Participação de situações anormais a entidades competentes para as corrigir ou sancionar;

Destes relatórios resultam, muitas vezes, recomendações feitas pelo Tribunal com o objectivo da correcção de deficiências verificadas, feitas com intuitos pedagógicos, visando essencialmente uma cultura de gestão cada vez mais responsável.

Estas recomendações e o seu acatamento pelas entidades auditadas têm agora uma importância acrescida face às últimas alterações introduzidas na LOPTC, como já deixámos dito atrás (cfr. II.2, *in fine*).

III. Alguns dados sobre a actividade do TC em 2007

No âmbito da FISCALIZAÇÃO PRÉVIA foram analisados 1736 processos, remetidos por 766 entidades, tendo sido visados 1660 e recusados 46, a que correspondeu uma despesa controlada no total de 4.2 mil milhões de euros.

Revista de Finanças Públicas e Direito Fiscal

De entre as principais ilegalidades e irregularidades detectadas nos contratos vindos a *Visto* do Tribunal em 2007 e que originaram recusa de *visto* salientam-se as seguintes:
- Recurso ao procedimento de ajuste directo ou concurso limitado sem apresentação de candidaturas sem que se verificassem os respectivos pressupostos legais;
- Exclusão indevida de concorrentes com repercussão no resultado financeiro do contrato;
- Graves omissões no projecto patenteado a concurso;
- Violação das regras legais aplicáveis no recurso ao crédito.

Na generalidade das situações verificou-se um elevado grau de acatamento das recomendações formuladas pelo Tribunal em controlos efectuados em anos anteriores.

Apesar disso, em 2007 foi recusado o visto a 4 contratos por não terem sido acatadas recomendações feitas em anos anteriores.

A nível da FISCALIZAÇÃO CONCOMITANTE foram aprovados pelo TC 14 relatórios de auditoria.

Já no âmbito da FISCALIZAÇÃO SUCESSIVA foram: aprovados os Pareceres sobre a Conta Geral do Estado de 2006 e sobre as Contas das Regiões Autónomas de 2005, bem como os pareceres sobre as contas da Assembleia da República e das Assembleias Legislativas das Regiões Autónomas de 2006; concluídas 99 auditorias no âmbito das diversas áreas de actuação; e realizada a verificação interna de 581 contas correspondendo a um valor financeiro de 68 213 milhões de euros.

Bibliografia

AMARAL, FREITAS DO, *Curso de Direito Administrativo*, Vol. II, Almedina.

CORREIA, LIA OLEMA F. V. J., *O Dever de Boa Gestão e a Responsabilidade Financeira*, in "Estudos Jurídicos e Económicos em Homenagem ao Prof. Doutor António de Sousa Franco", Vol II, FDUL, 2006, pags. 791 a 813.

MAGALHÃES, LÍDIO DE
- *A fiscalização prévia do Tribunal de Contas – Algumas questões,* in RTC 19 e 20, Jul./Dez, 1993, pags 259 a 271.
- *A fiscalização prévia do Tribunal de Contas na Lei n.º48/2006*, in Revista de Administração Local, Setembro/Outubro de 2006, pags. 591 a 605.

OLIVEIRA, A. ÁGUEDO DE *A fiscalização financeira preventiva no direito português*, TC, Lisboa, 1959.

OLIVEIRA MARTINS, GUILHERME DE *A reforma do Tribunal de Contas*, TC 2006.

OTERO, PAULO *Legalidade e Administração Pública*, Almedina, 2003.

PAZ FERREIRA, EDUARDO *Os Tribunais e o controlo dos Dinheiros Públicos*, in Estudos em Homenagem a Cunha Rodrigues, II, Coimbra Editora, 2001.

RIBEIRO, ARMINDO DE JESUS SOUSA *O Controlo Sucessivo e a Responsabilidade Financeira*, in RTC, n.º 45, Jan/Jun 2006.

SOUSA, ALFREDO JOSÉ DE
- *Lei do Procedimento do Tribunal de Contas*, TC, 1994.
- *O controlo Externo das Finanças Públicas: O Tribunal de Contas*, in BFDUC, 1997.

SOUSA FRANCO, ANTÓNIO DE
- *O Sistema de Controlo Sucessivo do Tribunal de Contas*, Tribunal de Contas, 1994.
- *O Controlo da Administração Pública em Portugal*, in RTC, 19 e 20, Jul./ Dez, 1993, pags 115 a 161.

TAVARES, JOSÉ F.F.
- *Relações entre Órgãos de Controlo Interno e Externo*, Estudos de Administração e Finanças Públicas, Almedina, 2004.
- *O Tribunal de Contas*, Almedina, 1998

MANUAL DE AUDITORIA E PROCEDIMENTOS DO TRIBUNAL DE CONTAS, Vol. I, 1999.

COMENTÁRIOS DE JURISPRUDÊNCIA

ACÓRDÃO DO TRIBUNAL DE JUSTIÇA DAS COMUNIDADES
EUROPEIAS (TJCE)

18 de Dezembro de 2007

**Processos Doris Habelt (C-396/05), Martha Möser (C-419/05)
e Peter Wachter (C-450/05)**

Nazaré da Costa Cabral

I. Descrição

O ponto de partida da presente decisão jurisprudencial diz respeito
à validade dos Anexos III e VI do Regulamento n.º 1408/71 do Conselho,
de 14 de Junho de 1971 e resultou de acções propostas por pensionistas
do organismo de pensões alemão, o *Deutsche Rentenversicherung Bund*,
relativamente à recusa deste em considerar, para o efeito do pagamento
das pensões de velhice, os períodos contributivos completados fora do
território alemão, atendendo ao facto de os requerentes da pensão terem
fixado residência em outro Estado membro que não a Alemanha.

II. Síntese da decisão

Nos processos Doris Habelt e Martha Möser, o TJCE teve de pronunciar-se sobre a compatibilidade com o Tratado, das diposições do Anexo
VI do Regulamento n.º 1408/71 (Rubrica C, "Alemanha", ponto 1), que
permitem excluir os períodos contributivos completados em territórios
aos quais a legislação do antigo *Reich* alemão se aplicava em matéria de
pagamento de pensões de velhice. Considerando que a situação das duas
pensionistas referidas cabia no âmbito do mencionado Regulamento, o

Revista de Finanças Públicas e Direito Fiscal

TJCE veio entender que a recusa em considerar, para o efeito do cálculo das pensões de velhice a pensionistas não residentes na Alemanha, as contribuições pagas entre 1937 e 1945 no antigo *Reich* alemão (mas que hoje já não pertencem ao território alemão), constitui um entrave à respectiva liberdade de circulação de trabalhadores. Na ausência de qualquer justificação objectiva, o TJCE concluiu que as previsões do Anexo VI são incompatíveis com o princípio da liberdade de circulação de pessoas e, em especial, com o disposto no artigo 42.º do Tratado.

No processo Peter Wachter, o TJCE pronunciou-se sobre a compatibilidade com o Tratado, das disposições constante do Anexo III, Rubricas a e B, ponto 35, "Alemanha-Áustria" e do Anexo VI, Rubrica C, "Alemanha", ponto 1. Estas disposições surgiram na sequência da aplicação à Áustria do disposto no Regulamento n.º 1408/71, em 1994. Até esta data, as pensões baseadas em períodos contributivos obtidos no estrangeiro (v.g. países não comunitários) podiam, ao abrigo de Convenção Germano-Austríaca, ser pagas na Áustria. A partir de então, as referidas disposições permitem que tais períodos possam ser considerados, apenas relativamente aos requerentes residentes na Alemanha. O TJCE considerou tais disposições incompatíveis com a liberdade de circulação de trabalhadores prevista concretamente nos artigos 39.º e 42.º do Tratado, na medida em que elas permitem, nos casos como o presente (em que o requerente reside na Áustria), fazer depender o reconhecimento de períodos contributivos completados ao abrigo da *Fremdrentengesetz* (FRG, Lei de acesso à pensão por contribuições pagas no estrangeiro), por contribuições pagas entre 1953 e 1970 na Roménia (onde este requerente vivia), da condição de o mesmo residir agora na Alemanha.

O TJCE considerou então que, no caso, era aplicável o direito comunitário. Na verdade, ainda que, ao tempo, os organismos de pensões aos quais o requerente pagou as respectivas contribuições pertencessem a um Estado terceiro (a Roménia), elas haviam sido consideradas para o efeito de acesso e cálculo de uma pensão paga pelo Estado Alemão. A perda desse direito, na sequência da aplicação à Áustria do mencionado Regulamento comunitário, traduzir-se-ia pois num grave atentado à liberdade de circulação de trabalhadores.

Comentários de Jurisprudência

III. Comentário final

Este Acórdão vem, na sequência e na linha de jurisprudência anterior, reafirmar a necessidade de adequar (em termos de interpretação) o disposto em algumas clásulas anexas ao Regulamento n.º 1408/71 (previstas em certos casos para certos Estados), às liberdades fundamentais do Tratado, *maxime* o princípio da livre circulação de trabalhadores. Trata-se concretamente de *cláusulas de residência* que o TJCE tem vindo, agora como em outros momentos, a considerar incompatíveis com o direito comunitário originário.

A TAXA DE REGULAÇÃO E SUPERVISÃO DA ERC – ENTIDADE REGULADORA PARA A COMUNICAÇÃO SOCIAL

ANOTAÇÃO AO ACÓRDÃO DO TRIBUNAL CONSTITUCIONAL N.º 365/2008

Gonçalo Anastácio
Joana Pacheco

SÚMULA DA QUESTÃO *SUB JUDICE* E DA RESPECTIVA DECISÃO

A., Lda. intentou impugnação judicial da liquidação efectuada pela Entidade Reguladora para a Comunicação Social (ERC) a título de taxa de regulação e supervisão, com fundamento na qualificação da taxa de regulação e supervisão (TRS) como um verdadeiro imposto, o que acarreta a inconstitucionalidade orgânica das normas que a criaram – *v.g.* artigos 3.º, n.º 3 alínea a), e 4.º do Decreto-Lei n.º 103/2006, de 7 de Junho (Regime das Taxas da ERC).

Por sentença do Tribunal Administrativo e Fiscal de Ponta Delgada, foi julgada improcedente a impugnação, baseada no entendimento de que estamos perante um tributo bilateral qualificável como taxa, verificando-se o equilíbrio entre o quantitativo desta e a respectiva contraprestação (princípio da proporcionalidade).

Na sequência de recurso interposto pela impugnante daquela sentença, em 2 de Julho de 2008, foi proferido o acórdão *sub judice* pela 2ª Secção do Tribunal Constitucional, o qual confirmou a constitucionalidade dos artigos 3.º, n.º 3 alínea a), e 4.º do Regime das Taxas da ERC, ou seja, da denominada TRS. Em suma, foram os seguintes argumentos expendidos neste aresto:

(i) A Lei Constitucional n.º 1/2004 alterou a redacção do artigo 39.º da Constituição da República Portuguesa (CRP) no sentido de atribuir a uma *entidade administrativa independente*,

Revista de Finanças Públicas e Direito Fiscal

tal como permitido pelo artigo 267.º, n.º 3 da CRP, a tarefa de assegurar nos meios de comunicação social: o direito à informação e a liberdade de imprensa; a não concentração da titularidade dos meios de comunicação social; a independência perante o poder político e o poder económico; o respeito pelos direitos, liberdades e garantias pessoais; o respeito pelas normas reguladoras das actividades de comunicação social; a possibilidade de expressão e confronto das diversas correntes de opinião; e o exercício dos direitos de antena, de resposta e de réplica política.

(ii) A Lei n.º 53/2005, de 8 de Novembro, procedeu à extinção da Alta Autoridade para a Comunicação Social e à criação de uma nova entidade administrativa independente: a ERC.

(iii) Com vista a assegurar a independência da ERC face ao poder político, o artigo 50.º dos seus Estatutos prevê que, para além das verbas provenientes do Orçamento do Estado, uma parte significativa do orçamento daquela entidade provenha de receitas próprias, como "taxas" a cobrar às entidades que prosseguem actividades no âmbito da comunicação social, produto de coimas, sanções pecuniárias compulsórias, multas ou outras receitas resultantes do exercício da sua actividade, ou da alienação de bens.

(iv) No que concerne às taxas a cobrar pela ERC, o artigo 51.º dos seus Estatutos determina:

«1 – Os critérios da incidência, os requisitos de isenção e o valor das taxas devidas como contrapartida dos actos praticados pela ERC são definidos por decreto-lei...

2 – As taxas referidas no número anterior devem ser fixadas de forma objectiva, transparente e proporcionada.

3 – De acordo com os critérios fixados pelo presente artigo, a regulamentação da incidência e do valor das taxas devidas como contrapartida dos actos praticados pela ERC é definida por portaria conjunta do Ministro das Finanças e do membro do Governo responsável pela comunicação social.

4 – As taxas devidas como contrapartida dos actos praticados pela ERC serão suportadas pelas entidades que prosseguem actividades de comunicação social, independentemente do

Comentários de Jurisprudência

*meio de difusão utilizado, na proporção dos custos necessá-
rios à regulação das suas actividades...*

(v) Na sequência da lei parlamentar, o Regime de Taxas da ERC
foi aprovado pelo Decreto-Lei n.º 103/2006, de 7 de Junho,
que estabelece como um dos meios de financiamento da ERC
a cobrança da TRS – cfr. artigos 3.º, n.º 3, a), e 4.º.

Qualificação da «taxa» de regulação e supervisão

(vi) O Tribunal Constitucional, adoptando uma divisão tripartida
dos tributos (imposto, taxa e tributos parafiscais), qualificou
a TRS como contribuição financeira, incluída no conceito de
tributos parafiscais – *v.g.* artigo 3.º n.º 1 alínea a) da Lei Geral
Tributária.

(vii) A TRS é classificada como uma contribuição destinada à cobertura das despesas da ERC com a monitorização e acompanhamento contínuo e permanente de cada entidade que opere e pros-
siga actividades no mercado da comunicação social, de forma a
garantir o cumprimento das competências atribuídas a esta entidade reguladora (artigo 4.º, n.º 1 do Decreto-Lei n.º 103/2006).

(viii) Defende o Tribunal Constitucional que a TRS não pode ser
qualificada como imposto, uma vez que não se trata de uma
participação nos gastos gerais da comunidade, em cumprimento de um dever fundamental de cidadania, nem como uma
verdadeira taxa, pois não estaremos perante a retribuição de
um serviço concretamente prestado por uma entidade pública
ao sujeito passivo. Tais tributos são, assim, qualificáveis como
contribuições (tributos parafiscais).

Da reserva de lei formal em matéria tributária

(ix) Após a Revisão Constitucional de 1997, o artigo 165.º, n.º 1
alínea i) da CRP, passou a referir três categorias de tributos:
os impostos mantiveram-se sujeitos à reserva da lei formal; as
taxas e as contribuições financeiras apenas têm que respeitar
essa reserva de competência no que toca à definição do seu
regime geral, podendo a concreta criação e definição do regime
deste tipo de tributos ser efectuada por diploma legislativo
governamental, sem necessidade de autorização parlamentar.

(x) O regime geral das contribuições financeiras, a definir pela Assembleia da República, deve conter os seus princípios estruturantes e as regras básicas dos seus elementos essenciais comuns.

(xi) Contudo, decorrida mais de uma década sobre esta alteração constitucional, não foi aprovado qualquer regime geral das contribuições financeiras, o que permite algumas dúvidas sobre a licitude de tais tributos entretanto criados sem a existência do enquadramento geral previsto na CRP.

(xii) No que se refere à TRS, não se suscitam ao Tribunal Constitucional dúvidas sobre a sua constitucionalidade resultantes da falta de aprovação pela Assembleia da República de um regime geral "das contribuições financeiras a favor de entidades públicas", dado que através da Lei n.º 53/2005 a Assembleia da República, permitiu a cobrança de *"taxas e outras receitas…junto das entidades que prosseguem actividades no âmbito da comunicação social"*, estabelecendo que *"os critérios de incidência, os requisitos de isenção e o valor das taxas devidas como contrapartida dos actos praticados pela ERC"* fossem *"definidos por decreto-lei"*.

(xiii) Defende o Tribunal Constitucional que a expressão *taxas devidas como contrapartida dos actos praticados pela ERC* tem um sentido amplo, abrangendo a TRS.

(xiv) No artigo 51.º, n.º 2, 4 e 5, dos Estatutos da ERC, são enunciadas as regras gerais que devem presidir à criação das referidas "taxas", bem como determinados a sua incidência, o âmbito dos seus sujeitos passivos, o critério para a fixação do seu valor e os prazos para o seu pagamento.

(xv) Por todo o exposto, conclui o Venerando Tribunal que *«Esta normação parlamentar é suficiente para, relativamente a esta concreta taxa, se considerarem atingidos os objectivos constitucionais visados com a exigência de um regime geral das contribuições financeiras a favor de entidades públicas, não sofrendo as normas aí contidas de inconstitucionalidade orgânica.»*

Comentários de Jurisprudência

ANOTAÇÃO

I) Introdução

O actual regime jurídico da regulação e das taxas no sector da comunicação social é muito recente, tendo a criação da ERC e a aprovação dos respectivos Estatutos sido definidas pela Lei n.º 53/2005, de 8 de Novembro, e Regime de Taxas da ERC pelo Decreto-Lei n.º 103/2006, de 7 de Junho. A determinação dos valores a cobrar pela ERC a título de taxas encontra-se regulamentada por Portaria.[1]

O Acórdão em apreço surge num contexto em que, em várias sedes, se questiona a constitucionalidade da TRS.

Cerca de um quarto dos operadores do sector a quem foram liquidadas taxas de regulação e supervisão impugnou judicialmente as liquidações, com base na sua inconstitucionalidade. Ao que julgamos saber foram proferidas, pelo menos cinco decisões dos Tribunais Administrativos e Fiscais de 1ª instância sobre esta matéria. Nos processos n.º 122/06.4BEPDL, 133/06.0BEPDL e 9/07.3BEPDL, o Tribunal Administrativo e Fiscal de Ponta Delgada proferiu sentenças no sentido da conformidade jurídico-constitucional da TRS, qualificando este tributo como uma taxa, por se verificar o equilíbrio necessário entre o pagamento da taxa e a respectiva contraprestação e o respeito pelo princípio da proporcionalidade. Por seu turno, o Tribunal Administrativo e Fiscal de Sintra julgou inconstitucionais as normas relativas à TRS da ERC, por sentenças proferidas nos processos n.º 1233/06 e 240/07. Considerou o Tribunal que, ainda que a TRS possa ser qualificada como uma contribuição financeira a favor de entidade pública admitida pelo artigo 165.º, n.º 1, alínea i), da CRP, tem que submeter-se ao princípio da legalidade tributária em termos idênticos aos dos impostos, isto é, à reserva de competência parlamentar quanto à determinação da sua taxa e da sua incidên-

---

[1] Os montantes das taxas foram fixados pela Portaria n.º 653/2006, de 29 de Junho, e pela Portaria n.º 136/2007, de 29 de Janeiro.

Revista de Finanças Públicas e Direito Fiscal

cia, benefícios fiscais e garantias dos contribuintes, face à ausência de um regime geral definido pela Assembleia da República.[2]

Para além da última jurisprudência mencionada, também o Provedor de Justiça, Dr. Nascimento Rodrigues, proferiu, ao abrigo do artigo 20.º, n.º 1 alínea b), da Lei n.º 9/91, de 9 de Abril, a Recomendação n.º 5/B/2008, de 2 de Junho, dirigida ao Ministro dos Assuntos Parlamentares, na qual defende a inconstitucionalidade das normas do Decreto-Lei n.º 103/2006 que criam a TRS da ERC. Entende o PROVEDOR que a regulação do sector da comunicação social, tal como de outros sectores, visa a satisfação de interesses colectivos, trazendo a actividade de regulação benefícios não só para os operadores (entidades reguladas), mas igualmente para toda a colectividade (para os cidadãos enquanto utentes dos serviços prestados pelos operadores). Argumenta ainda:

«Deste modo, a actividade de regulação propriamente dita da ERC será tendencialmente paga por dois tipos de receitas: as verbas provenientes do Orçamento do Estado (artigo 50.º, alínea a), dos Estatutos da ERC), que constituirão as contribuições dos cidadãos, e a taxa de regulação paga pelos operadores, de acordo com os critérios previstos nas diversas alíneas do artigo 7.º, n.º 1, do Regime de Taxas da ERC. Estes critérios – volume de trabalho repercutido na actividade reguladora, complexidade técnica da actividade reguladora, características técnicas e alcance geográfico do meio de comunicação utilizado, impacto da actividade desenvolvida pelo operador –, podendo traduzir alguma proporcionalidade com o trabalho efectivamente dispendido com a ERC na sua actividade de regulação e supervisão com cada um dos tipos de operadores enunciados pela lei, não deixarão também de revelar tendencialmente a maior ou menor capacidade contributiva desses mesmos operadores, nesse sentido permitindo uma repartição dos encargos com a regulação do sector igualmente em função da capacidade contributiva dos regulados.»

---

[2] Vide PROVEDOR DE JUSTIÇA, Recomendação n.º 5/B/2008, de 2 de Junho, no sítio www.provedor-jus.pt; bem como DIOGO ORTIGÃO RAMOS e PEDRO SOUSA MACHADO, "As taxas de regulação económica no sector da comunicação social", em *As Taxas de Regulação Económica em Portugal*, 2008, Almedina, pág. 167.

219

Comentários de Jurisprudência

Conclui, assim, o Provedor de Justiça que, independentemente da qualificação jurídica da TRS, esta tem de ser tratada, em termos jurídico-constitucionais, como um imposto, sendo-lhe aplicável o princípio da legalidade fiscal (artigos 165.º, n.º 1, alínea i), e 103.º, n.ºs 2 e 3 da CRP). Sucede que, no caso da TRS, a incidência, montante, isenções e garantias dos sujeitos passivos da denominada taxa de regulação encontram-se definidos por diploma governamental (Decreto-Lei n.º 103/2006), sem o suporte de uma lei parlamentar habilitante. A inexistência dessa autorização da Assembleia da República fere de inconstitucionalidade as referidas normas do regime aprovado pelo Decreto-Lei n.º 103/2006, por violação do princípio da legalidade tributária.[3]

No contexto exposto, o acórdão do Tribunal Constitucional objecto da presente anotação reveste grande importância, não só ao julgar a constitucionalidade das normas que regulamentam a TRS da ERC, mas também ao tomar posição expressa no que se refere a duas questões centrais que se colocam quanto à TRS da ERC:

a) Qualificação da "taxa" de regulação e supervisão;

b) Alcance da reserva de lei formal em matéria tributária.

No entanto, não pode deixar de lamentar-se que, em virtude do objecto do recurso, o Tribunal Constitucional não tenha tido oportunidade de se pronunciar em termos inovadores quanto à questão do princípio da equivalência na determinação dos montantes das taxas e tributos parafiscais.

II) Qualificação da "taxa" de regulação e supervisão da ERC

II.1) *Taxas de regulação económica*

A definição conceptual e a qualificação das taxas de regulação económica não mereceram ainda atenção significativa por parte quer da doutrina, quer da jurisprudência portuguesas.

---

[3] Apesar de datado de um mês após o parecer do Provedor de Justiça, o acórdão do Tribunal Constitucional não faz qualquer referência àquele, o que leva a presumir que não terá tido acesso aos argumentos nele expendidos. Aguardamos que em próximos arestos sobre a matéria, o Tribunal Constitucional se pronuncie sobre o teor de tal parecer.

Para isto contribuiu em larga medida a Constituição de 1976, cujo texto impunha uma representação dicotómica dos tributos, procedendo à separação estanque entre imposto e taxa. Nas palavras de CASALTA NABAIS: «...*facilmente se compreende que se impõe aqui uma divisão dicotómica, que distinga entre impostos e outros tributos, adiantando desde já, que estes outros tributos hão-de polarizar-se ou reconduzir-se à figura das taxas. Isto é, em termos jurídico constitucionais – os únicos que aqui nos interessam –, ou estamos perante impostos ou perante outras figuras tributárias que, na prática, se reconduzem às taxas, não havendo, pois, lugar a um terceiro, ou mesmo a um terceiro e a um quarto géneros, como actualmente se verifica um pouco por toda a parte com as chamadas contribuições ou tributos especiais, por um lado, e com o designado fenómeno da parafiscalidade, por outro.*»[4] A doutrina e jurisprudência rejeitavam, pois, qualquer relevo ou autonomia às figuras tributárias parafiscais.

As definições legais dos conceitos de imposto e taxa, constantes do artigo 4.º da Lei Geral Tributária, reflectem o entendimento dominante da doutrina. Sumariamente, poderemos dizer que o **imposto** é tradicionalmente definido como uma prestação unilateral, pecuniária e coactiva, sem carácter de sanção, exigida pelo Estado ou outros entes públicos, tendo em vista a realização de fins públicos. Por seu turno, a **taxa** consiste num preço autoritariamente estabelecido, devido pela utilização individualizada de bens públicos ou semi-públicos, sendo a sua contrapartida uma actividade do Estado ou de outro ente público. Um dos traços distintivos mais relevantes da figura da taxa face ao imposto assenta no seu carácter bilateral ou sinalagmático, ou seja, à obrigação de pagar uma taxa corresponde uma contrapartida individualizável do Estado.[5]

---

[4] CASALTA NABAIS, *O Dever Fundamental de Pagar Impostos*, 1998, Almedina, págs. 251-252. O mesmo Autor constata existirem países com uma tradição de distinção tripartida e até quadripartida dos tributos, nomeadamente na Alemanha, Itália, Espanha e França.

[5] Sobre a distinção entre imposto e taxa, *vide* nomeadamente EDUARDO PAZ FERREIRA, "Ainda a propósito da distinção entre Impostos e Taxas: o caso da Taxa Municipal devida pela realização de Infra-Estruturas Urbanísticas, *Ciência e Técnica Fiscal*, 1995, n.º 380, pág. 59 e seguintes.

Era, todavia, entendimento pacífico que a qualificação dos tributos apenas assumia relevo para a delimitação da reserva de lei parlamentar ao nível constitucional, estando os impostos sujeitos a esta exigência e as taxas não. Em consequência, a bilateralidade difusa característica das taxas de coordenação económica, levou a que a doutrina dominante e a jurisprudência constitucional as equiparasse a verdadeiros impostos, para esse efeito.

Paulatinamente, a doutrina tem vindo a debruçar-se e a atribuir relevo e autonomia à figura de contornos intermédios dos tributos parafiscais, na qual se incluem as contribuições financeiras para a cobertura de despesas de pessoas colectivas públicas não territoriais, que consubstanciam uma consignação subjectiva de receitas.

Ora, quanto à determinação do conceito das taxas de regulação económica, e como melhor refere SÉRGIO VASQUES, *«acreditamos que a concentração da doutrina e jurisprudência sobre o problema da reserva de lei parlamentar, bem como a insistência numa representação dicotómica dos tributos públicos, prejudicaram a delimitação conceitual das taxas de regulação económica.».* De acordo com este Autor, as taxas de regulação não podem ser qualificadas como taxas, uma vez que não estão direccionadas *«...à compensação de prestações administrativas efectivamente provocadas ou aproveitadas pelos sujeitos passivos. O trabalho quotidiano de vigilância e regulação dos mercados não se pode desagregar em prestações concretas e individualizadas, cujo custo ou valor se possa exigir daqueles que efectivamente as provocam ou aproveitam.».* Os tributos em análise não podem, de igual modo, qualificar-se como impostos, *«...pois que o seu propósito não está em fazer com que os operadores de cada sector contribuam para os gastos gerais da comunidade, em cumprimento de um dever fundamental de cidadania, mas antes fazê-los contribuir para o financiamento de prestações de que são presumíveis causadores ou beneficiários.»*[6]

---

[6] SÉRGIO VASQUES, "As taxas de regulação económica em Portugal: uma introdução", em *As Taxas de Regulação Económica em Portugal*, 2008, Almedina, pág. 31. Do mesmo Autor, *O princípio da equivalência como Critério de Igualdade Tributária*, Teses de Doutoramento, 2008, Almedina.

Revista de Finanças Públicas e Direito Fiscal

As taxas de regulação económica devem, pois, ser qualificadas como contribuições, um *tertium genus*, em que existe uma relação para-comutativa difusa, pois visam compensar um conjunto amplo de serviços prestados pela entidade administrativa a um grupo de pessoas ou entidades, que beneficiam colectivamente daquelas actividades.

II.2) *Taxa de regulação e supervisão da ERC*

No cumprimento do disposto no artigo 39.º da CRP (na redacção que lhe foi dada pela Lei Constitucional n.º 1/2004), a Lei n.º 53/2005, de 8 de Novembro, atribuiu à ERC, entidade administrativa independente, a tarefa de assegurar a regulação do sector da comunicação social.

Como instrumento para assegurar a efectiva independência estrutural e funcional da ERC, o artigo 50.º dos seus Estatutos confere-lhe uma certa independência financeira, reflectindo o entendimento de que o financiamento desta entidade reguladora não pode depender unicamente de fontes externas, sob pena de afectação do seu estatuto de independência.[7] A ERC beneficia, assim, de um regime de financiamento misto em que as principais fontes de receita são, por um lado, verbas provenientes do Orçamento de Estado e, por outro, receitas próprias consubstanciadas no produto de taxas, multas, coimas e sanções pecuniárias compulsórias. Nas palavras de GOMES CANOTILHO, em parecer sobre a matéria,

> «*A actividade da ERC traduz-se, portanto, num duplo serviço, justamente espelhado no desdobramento das suas fontes de financiamento. Num serviço de recorte eminentemente público – de pura regulação –, indiferenciadamente prestado a toda a comunidade e, por conseguinte, financiado directamente pelo orçamento do Estado. E num serviço aos operadores na área da comunicação social – seja na imprensa, na rádio ou na televisão, quiçá em novos meios ou suportes – diferenciado em função do grau e intensidade do "acompanhamento" que cada um deles postula e individualmente financiado pelo pagamento da taxa respectiva.*»

---

[7] Vide, inter alia, JOÃO CONFRARIA, *Regulação e concorrência – Desafios do Século XXI*, Universidade Católica, 2005.

Comentários de Jurisprudência

Uma das fontes de receitas próprias da ERC é a denominada taxa de regulação e supervisão. Nos termos do artigo 4.º n.º 1 do Decreto-Lei n.º 103/2006, de 7 de Junho, este tributo *«visa remunerar os custos específicos incorridos pela ERC no exercício da sua actividade de regulação e supervisão contínua e prudencial.»* Estão sujeitos à TRS todas as entidades que prossigam actividades de comunicação social (artigo 4.º n.º 2 do Decreto-Lei n.º 103/2006).

Tem aplicação à qualificação da TRS tudo o que se deixou dito supra sobre as taxas de regulação económica em geral. A actividade desenvolvida pelas entidades que prosseguem actividades de comunicação social será causadora da necessidade da ERC empreender acções de regulação e de supervisão contínuas, beneficiando as entidades reguladas da vigilância no cumprimento das regras estabelecidas para o sector e da efectiva concorrência ao nível dos produtos oferecidos. Será o benefício gerado pela actividade da entidade reguladora a contrapartida da TRS, devendo as entidades reguladas contribuir proporcionalmente para o financiamento dos custos dessas acções. A TRS caracteriza-se então por uma bilateralidade difusa que remete para a sua qualificação como contribuições.

Isto posto, a importância que assume, nesta sede, o aresto *sub judice* é, por um lado, a de o Tribunal Constitucional expender argumentos e pronunciar-se expressamente sobre a qualificação conceptual do tributo separadamente da questão da reserva de lei parlamentar e, por outro, o reconhecimento da autonomia das figuras tributárias parafiscais, qualificando a TRS como contribuição financeira:

> *«Não estamos, pois, no seu aspecto dominante, perante uma participação nos gastos gerais da comunidade, em cumprimento de um dever fundamental de cidadania, nem perante a retribuição de um serviço concretamente prestado por uma entidade pública ao sujeito passivo, pelo que a referida "taxa" não se pode qualificar nem como imposto, nem como uma verdadeira taxa, sendo tais tributos antes qualificáveis como contribuições, incluídas na designação genérica dos tributos parafiscais (vide, adoptando esta qualificação relativamente às "taxas" financiadoras da actividade das entidades reguladoras, GOMES CANOTILHO e VITAL MOREIRA, em "Constituição da República Portuguesa anotada", vol. I, pág. 1095, da 4ª ed., da Coimbra Editora, CARDOSO DA COSTA, em "Sobre*

*o princípio da legalidade das "taxas" (e das "demais contribuições finan-
ceiras")", em Estudos em homenagem ao Professor Doutor Marcello
Caetano no centenário do seu nascimento", pág. 805, e SÉRGIO VASQUES,
em "As taxas de regulação económica em Portugal: uma introdução", em
"As taxas de regulação económica em Portugal", pág. 34, da ed. de 2008,
da Almedina).»*

III) Alcance da reserva de lei formal em matéria tributária no que concerne à TRS

Como visto supra, em grande medida em virtude do texto constitucional de 1976 e da divisão dicotómica dos tributos entre impostos e
taxas, a doutrina e a jurisprudência dominantes equiparava as taxas de
coordenação económica a verdadeiros impostos, para efeito da sua sujeição à reserva de lei parlamentar.

Com a Quarta Revisão Constitucional ocorrida em 1997, mediante
a Lei Constitucional n.º 1/97, de 20 de Setembro, a alínea i) do n.º 1
do artigo 165.º da CRP passou a determinar a sujeição dos impostos a
reserva de lei formal, sendo que, no que se refere às taxas e contribuições financeiras, somente a definição do respectivo regime geral está
sujeita à reserva de competência parlamentar, podendo a concreta criação destes tributos ser efectuada mediante diploma legislativo governamental, sem necessidade de autorização da Assembleia da República.
O regime geral das contribuições financeiras deverá conter os seus princípios estruturantes, bem como as regras básicas dos seus elementos essenciais comuns. Como sublinha CARDOSO DA COSTA, um mero diploma
avulso que preveja a cobrança de "taxas" por uma entidade reguladora
não poderá equivaler a um "regime geral".[8]

Ponto essencial nesta matéria é que, desde 1997 e até ao presente, não foi aprovado pelo parlamento um regime geral das contribuições financeiras. Este facto leva a que vários autores tenham suscitado

---

[8] CARDOSO DA COSTA, "Sobre o princípio da legalidade das 'Taxas' (e das 'Demais
Contribuições Financeiras')", em *Estudos em Homenagem ao Professor Doutor Marcello Caetano*, Vol. I, 2006, Coimbra Editora.

dúvidas sobre a constitucionalidade das contribuições financeiras criadas, sem a existência desse regime geral. Ao que julgamos saber, não se prevê para breve (e, seguramente, não para esta legislatura), a aprovação de um regime geral quer para as taxas[9], quer para as contribuições financeiras, o que pode fazer perdurar no tempo a discussão sobre esta matéria. O mesmo, aliás, parece aplicável ao Projecto de Lei-Quadro das autoridades reguladoras independentes, a qual poderia, também, trazer alguma luz a esta matéria,[10] nomeadamente ao nível de eventuais especificidades que se possam justificar em função do regime de independência inerente às entidade reguladoras não sujeitas a supervisão governamental, como é o caso da ERC.

GOMES CANOTILHO e VITAL MOREIRA consideram que *«Já no que respeita ao regime geral das taxas e das demais "contribuições parafiscais", previsto no art. 165º-1/i, verifica-se uma total inércia legislativa, num provável caso de inconstitucionalidade por omissão, que aliás lança sérias dúvidas sobre a licitude das taxas e das contribuições parafiscais entretanto criadas sem o enquadramento desse regime geral (salvo as criadas por via legislativa parlamentar, bem entendido)»*. SÉRGIO VASQUES vai mais longe, ao defender que, até à criação de tal regime geral de enquadramento destas figuras tributárias, a criação e disciplina das taxas de regulação económica deverá subordinar-se à intervenção parlamentar, sendo inconstitucionais as contribuições criadas por decreto-lei governamental.[11]

Concretamente no que se refere às taxas que constituem receitas da ERC, a Assembleia da República, nos artigos 50.º e 51.º da Lei n.º 53/2005, permitiu a cobrança de taxas e outras receitas junto das enti-

---

[9] Ao nível infraestadual, o Regime Geral das Taxas Locais foi já aprovado pela Lei n.º 53-E/2006, de 29 de Dezembro, podendo ser tentado algum grau de aplicação analógica

[10] Não estamos neste caso, porém, na presença de um comando constitucional. A propósito do referido projecto, vide designadamente VITAL MOREIRA e FERNANDA MAÇÃS, *Autoridades Reguladoras Independentes – Estudo e Projecto de Lei-Quadro*, 2003, Coimbra Editora.

[11] GOMES CANOTILHO e VITAL MOREIRA, *Constituição da República Portuguesa anotada – vol. I*, 4ª edição revista, 2007, Coimbra Editora, pág. 1096. SÉRGIO VASQUES, "As taxas de regulação económica em Portugal: uma introdução", em *As Taxas de Regulação Económica em Portugal*, 2008, Almedina, pág. 40.

Revista de Finanças Públicas e Direito Fiscal

dades que prosseguem actividades no âmbito da comunicação social, autorizando que *"os critérios de incidência, os requisitos de isenção e o valor das taxas devidas como contrapartida dos actos praticados pela ERC"* fossem *"definidos por decreto-lei"*. O Tribunal Constitucional e o PROVEDOR DE JUSTIÇA têm, todavia, opiniões divergentes quanto à interpretação daqueles artigos e à constitucionalidade do regime da TRS constante do Decreto-Lei n.º 103/2006.

Determina o n.º 1 do artigo 51.º da Lei n.º 53/2005 o seguinte:

> *«1 – Os critérios da incidência, os requisitos de isenção e o valor das taxas devidas como contrapartida dos actos praticados pela ERC são definidos por decreto-lei, a publicar no prazo de 60 dias a contar da entrada em vigor da presente lei.»* (sublinhado nosso)

Na recomendação supra citada, o PROVEDOR DE JUSTIÇA sustenta que os critérios de determinação do montante da TRS constantes do artigo 7.º, n.º 1 do Regime de Taxas da ERC, apesar de poderem traduzir alguma proporcionalidade com o trabalho efectivamente dispendido pela ERC na sua actividade de regulação e supervisão com cada um dos tipos de operadores, não deixarão também de reflectir a capacidade contributiva destes. Ou seja, a repartição dos encargos com a regulação do sector é feita também em função da capacidade contributiva dos regulados, pelo que, independentemente da sua qualificação e em termos jurídico-constitucionais, a TRS deve ser tratada como um imposto, estando sujeita ao princípio da legalidade fiscal.[12] Ora, o artigo 51.º n.ºs. 1 e 2 dos Estatutos da ERC não são considerados uma lei parlamentar habilitante que legitime a definição por decreto-lei da incidência, montante, isenções e garantias dos sujeitos passivos da TRS, pois que o legislador se refere expressamente a "taxas devidas como contrapartida dos actos praticados pela ERC". Em suma, no entendimento do PROVEDOR a inexistência de

---

[12] Neste sentido, argumenta também CASALTA NABAIS, em parecer citado na recomendação do PROVEDOR DE JUSTIÇA, pág. 6, que a TRS não é bilateral, pois a sua instituição não se deve à necessidade de dar resposta a uma necessidade directa ou indirectamente criada pelos operadores do sector, mas à satisfação de interesses gerais e não corresponde ao critério dos custos gerados, mas sim a uma forma de agravamento da tributação das entidades com maior capacidade contributiva.

Comentários de Jurisprudência

autorização da Assembleia da República fere de inconstitucionalidade as normas em apreço do Decreto-Lei n.º 103/2006.

No acórdão em anotação, o Tribunal Constitucional defende que, apesar de equívoca, a expressão *taxas devidas como contrapartida dos actos praticados pela ERC*, tem um sentido amplo, abarcando as contribuições financeiras que podem ser cobradas como contrapartida da actividade corrente de regulação e supervisão exercida pela ERC. No entendimento do Tribunal, o n.º 4 do mesmo artigo, ao estabelecer como critério de determinação do montante das taxas os custos da ERC no exercício da sua acção corrente de regulação das actividades de comunicação social, esclarece quaisquer dúvidas que pudessem subsistir, para concluir que o disposto quanto a "taxas" nos artigos 50.º e 51.º dos Estatutos da ERC abrange igualmente a TRS. Acresce que, a par da autorização legislativa conferida ao Governo para definir os critérios de incidência, os requisitos de isenção e o valor das taxas, de acordo com o aresto em anotação, a Assembleia da República não deixou de definir as regras gerais que devem presidir à criação das referidas "taxas", assim como à determinação da sua incidência, o âmbito dos seus sujeitos passivos, o critério para a fixação do seu valor e os prazos para o seu pagamento – *vide* artigo 51.º, n.º 2, 4 e 5, dos Estatutos da ERC.[13]

IV) Notas finais

SÉRGIO VASQUES salienta que: «*Os tributos parafiscais situam-se numa área negligenciada do sistema: negligenciada pela doutrina, que*

---

[13] No já aludido parecer junto aos autos, GOMES CANOTILHO sustenta que o valor da TRS também não suscita dúvidas de constitucionalidade, face ao princípio da proporcionalidade O montante da taxa é calculado conforme a categoria em que cada meio de comunicação se insere – artigo 5.º do Decreto-Lei n.º 103/2006 – e com a subcategoria da intensidade de regulação necessária (alta, média e baixa) – artigo 6.º do mesmo diploma, sendo aceitável um sistema de graduação da taxa que tenha em consideração os factores enumerados no artigo 7.º, que reflectem a intensidade das exigências de regulação. Diz ainda aquele Autor que não existe qualquer entrave jurídico à fixação de uma taxa anual para remuneração global dos serviços de regulação e supervisão, dado não existir norma legal que imponha a quantificação do pagamento de taxas individualmente por cada acto praticado.

raras vezes reconhece autonomia conceitual a estas espécies tributárias, negligenciada pelos tribunais, que entre nós as tratam como impostos marginalizando as suas características próprias, negligenciada pelo legislador, que não lhes fixa um regime legal comum.»[14]

O acórdão em apreço tem a virtualidade de, ao versar a TRS e proceder à sua qualificação como contribuição financeira, reconhecer expressamente características próprias e atribuir autonomia conceptual a este tipo de tributos.

Não podemos porém deixar de notar que, certamente por não estar inserida no objecto do recurso que deu lugar a este aresto, não foi abordada a questão, eternamente ignorada pela jurisprudência, do princípio da igualdade tributária.

A natureza paracomutativa das taxas de regulação económica e a lógica de troca a elas subjacente exige como critério de repartição o princípio da equivalência, fundado no princípio da igualdade tributária e no artigo 13.º da CRP.

Com efeito, temos assistido à proliferação de taxas e outros tributos, sem que sejam concomitantemente aplicados mecanismos que obriguem as entidades competentes a fundamentar os montantes que para eles fixam. Por seu turno, a jurisprudência dominante basta-se com uma equivalência jurídica necessária à delimitação conceptual dos tributos, isto é, com a existência de uma relação comutativa entre a obrigação tributária e a prestação administrativa. Os tribunais têm tratado com condescendência ou furtado a tratar, de forma mais ou menos evidente, esta questão do princípio da equivalência na vertente da determinação dos montantes das taxas e outras contribuições, muitas vezes através da imposição de um hercúleo ónus de prova aos sujeitos passivos ou do argumento da inexistência de uma "desproporção intolerável" relativamente à quantificação daqueles tributos.[15]

---

[14] SÉRGIO VASQUES, "Remédios Secretos e Especialidades Farmacêuticas: a Legitimação Material dos Tributos Parafiscais", *Ciência e Técnica Fiscal*, 2004, n.º 413, pág. 138.

[15] Sobre esta matéria da equivalência económica das taxas (e outros tributos parafiscais), vide designadamente CARLOS BAPTISTA LOBO, "Reflexões sobre a (necessária) equivalência económica das Taxas", *Estudos Jurídicos e Económicos de Homenagem ao Prof. Doutor António de Sousa Franco*, vol. I, 2006, Coimbra Editora, págs. 409-

Comentários de Jurisprudência

Ficamos, pois, a aguardar com expectativa uma decisão judicial que verse, expressamente e sem subterfúgios, a legitimação material das taxas e outros tributos à luz do princípio da equivalência económica, aferindo se o montante destes corresponde ao custo ou valor das prestações públicas, respeitando assim o princípio da igualdade e da proporcionalidade.

Por fim, o acórdão em análise vem, uma vez mais, evidenciar a inexistência dos regimes gerais das taxas e das contribuições financeiras especiais. A criação de tais regimes, para além de traduzir o cumprimento de um comando constitucional (aprovado por larga maioria num quadro que não sofreu alteração relevante) teria, sobretudo, uma virtualidade clarificadora, permitindo resolver velhos problemas jurídicos cuja litigância vem consumindo paulatinamente recursos relevantes, privados e públicos, incluindo os inerentes a morosos processos judiciais.

Olhando para o lado cheio do copo, há porém que reconhecer que, no que se refere especificamente às entidades reguladoras independentes, o tempo que passou desde a revisão constitucional de 1997 coincide praticamente com a experiência nacional relevante neste domínio pelo que, à luz de tal vivência e do fluorescente direito comparado pertinente, poderão ser encontradas soluções tributárias eventualmente mais adequadas e operativas.

451; e "Taxas enquanto instrumento de financiamento público – as responsabilidades acrescidas do Estado", *Revista TOC*, n.º 76, Junho de 2006, pág. 43 e seguintes. SÉRGIO VASQUES, *O princípio da equivalência como Critério de Igualdade Tributária*, Teses de Doutoramento, 2008, Almedina. Do mesmo Autor, "As taxas de regulação económica em Portugal: uma introdução", em *As Taxas de Regulação Económica em Portugal*, 2008, Almedina, pág. 41 e seguintes; *Regime das Taxas Locais – Introdução e Comentário*, Cadernos IDEFF n.º 8, 2008, Almedina.

COMPENSAÇÃO – AFINAL NÃO INCONSTITUCIONAL!
– POR INICIATIVA DA ADMINISTRAÇÃO FISCAL

Isabel Marques da Silva

Tribunal Constitucional
Decisão Sumária n.º 360/2008
Processo n.º 534/08
Data: 3-07-2008
Tribunal: 1.ª Secção
Relator: Conselheiro José Borges Soeiro

Acórdão do Supremo Tribunal Administrativo
Processo n.º 0133/08
Data do Acórdão: 30-07-2008
Tribunal: 2.ª Secção
Relator: António Calhau

Sumário:

O artigo 89.º n.º 1 do CPPT não afronta os princípios fundamentais da igualdade, do acesso ao direito e da tutela jurisdicional efectiva, quando interpretado no sentido de que a compensação de créditos fiscais, realizada por iniciativa da Administração tributária, pode ser efectuada desde o momento em que a dívida se torne exigível, apesar de ainda não se encontrar esgotado o prazo para o exercício do direito de impugnação e de esta ainda não ter sido deduzida.

Lisboa, 30 de Julho de 2008. – António Calhau (relator) – Freitas Carvalho – Edmundo Moscoso.

Fontes: *www.tribunalconstitucional.pt* e *www.dgsi.pt*

ANOTAÇÃO

No último número da Revista de Finanças Públicas e Direito Fiscal, sob o título "Compensação inconstitucional por iniciativa da administração fiscal", anotámos o Acórdão do Supremo Tribunal Administrativo de 23 de Abril do presente ano, proferido no processo n.º 0133/08, que julgara violador dos princípios constitucionais da igualdade e do direito a uma tutela jurisdicional efectiva a interpretação do artigo 89.º n.º 1 do CPPT feita no sentido de admitir a declaração de compensação ainda no decurso dos prazo de impugnação contenciosa ou administrativa do acto de liquidação.

Exprimimos nessa ocasião a nossa adesão à decisão tomada pelo STA naquele Acórdão, que apelidámos de, para além de correcta, corajosa, visto contrariar Acórdão do Tribunal Constitucional proferido sobre a mesma questão em 2005 e que não convencia. Desejámos-lhe "que fizesse escola", ou seja, que tivesse um futuro longo e promissor, embora não pudéssemos antecipar se o teria.

Não teve! Teve antes vida breve. Como as flores, nasceu na Primavera para morrer antes ainda do fim do Verão...

I. Do referido Acórdão do STA de 23 de Abril, interpôs a Fazenda Pública recurso de constitucionalidade, ao abrigo do artigo 70.º, n.º 1, alínea a) da Lei do Tribunal Constitucional, argumentando fundamentalmente com a contrariedade do Acórdão "ao juízo de constitucionalidade que a norma já recebeu de acordo com o decidido pelo Venerando Tribunal Constitucional, no Acórdão n.º 386/2005, de 13/07/05, tirado no processo n.º 947/04". Em face do recurso da Fazenda Pública, entendeu o Tribunal Constitucional proferir decisão sumária, nos termos do artigo 78.º-A n.º 1 da Lei do Tribunal Constitucional, por entender que "a questão a decidir é simples por já ter sido objecto de decisão anterior neste Tribunal e se entender que a solução é de manter". Reafirmou, pois, o decidido no seu Acórdão n.º 386/2005, transcreveu a longa fundamentação deste – incluindo o segmento em que se aí se dizia bem se compreender que o preceito fosse interpretado em sentido diferente e que esse sentido diverso era o que cumpriria a "intenção prático-normativa da norma" –, e concedendo provimento ao recurso, revogou o julgamento de inconstitucionalidade proferido pelo STA em Abril.

Comentários de Jurisprudência

II. A decisão do Tribunal Constitucional veio impor ao STA que proferisse nova decisão, dando como assente a não inconstitucionalidade do artigo 89.º, n.º 1 do CPPT. O STA fê-lo em 30 de Julho último, decidindo agora em sentido inverso ao da sua decisão de Abril, ou seja, confirmando o julgamento de primeira instância no sentido da não inconstitucionalidade. Os argumentos agora usados para a defesa da tese acolhida são, naturalmente, os usados pelo Tribunal Constitucional no seu Acórdão de 2005, a saber, o facto de a compensação não implicar a perda do direito de impugnar e de, por essa via, poder obter a anulação do acto tributário com as consequências legalmente devidas, ou seja, a "restituição do indevidamente compensado acrescido do pagamento dos legais juros indemnizatórios". Em síntese, não há como prevenir, mas é possível remediar. E é verdade que é possível remediar, ao menos no caso em que o meio de defesa a utilizar pelo contribuinte para a sua defesa seja, como na hipótese *sub iudice*, a impugnação. Mas verdade é também que "um bem presente vale mais que um bem futuro", e não apenas para o Estado.

III. Sufragada pelos Tribunais a tese da não incompatibilidade do n.º 1 do artigo 89.º do CPPT com os princípios constitucionais da igualdade, do acesso ao direito e da tutela jurisdicional efectiva, será de esperar de que os princípio fundamentais da boa-fé (artigo 266.º, n.º 2, *in fine*, da CRP) e o direito de resistência fiscal (artigo 103.º, n.º 3 da CRP) imponham uma leitura diferente do preceito[1]? Conhecida a orientação jurisprudencial maioritária no sentido de limitar a força jurídica autónoma do princípio da boa-fé ao exercício de poderes discricionários[2], excepcionais no domínio tributário, é de antever que o princípio da boa-fé, por si só, não terá força bastante para inviabilizar uma interpretação puramente literal do artigo 89.º n.º 1 do CPPT. Resta-nos a garantia de que "ninguém pode ser obrigado a pagar impostos..." inconstitucionais,

---

[1] Cfr. ISABEL MARQUES DA SILVA – «Compensação inconstitucional por iniciativa da administração fiscal: Anotação ao Acórdão do STA de 23 de Abril de 2008», Revista de Finanças Públicas e Direito Fiscal, n.º 2, Verão, p. 254.

[2] Cfr. DIOGO LEITE DE CAMPOS/BENJAMIM SILVA RODRIGUES/JORGE LOPES DE SOUSA – *Lei Geral Tributária: comentada e anotada*, 3.ª edição, Lisboa, Vislis, 2003, pp. 239/245 (notas 7 e 9 ao artigo 55.º da LGT).

retroactivos, ou cuja liquidação e cobrança se não faça nos termos da lei", que a doutrina considera impedir a vigência de um princípio como o "solve et repete"[3]. A forma restritiva como as garantias constitucionais dos contribuintes têm sido interpretadas pelo Tribunal Constitucional leva, contudo, a ser comedido nas esperanças de se obter uma interpretação do referido princípio que vede a possibilidade de uma declaração de compensação da administração fiscal dentro do prazo em que podem ser legitimamente suscitadas pelo contribuinte questões que obstem à possibilidade de cobrança coerciva do crédito tributário.

IV. Importa colocar uma última interrogação – a de saber se a jurisprudência irá transpor sem mais esta nova orientação jurisprudencial para os casos em que o meio de defesa adequado é, não a impugnação, mas a oposição à execução fiscal, que depende estruturalmente da própria execução. Pense-se, por exemplo, nos casos em que a dívida exequenda, não sendo ilegal, é inexigível, por falta de notificação da liquidação no prazo de caducidade, por prescrição da dívida exequenda ou por ilegitimidade da pessoa citada, todos três fundamentos próprios da oposição[4] e que não contendem, em si mesmos, com a legalidade da dívida exequenda.

O sistema informático de execuções fiscais também não espera, ao que parece, pelo decurso do prazo de oposição, que é substancialmente mais curto que o de impugnação, para efectivar a compensação. Ora, pode acontecer que o crédito do contribuinte seja de valor igual ou superior ao valor da dívida exequenda, o que teria naturalmente por efeito a extinção da execução em razão do pagamento, com a consequente inutilidade superveniente da lide no caso de a oposição ter sido já deduzida ou a impossibilidade da sua dedução se ainda o não foi. Também não há nestes casos violação dos princípios fundamentais da igualdade, do acesso ao e da tutela jurisdicional efectiva? O princípio da igualdade (entre executados tributários) é compatível com que alguém fique privado do direito de se opor à execução, ou de a ver apreciada, por ter um

---

[3] Cfr. MARIA MARGARIDA CORDEIRO MESQUITA – *Direito de Resistência e Ordem Fiscal: Reflexões sobre o Artigo 106.º, n.º 3 da Constituição da república Portuguesa*, Separata do volume XL do *Suplemento do Boletim da Faculdade de direito da Universidade de Coimbra*, Coimbra, 1996, pp. 97 e 129/130.

[4] Cfr. As alíneas b), d) e e) do artigo 204.º do CPPT.

Comentários de Jurisprudência

crédito compensável de valor igual ou superior à dívida exequenda cuja responsabilidade se lhe imputa, enquanto os executados que não sejam titulares de crédito tributário algum podem fazer valer em oposição as suas razões[5]?

Não nos parece que possa ser assim. A transposição daquela jurisprudência para o caso da oposição à execução parece-nos claramente ilegítima, porque as situações não são sequer comparáveis.

Veremos em que sentido decidirão a questão os nossos Tribunais.

---

[5] Se bem o entendemos, JORGE LOPES DE SOUSA defende haver neste caso violação do princípio da igualdade – cfr. JORGE LOPES DE SOUSA – *Código de procedimento e de Processo Tributário: anotado e comentado*, volume I, Lisboa, Áreas Editora, pp. 636 e 634 (respectivamente, notas 9 e 7 ao artigo 89.º do CPPT).

NULLA POENA SINE LEGE OU A NÃO PUNIBILIDADE DA NÃO ENTREGA DO IVA NÃO RECEBIDO

Isabel Marques da Silva

Acórdão do Supremo Tribunal Administrativo
Processo n.º 0279/08
Data do Acórdão: 28-05-2008
Tribunal: 2.ª Secção
Relator: Jorge de Sousa

Sumário:

O art. 114.º, n.º 1, do RGIT, que pune como contra-ordenação fiscal a «falta de entrega da prestação tributária», não abrange na sua previsão situações em que o imposto que deve ser entregue não está em poder do sujeito passivo, por não ter sido recebido ou retido.

Lisboa, 28 de Maio de 2008. – Jorge de Sousa (relator) – António Calhau – Pimenta do Vale.

Fonte: *www.dgsi.pt*

ANOTAÇÃO

O presente Acórdão do Supremo Tribunal Administrativo, emanado no âmbito de um recurso interposto pelo Ministério Público de uma sentença do Tribunal Administrativo e Fiscal de Leiria que, dando razão ao contribuinte, considerou não ser punível como contra-ordenação de falta de entrega da prestação tributária (artigo 114.º do Regime Geral das Infracções Tributárias) a não entrega de IVA liquidado mas comprovadamente não recebido, e que confirma a decisão de primeira instância, merece a nossa inteira concordância.

Deste Acórdão não decorre, porém, que esteja legitimada a não entrega de prestações tributárias de IVA nos prazos legais. Embora a norma sancionatória não tipifique como contra-ordenação de "falta de entrega da prestação tributária" a não entrega do IVA não recebido, daí não decorre que o imposto não seja devido independentemente do seu recebimento – é esta, aliás, a regra[1] em face do Código do IVA[2] –, e que o incumprimento deste dever de entrega tenha por consequência a possibilidade da sua cobrança coerciva através do processo de execução fiscal e o facto de a ela acrescerem juros de mora. Apenas não haverá coima.

I. O Código do Imposto sobre o Valor Acrescentado foi o último dos modernos "códigos" tributários a integrar um capítulo relativo às "penalidades" – o seu Capítulo VIII –, como era tradicional nos "códigos" de impostos anteriores à REFORMA FISCAL PITTA E CUNHA. Os nascidos desta Reforma – o Código do IRS, o do IRC e o da Contribuição Autárquica -, bem como os muitos outros que entretanto têm surgido, deixaram *ab initio* a matéria das infracções tributárias e suas penalidades fora do respectivo articulado, remetendo-a para a legislação de carácter geral aprovada sobre a matéria, o Regime Jurídico das Infracções Fiscais Aduaneiras e o Regime Jurídico das Infracções Fiscais não Aduanei-

---

[1] Não assim nas empreitadas e subempreitadas de obras públicas em que o dono da obra seja o Estado ou as Regiões Autónomas (Decreto-Lei n.º 204/97, de 9 de Agosto) e nas entregas de bens às cooperativas agrícolas pelos seus associados (Decreto-Lei n.º 418/99, de 21 de Outubro), casos em que o imposto só se torna exigível no momento do recebimento do preço – cfr. CLOTILDE CELORICO PALMA – Introdução ao Imposto sobre o Valor Acrescentado, Cadernos IDEFF, n.º 1, 3.ª edição, Coimbra, Almedina, 2005, pp. 133/134.

[2] Cfr. CLOTILDE CELORICO PALMA – Introdução ao Imposto sobre o Valor Acrescentado, cit., p. 134. O que não é, aliás, exclusivo do IVA, pois, tal sucede igualmente em relação aos rendimentos da categoria B do IRS, salvo nos casos em que o sujeito passivo não tem contabilidade organizada nem é sujeito passivo de IVA ou, sendo-o, se encontra nalguma das situações em que existe dispensa de facturação – assim, JOSÉ GUILHERME XAVIER DE BASTO – IRS: Incidência Real e Determinação dos Rendimentos Líquidos, Coimbra, Coimbra Editora, 2007, pp. 171/173.

239

Comentários de Jurisprudência

ras, num primeiro momento, o Regime Geral das Infracções Tributárias desde 5 de Julho de 2001[3].

Não foi assim com o Código do IVA, que tendo surgido antes daqueles diplomas de carácter geral com eles coexistiu. Tal não significa, contudo, que a aprovação de legislação de carácter geral sobre infracções tributárias tenha deixado incólume o Capítulo do Código do IVA relativo às penalidades, com natureza de transgressões. Com a aprovação do Regime Jurídico das Infracções Fiscais Aduaneiras e do Regime Jurídico das Infracções Fiscais não Aduaneiras revogavam-se tacitamente as normas punitivas cujos factos fossem subsumíveis nos novos tipos legais de contra-ordenações e equiparavam-se a contra-ordenações autónomas as normas que tipificavam como factos não subsumíveis nos novos diplomas[4]. A Lei que aprovou o Regime Geral das Infracções Tributárias veio revogar expressamente o Capítulo VIII do Código do IVA[5], o seu capítulo relativo às penalidades, quiçá na convicção de que este havia sido já todo ele tacitamente revogado pelos anteriores regimes das infracções fiscais[6].

Mas parece que assim não era num caso particular: o da não entrega do imposto que, embora liquidado pelo sujeito passivo aos seus clientes, não fora recebido.

II. Dispunha o n.º 1 do artigo 95.º do Código do IVA, na sua última redacção[7]: «A falta de entrega ou a entrega fora dos prazos estabelecidos de todo ou parte do imposto devido será punível com multa variável entre a décima parte e metade do imposto em falta, com o mínimo de 2.000$, nos casos de mera negligência, e com multa variável entre o dobro e o

---

[3] Cfr. o artigo 14.º da Lei n.º 15/2001, de 5 de Junho, que aprovou o Regime Geral das Infracções Tributárias.

[4] Cfr. o artigo 2.º do Decreto-Lei n.º 376-A/89, de 25 de Outubro (que aprovou o Regime Jurídico das Infracções Fiscais Aduaneiras) e o artigo 3.º, n.º 1 do Decreto-Lei n.º 20-A/90, de 15 de Janeiro (que aprovou o Regime Jurídico das Infracções Fiscais não Aduaneiras).

[5] Cfr. o artigo 2.º da Lei n.º 15/2001, de 5 de Junho.

[6] Neste sentido, PATRÍCIA NOIRET CUNHA – Imposto sobre o Valor Acrescentado: Anotações ao Código do Imposto sobre o Valor Acrescentado e ao Regime do IVA nas Transacções Intracomunitárias, Lisboa, ISG, 2004, p. 519.

[7] Que lhe foi dada pelo artigo 1.º do Decreto-Lei n.º 195/89, de 12 de Junho.

quádruplo do imposto, no mínimo de 10.000$, quando a infracção for cometida dolosamente».

Como resulta claro do tipo legal transcrito, a norma tipificava como transgressão a não entrega ou a entrega retardada, total ou parcial, dolosa ou negligente, do IVA **devido**. Saber em que momento é devido o imposto é questão a resolver em face das pertinentes normas do Código do IVA, em face das quais a obrigação de entrega da prestação tributária de IVA não depende em regra, já o dissemos, do efectivo recebimento da contraprestação devida em razão da transmissão de bens ou da prestação de serviços acrescida do imposto. A norma em apreço tutelava, pois, o pontual recebimento pelo Estado do crédito tributário devido pelo sujeito passivo de IVA, sendo indiferente ao facto de o imposto ter ou não sido recebido por este daqueles sobre quem legalmente o repercute.

Em nosso entender, a entrada em vigor do Regime Jurídico das Infracções Fiscais não Aduaneiras, que se deu no dia 4 de Fevereiro de 1990[8], apenas converteu em contra-ordenação autónoma a transgressão prevista no n.º 1 do artigo 95.º do Código do IVA[9], não tendo revogado tacitamente o referido preceito sancionador pois os factos tipificados nesse artigo não eram inteiramente subsumíveis na nova contra-ordenação de falta de entrega da prestação tributária (artigo 29.º do RJIFNA). Esta, no que ao IVA diz respeito, reproduzia aquilo que no tipo legal do crime de Abuso de Confiança Fiscal se encontrava (cfr. o n.º 2 do artigo 24.º do RJIFNA) e encontra (cfr. o n.º 2 do artigo 105.º do RGIT), pelo que se tem de entender, por identidade de raciocínio, que apenas se tipificava e tipifica como contra-ordenação a falta de entrega da prestação tributária que, tendo sido recebida, haja obrigação legal de liquidar nos casos em que a lei o preveja (cfr. a parte final do n.º 3 do art. 29.º do RJIFNA e a parte final do n.º 3 do artigo 114.º do RGIT). Ora, a não

---

[8] O Decreto-Lei n.º 20-A/90, de 15/1, não obstante a sua data, foi publicado em suplemento ao Diário da República apenas distribuído no dia 30 de Janeiro. Como nada estabelecia quanto à data da sua entrada em vigor, terá entrado em vigor 5 dias após a sua publicação, ou seja, no dia 4 de Fevereiro de 1990. Neste sentido, ALFREDO JOSÉ DE SOUSA – Infracções Fiscais (Não Aduaneiras), 3.ª edição, Coimbra, Almedina, 1998, p. 39 (nota 3 ao art. 2.º do DL n.º 15-A/90).

[9] Por força do artigo 3.º do Decreto-Lei n.º 20-A/90, de 15/1.

Comentários de Jurisprudência

entrega de IVA não recebido não cabe no desenho das normas punitivas dos regimes gerais das infracções fiscais.

III. Dispõe o n.º 1 do artigo 114.º do RGIT que: «A não entrega, total ou parcial, pelo período até 90 dias, ou por período superior, desde que os factos não constituam crime, ao credor tributário, da prestação tributária deduzida nos termos da lei é punível com coima variável entre o valor da prestação em falta e o seu dobro, sem que possa ultrapassar o limite máximo abstractamente estabelecido.

Atente-se no texto da lei. Não se tipifica como contra-ordenação de "falta de entrega" o não pagamento de qualquer imposto. Também se o não faz em relação à não entrega de qualquer prestação tributária. O objecto da infracção é, segundo o respectivo tipo legal, a prestação tributária deduzida nos termos da lei e em relação à qual haja uma obrigação legal de entrega à administração tributária. No IVA, mercê da sua técnica própria e tendo em vista assegurar o princípio da neutralidade do imposto[10], a prestação tributária deduzida é a suportada pelo sujeito passivo e que entra, como elemento a subtrair, no cálculo da prestação tributária a entregar, o que está, aliás, de acordo com a etimologia do preceito, segundo a qual "deduzir", do latim *deducere,* significa "abater, descontar, diminuir, subtrair de um total [11]". Assim, o IVA a entregar, nos casos em que existe e foi exercido do direito à dedução, é, não a prestação tributária deduzida nos termos da lei, mas a diferença positiva entre o IVA liquidado pelo sujeito passivo aos adquirentes dos seus bens ou serviços e o IVA que suportou e em relação ao qual a lei lhe confere direito à dedução. Nos casos em que não for exercido o direito à dedução não há sequer prestação tributária deduzida que possa constituir o objecto da infracção.

Sendo assim, a configuração do facto operada pelo tipo legal de infracção previsto no n.º 1 do artigo 114.º do RGIT não é susceptível de

---

[10] Cfr. CLOTILDE CELORICO PALMA – «IVA – Algumas notas sobre os limites das exclusões do direito à dedução», in Estudos de Imposto sobre o Valor Acrescentado, Coimbra, Almedina, 2006, pp. 140/141.

[11] Cfr. "deduzir" em ACADEMIA DAS CIÊNCIAS DE LISBOA – Dicionário da Língua Portuguesa Contemporânea, I volume, Lisboa, Academia das Ciências de Lisboa e Editorial Verbo, 2001.

242
Revista de Finanças Públicas e Direito Fiscal

moldar-se ao IVA[12], pois neste imposto não há obrigação legal de entregar a prestação deduzida nos termos da lei, o IVA suportado pelo sujeito passivo. O que há é a obrigação legal de entregar o IVA liquidado e que não foi objecto de dedução.

O n.º 3 do artigo 114.º do RGIT procede, contudo, a uma extensão do tipo por forma a nele incluir também prestações deduzidas por conta da prestação tributária e ainda "aquela que, tendo sido recebida, haja obrigação legal de a liquidar, nos casos em que a lei o preveja". Ora, neste segundo segmento do preceito normativo parece haver uma referência compatível com o IVA: com o IVA liquidado e que tenha sido recebido. O recebimento da prestação tributária é, pois, em face do tipo legal de infracção, pressuposto essencial desta. Significa isto que o dever fiscal de entrega de IVA não recebido não goza de protecção punitiva, por atipicidade do facto.

IV. Nem se diga, como afirmámos já noutro lugar mas que entendemos hoje sem razão[13], que a conduta seria subsumível na alínea a) do n.º 5 do artigo 114.º (com antecedentes na alínea a) do n.º 6 do artigo 29.º do RJIFNA, na redacção que lhe foi dada pelo Decreto-Lei n.º 394/93, de 24/11), porque o que aí se pune é a não liquidação ou a liquidação incorrecta do imposto em factura ou documento equivalente ou a sua menção, dedução ou rectificação ilegais[14], pelo que o preceito não serve aos casos em que o imposto foi correctamente liquidado mas não foi recebido, sendo esta a razão determinante da subsequente não entrega.

---

[12] À mesma conclusão chega DIOGO LEITE DE CAMPOS fundando-se embora em argumentos diversos e que considera valerem em face do inteiro tipo legal de crime, e não apenas em face do n.º 1 do artigo 105.º do Regime Geral das Infracções Tributárias – cfr. DIOGO LEITE DE CAMPOS – «Repercussão e Abuso de Confiança em IVA», Ciência e Técnica Fiscal, n.º 404, Out-Dez. 2001, pp. 95/101 e «Compensação de Créditos Fiscais», Revista da Ordem dos Advogados, ano 64, 2004, pp. 115/119.

[13] Cfr. o nosso Regime Geral das Infracções Tributárias, Cadernos IDEFF, n.º 5, 2.ª edição, Coimbra, Almedina, 2007, p. 181.

[14] Estes factos eram tipificados como transgressões nas alíneas b) e d) do artigo 96.º do Código do IVA, preceitos que, estes sim, teriam sido tacitamente revogados com a entrada do Decreto-Lei n.º 394/93, de 24/11 (que deu nova redacção ao artigo 29.º do RJIFNA) – cfr. ALFREDO JOSÉ DE SOUSA – Infracções Fiscais (Não Aduaneiras), cit., p. 146 (nota 9 ao art. 29.º do RJIFNA).

V. Temos, pois, de concluir que, se até à entrada em vigor da Lei n.º 15/2001 de 5 de Junho, a não entrega de IVA não recebido embora não fosse subsumível na contra-ordenação de falta de entrega da prestação tributária prevista no artigo 29.º do RJIFNA subsistia como contra-ordenação autónoma, prevista e punível pelo artigo 95.º do Código do IVA, o mesmo não se pode já dizer a partir da data da entrada em vigor daquela lei, cuja alínea c) do seu artigo 2.º veio revogar expressamente o capítulo VIII do Código do IVA, onde o citado artigo 95.º se continha.

VI. Esta revogação, que, afinal e pelo menos no caso que ilustrámos não foi desprovida de significado, não opera apenas para o futuro pois consubstancia-se na eliminação de uma contra-ordenação pré-existente, a implicar a não punição do facto mesmo que praticado no domínio temporal da lei antiga, por aplicação supletiva do artigo 2.º, n.º 2 do Código Penal (ex vi do 32.º do Decreto-Lei n.º 433/82[15] – Lei Quadro das Contra-ordenações, aplicável por força do artigo 3.º alínea b) do RGIT).

---

[15] Cfr. ANTÓNIO BEÇA PEREIRA – Regime Geral Das Contra-Ordenações e Coimas (Anotado), 2.ª edição, Coimbra, Almedina, 1996, p. 33 (nota 3 ao artigo 3.º).

TRIBUNAL DE CONTAS
LINHAS DE ORIENTAÇÃO (GUIDELINES) E PROCEDIMENTOS PARA
O DESENVOLVIMENTO DE AUDITORIAS EXTERNAS A PPP -2008

Nazaré da Costa Cabral

O Tribunal de Contas (TC) aprovou, muito recentemente (2008), um documento contendo um conjunto de *guidelines* e procedimentos a adoptar nas auditorias externas a realizar aos projectos de parcerias público-privadas (PPP) [1].

I. Das Razões

São invocadas, como principais razões para à aprovação destas linhas de orientação e procedimentos, as seguintes:

1. O facto de Portugal ser actualmente o país europeu com maior percentagem de PPP, quer em relação ao Produto Interno Bruto, quer em relação ao Orçamento do Estado (na verdade, os compromissos financeiros para o Estado são avultados e representam cerca de metade do orçamento do Ministério das Obras Públicas, Transportes e Comunicações);

2. Aprovação pela INTOSAI (Organização Internacional de Instituições Superiores de Controlo e Auditoria) de um conjunto de *directrizes* em matéria de auditoria pública a contratos celebrados em regime de PPP, desinadamente das *Linhas de Orientação sobre as Melhores Práticas para Auditoria de Financiamento Público Privado e Concessões*

---

[1] Autoria: António Garcia (Auditor-Chefe); Supervisão: Carlos Moreno (Juíz Conselheiro do Tribunal de Contas). Ainda de António Garcia, veja-se, sobre o mesmo tema, *Acompanhamento, Avaliação e Controlos das PPP,* in *Manual Prático de Parcerias Público-Privadas,* NPF, Sintra, 2003, p. 180 ss..

Revista de Finanças Públicas e Direito Fiscal

(versão de 2001, revista em Novembro de 2007)[2]. Estas *Linhas de Orientação* da INTOSAI tiveram por objectivo, na verdade, proporcionar às instituições superiores de controlo um quadro de referência lógico para a auditoria das PPP e das concessões, enquanto formas de contratação que diferem dos processos de contratação (*"procurement"*) tradicionais, da mera aquisição de activos e do *"outsourcing"* de serviços.

3. A experiência sólida que o Tribunal de Contas já tem na realização de auditorias a projectos de concessões e de PPP. Assim, desde 2000, pela realização de 10 auditorias importantes que a seguir se referem:

- Auditoria ao modelo de reequilíbrio financeiro – Concessão Lusoponte (Relatório de Auditoria do TC n.º 31/2000);
- Auditoria ao Acordo Global celebrado entre o Estado e a Lusoponte – (Relatório de Auditoria do TC n.º 47/2000);
- Auditoria à Concessão de Transporte Ferroviário Eixo Norte-Sul – Concessão Fertagus (Relatório de Auditoria do TC n.º 24/2002);
- Auditoria temática à Concessões SCUT (Relatório de Auditoria do TC n.º 14/2003);
- Auditoria ao novo modelo de Concessão Fertagus (Relatório de Auditoria do TC n.º 31/2005);
- Auditoria Temática sobre os Encargos Públicos com as PPP (Relatório de Auditoria do TC n.º 33/2005);
- Auditoria à Concessão Metro Sul do Tejo (Relatório de Auditoria do TC n.º 46/2006);
- Auditorias de seguimento às Concessões SCUT e à temática dos Encargos com PPP (Relatório de Auditoria do TC n.º 34/2005 e 04/2007);
- Auditoria à Getsão das PPP – Concessões Rodoviárias (Relatório de Auditoria do TC n.º 10/2008).

4. A circunstância de a generalidade das recomendações que o TC fez, no quadro destas auditorias, terem sido acolhidas pelo Estado, mor-

---

[2] Linhas de orientação estas que constam do Anexo I ao documento do Tribunal de Contas (p. 47 ss.).

Comentários de Jurisprudência

mente com a aprovação de legislação de enquadramento genérico das PPP – o Decreto-Lei n.º 86/2003, de 26 de Abril – e, bem assim, com as recentes alterações ao mesmo introduzidas – pelo Decreto-Lei n.º 141/2006, de 27 de Julho.

II. Linhas de Orientação e Procedimentos – descrição sumária

1. No documento, assinala-se desde logo que a abordagem de controlo externo do TC às PPP deverá não só ter em conta as <u>principais etapas do ciclo de gestão de uma PPP</u>, que subjazem ao actual quadro institucional e jurídico que as regula, mas também percepcionar o <u>papel dos diferentes parceiros</u>, designadamente do lado do Estado ou entidade pública, que intervêm ao longo dessas fases. Tais fases são sumariamente as seguintes: *i)* Fase de estudo, preparação e avaliação prévia das PPP; *ii)* Fase de aprovação do projecto de PPP; *iii)* Fase de concurso/procedimento concursal; *iv)* Fase de gestão, acompanhamento e fiscalização dos contratos de PPP.

2. Tendo por base este ponto de partida, indica-se então, como metodologia a seguir no controlo externo das PPP, a chamada "*metodologia dos 5 pilares*"(consentânea com as normas internacionais da INTOSAI). Os 5 pilares do controlo são os seguintes:

- **<u>Primeiro pilar</u>: planeamento do projecto** que compreende a fase de estudo e preparação da parceria. Nesta fase, é <u>objectivo geral do Auditor</u>: captar a actividade de gestão do Estado/ parceiro público e não tanto do parceiro privado. Deve ser dada especial atenção ao modelo de controlo e monitorização implementado pelo parceiro público, no âmbito do contrato. Quanto ao parceiro privado, interessa sobretudo analisar o cumprimento das respectivas obrigações contratuais. O auditor deve aferir o trabalho realizado pelo Estado/parceiro público durante a fase de estudo, preparação e avaliação prévia do projecto, bem como, os suportes de decisão conducentes à elegibilidade do projecto.
- **<u>Segundo pilar</u>: processo de contratação (*"procurement"*)** que integra o lançamento do concurso, a avaliação das propostas, a negociação com os concorrentes e a adjudicação. Nesta fase, é

objectivo geral do Auditor: comprovar a racionalidade, a solidez, a transparência e a competitividade do processo de concurso, tendo em vista a obtenção da proposta economicamente mais vantajosa, ou seja, aquela que proporcionará o maior *"value for money" (VfM)*.

- **Terceiro pilar: o projecto contratualizado** que reflecte o posicionamento do Estado/parceiro público, relativamente aos termos do projecto adjudicado, o qual integra um conjunto de responsabilidades, riscos e implicações financeiras para o Estado. Nesta fase, é objectivo geral do Auditor: aferir o posicionamento do Estado/parceiro público, face aos termos do modelo de PPP contratualizado, competindo-lhe nomeadamente identifcar a matriz de riscos do projecto, bem como quantificar as respectivas implicações financeiras.

- **Quarto pilar: a *performance* do Estado/parceiro público** que diz respeito à capacidade, eficiência e eficácia de gestão, monitorização e fiscalização do contrato de PPP. Nesta fase, é objectivo geral do Auditor: avaliar da *performance* do Estado/parceiro público, tendo por base, nomeadamente, os princípios e as boas práticas internacionais relativamente à apreciação dos seguintes parâmetros: *i) VfM; ii) "Accountability"* ou prestação de contas; *iii) "Affordability"* ou suportabilidade orçamental do projecto de PPP.

- **Quinto pilar: a *performance* do parceiro privado,** que destaca o seu desempenho no âmbito do contrato de PPP. Nesta fase, é objectivo geral do Auditor: *aferir da performance* do parceiro privado, a três níveis: *i)* conformidade e regularidade das obrigações contratuais; *ii)* qualidade do serviço prestado; *iii)* desempenho financeiro do projecto.

3. Para o diagnóstico em concreto da *performance* do Estado/parceiro público (quarto pilar), o documento apresenta, enfim, uma *"check list"* exemplificativa, contendo as principais questões que os auditores deverão colocar relativamente aos seguintes temas: *i)* estudo e preparação da PPP; *ii)* gestão do processo de contratação; *iii)* gestão da contratação externa (*"outsourcing"*); *iv)* controlo do desempenho da PPP; *v)* gestão do risco público; *vi)* prestação de contas (*"accountability"*) da PPP; *vii)* boas práticas e linhas de orientação; *ix)* fiscalização da PPP.

III. Conclusão

O documento do TC aqui sumariamente descrito, além de permitir condensar e sistematizar os procedimento de controlo externo, resultantes da experiência prática que o mesmo TC obteve nos últimos anos com as auditorias dos projectos de PPP, vai também ao encontro das melhores práticas e das normas internacionais neste domínio, em especial, as que têm sido elaboradas pela INTOSAI.

SÍNTESE DOS PRINCIPAIS ACÓRDÃOS DO TRIBUNAL DE JUSTIÇA
DAS COMUNIDADES EM MATÉRIA FISCAL PROFERIDOS DESDE
MAIO DE 2008

1. Imposto sobre o Valor Acrescentando

1.1. Acórdão de 8 de Maio de 2008, Processos apensos C-95/07 e C-96/07

Inversão do ónus da liquidação – Direito à dedução – Prazo de caducidade – Irregularidade contabilística e declarativa que afecta transacções sujeitas ao regime de inversão do ónus da liquidação
Os artigos 17.º, 18.º, n.ºs 2 e 3, e 21.º, n.º 1, alínea b), da Sexta Directiva, não se opõem a uma regulamentação nacional que institui um prazo de caducidade para o exercício do direito à dedução, como o em causa nos processos principais, desde que os princípios da equivalência e da eficácia sejam respeitados. O princípio da eficácia não é violado pelo simples facto de a Administração Fiscal dispor, para proceder à cobrança do imposto sobre o valor acrescentado não pago, de um prazo que excede aquele que é concedido aos sujeitos passivos para que exerçam o seu direito à dedução.

1.2 Acórdão de 22 de Maio de 2008, Processo C-162/07

Sujeitos passivos – Artigo 4.º, n.º 4, segundo parágrafo da Sexta Directiva – Sociedades-mãe e filiais – Aplicação pelo Estado membro do regime do sujeito passivo único – Requisitos – Consequências
O artigo 4.º, n.º 4, segundo parágrafo, da Sexta Directiva, é uma norma cuja aplicação por um Estado membro implica a consulta prévia por este último do Comité Consultivo do Imposto sobre o Valor Acrescentado e a adopção de uma regulamentação nacional que permite que as

Revista de Finanças Públicas e Direito Fiscal

pessoas, nomeadamente as sociedades, estabelecidas no interior do país e juridicamente independentes, mas estreitamente vinculadas entre si nos planos financeiro, económico e de organização, deixem de ser consideradas sujeitos passivos distintos para efeitos do imposto sobre o valor acrescentado, para serem consideradas um sujeito passivo único, titular exclusivo de um numero individual de identificação para o referido imposto e, por conseguinte, o único a poder subscrever declarações de imposto sobre o valor acrescentado. Cabe ao juiz nacional verificar se uma regulamentação nacional, como a que está em causa no processo principal, satisfaz esses critérios, precisando-se que, não havendo consulta prévia do Comité Consultivo do Imposto sobre o Valor Acrescentado, uma legislação nacional que preencha os referidos critérios constitui uma transposição efectuada em violação da exigência processual imposta pelo artigo 4.º, n.º 4, segundo parágrafo, da Sexta Directiva 77/388.

O princípio da neutralidade fiscal não se opõe a uma legislação nacional que se limita a tratar de forma diferente os sujeitos passivos que pretendem optar por um dispositivo de declaração e de pagamento simplificados do imposto sobre o valor acrescentado consoante a entidade ou a sociedade-mãe detenha mais de 50% das acções ou das quotas das pessoas subordinadas desde o início do ano civil que precede o da declaração, ou, pelo contrário, preencha essas condições apenas posteriormente a essa data. Cabe ao juiz nacional verificar se uma legislação nacional, como a que está em causa no processo principal, constitui esse dispositivo. Por outro lado, nem o princípio da proibição do abuso de direito nem o princípio da proporcionalidade se opõem a tal legislação.

1.3. Acórdão de 12 de Junho de 2008, Processo C-462/05

Incumprimento de Estado – Admissibilidade – Caso julgado – Sexta Directiva IVA – Artigos 4.º, n.º 5, primeiro parágrafo, 12.º, n.º 3, alínea a), e 28.º, n.º 2, alínea e)

Ao manter em vigor uma taxa reduzida de 5% do imposto sobre o valor acrescentado aplicável às portagens cobradas pela travessia rodoviária do Tejo em Lisboa, a República Portuguesa não cumpriu as obrigações que lhe incumbem por força do disposto nos artigos 12.º e 28.º da Sexta Directiva.

Comentários de Jurisprudência

1.4. Acórdão de 10 de Julho de 2008, Processo C-25/07

Legislação nacional que estabelece as regras para reembolso do IVA pago em excesso – Princípios da neutralidade fiscal e da proporcionalidade – Medidas especiais derrogatórias

O artigo 18.º, n.º 4, da Sexta Directiva, na redacção dada pela Directiva 2005/92/CE do Conselho, de 12 de Dezembro de 2005, e o princípio da proporcionalidade, opõem-se a uma legislação nacional como a que está em causa no processo principal, que, a fim de permitir os controlos necessários para evitar a evasão e a fraude fiscais, prorroga de 60 para 180 dias, a contar da data de apresentação da declaração do imposto sobre o valor acrescentado pelo sujeito passivo, o prazo de que a Administração Fiscal nacional dispõe para reembolsar a uma categoria de sujeitos passivos o imposto sobre o valor acrescentado pago em excesso, a menos que estes prestem uma caução de 250 000 PLN.

1.5. Acórdão de 10 de Julho de 2008, Processo C-484/06

Reenvio prejudicial – Primeira e Sexta Directivas IVA – Princípios da neutralidade fiscal e da proporcionalidade – Regras relativas ao arredondamento dos montantes do IVA – Arredondamento por defeito e por artigo

Na falta de regulamentação comunitária específica, cabe aos Estados membros determinar as regras e os métodos de arredondamento dos montantes do imposto sobre o valor acrescentado, estando estes Estados obrigados, no momento desta determinação, a respeitar os princípios em que assenta o sistema comum deste imposto, nomeadamente, o da neutralidade fiscal e o da proporcionalidade.

1.6. Acórdão de 17 de Julho de 2008, Processo C-132/06

Incumprimento de Estado – Artigo 10.º CE – Sexta Directiva IVA – Obrigações por força do sistema interno – Controlo das operações tributáveis – Amnistia

Tendo previsto nos artigos 8.º e 9.º da Lei n.º 289, que regula a elaboração do orçamento anual e plurianual do Estado em Itália (Lei de finanças de 2003) [legge n.º 289, disposizioni per la formazione del bilancio annuale e pluriennale dello Stato (legge finanziaria 2003)], de 27 de Dezembro de 2002, uma renúncia geral e indiscriminada à verificação das operações tributáveis efectuadas no decurso de uma série de exercícios fiscais, a República Italiana não cumpriu as obrigações que lhe incumbem por força dos artigos 2.º e 22.º da Sexta Directiva 77/388/CEE do Conselho, de 17 de Maio de 1977, relativa à harmonização das legislações dos Estados membros respeitantes aos impostos sobre o volume de negócios, bem como do artigo 10.º CE.

CLOTILDE PALMA

Caso C-201/05 (CFC and Dividend Group Litigation v. Commissioners of Inland Revenue) de 23 de Abril de 2008 – O artigo 43.º do Tratado não impede a existência de diferentes mecanismos de eliminação da dupla tributação internacional dos dividendos (isenção para dividendos internos/crédito para dividendos de fonte externa), conquanto o método do crédito permita eliminar a duplicação da carga fiscal, pelo menos até ao limite do imposto a pagar. O artigo 56.º do Tratado não impede uma situação idêntica à anterior, conquanto as taxas de imposto não sejam distintas consoante a fonte dos dividendos. O artigo 56.º impede a inexistência de um mecanismo de eliminação de dupla tributação para sociedades afiliadas não residentes detidas em menos de 10%, acaso exista para os dividendos de sociedades afiliadas residentes em tais condições.

Segundo os artigo 43.º e 48.º do Tratado, os mecanismos de legislação CFC só serão aplicáveis perante operações que se possam qualificar de *"totalmente artificiais"*, ainda que verificados os requisitos daquela legislação, nomeadamente a baixa tributação no território estrangeiro. Este conceito não abrange as operações relativas a sociedades estrangeiras que levem a cabo actividades económicas genuínas, ainda que fiscalmente motivadas. Tais artigos não impedem a existência de normas de controlo, desde que adequadas ao controlo da genuidade e efectividade das suas actividades económicas.

Os artigos 56.º e 58.º do Tratado não impedem a concessão de um tratamento mais favorável aos dividendos auferidos de fonte interna face àqueles auferidos de fonte estrangeira não integrada na União Europeia,

Comentários de Jurisprudência

se aquele tratamento depender de requisitos cujo controlo não pode ser feito directamente pelo Estado da sociedade-mãe.

Na falta de harmonização comunitária os normativos processuais judiciais são da exclusiva responsabilidade dos Estados-Membros, conquanto se assegure a tutela efectiva dos direitos e interesses dos indivíduos.

Caso C-414/06 (Lidl Belgium GmbH & Co, KG v. Finanzamt Heilbronn) de 15 de Maio de 2008 – Apenas será contrária ao Direito Comunitário legislação fiscal que impeça uma dedução de perdas no Estado da Sociedade, acaso esta se revele impossível de concretizar no Estado onde se situa o Estabelecimento Estável.

As condições justificativas da não admissibilidade de dedução de perdas incorridas em Estabelecimentos Estáveis localizados noutro Estado-Membro na esfera fiscal da sociedade residente num outro Estado-Membro, e referidas no Acórdão *Marks & Spencer*, não são cumulativas. Basta a verificação de uma delas, para uma determinada medida se dever considerar justificada.

Caso C-194/06 (Orange European SmallCap Fund NV v. Staatssecretaris van Financiën) de 20 de Maio de 2008 – A concessão pela legislação holandesa de um regime fiscal de eliminação de dupla tributação para os dividendos obtidos de fonte estrangeira é contrária ao Direito Comunitário, em virtude da discriminação que efectua de acordo com a residência dos detentores de unidades de participação nos Fundos abrangidos por tal regime.

Caso C-284/06 (Finanzamt Hamburg-Am Tierpark v Burda GmbH) de 28 de Junho 2008 – Legislação de um Estado-Membro que permita correcções ao lucro tributável de uma filial quando ocorram distribuições excessivas de dividendos às sócias não é contrária ao Direito Comunitário, por não respeitar à esfera da sócia e, em consequência, não integrar o conceito de "retenção da fonte". O facto de apenas existirem mecanismos internos (reservados a sócios residentes) destinados à compensação daquelas correcções na esfera dos sócios (assim eliminando a dupla tributação económica) não é contrário ao Direito Comunitário.

GUSTAVO LOPES COURINHA

SÍNTESE DE ACÓRDÃOS DO TRIBUNAL CONSTITUCIONAL (1.º SEMESTRE DE 2008)

Acórdão N.º 258/2008

Declara improcedente o recurso interposto de de constitucionalidade, ao abrigo do disposto na alínea b), do n.º 1, do artigo 70.º, da Lei do Tribunal Constitucional (LTC), tendo por objecto a *"questão da inconstitucionalidade das normas do Regulamento da Taxa pela Realização de Infra-Estruturas Urbanísticas do Município de Lisboa (RTRIU), aprovado por deliberação da Assembleia Municipal de Lisboa de 1991.07.01, que prevêem a Taxa pela realização de Infra-Estruturas Urbanísticas (TRIU) face às normas e princípios consagrados nos artigos 2.º, 9.º, 18.º, 20.º, 62.º, 103.º e 165.º/1/i) e 266.º da CRP."*

Acórdão N.º 321/2008

Decide não julgar inconstitucional a norma constante do § 7.º da Portaria n.º 234/97, de 04 de Abril, *"na parte em que prevê a responsabilidade dos proprietários ou os responsáveis legais pela exploração dos postos autorizados para a venda ao público do gasóleo colorido e marcado pela diferença entre o montante do ISP e IVA liquidado e pago e a que seria devida se se tratasse de gasóleo rodoviário"*.

Acórdão N.º 327/2008

Decide não julgar inconstitucional a norma que se extrai do artigo 14.º do Regime Geral das Infracções Tributárias, em conjugação com o n.º 5 do artigo 50.º do Código Penal, interpretada no sentido de que a suspensão da execução da pena de prisão aplicada é sempre condicionada ao pagamento, em prazo a fixar até ao limite de duração da pena de prisão

Revista de Finanças Públicas e Direito Fiscal

concretamente determinada, a contar do trânsito em julgado da decisão, da prestação tributária e acréscimos legais.

Acórdão N.º 346/2008

Decide: (a) Não conhecer, por falta de legitimidade do requerente, do pedido de declaração de ilegalidade do artigo 118.º da Lei n.º 67-A/2007, de 31 de Dezembro (Lei do Orçamento de Estado para 2008), na parte em que se funda na violação do artigo 88.º, n.º 2, da Lei de Enquadramento Orçamental; (b) Não declarar a inconstitucionalidade nem a ilegalidade, com fundamento na preterição do direito de audição das regiões autónomas, dos artigos 117.º e 118.º da Lei n.º 67-A/2007, de 31 de Dezembro; (c) Não declarar a ilegalidade da norma do artigo 118.º da Lei n.º 67-A/2007, de 31 de Dezembro, por violação da cláusula de não retrocesso financeiro constante do artigo 118.º, n.º 2, do EPARAM.

Acórdão Nº 403/2008

Decide não julgar inconstitucional a norma do artigo 284.º, n.º 5, do Código de Procedimento e de Processo Tributário (CPPT) por permitir que seja o Tribunal *a quo* a verificar a oposição de julgados, por violação do artigo 165.º, n.º 1, alínea p), da Constituição da República, por se ter alterado a competência dos tribunais nesta matéria sem a necessária autorização legislativa, e ainda por violação do princípio da proporcionalidade e da tutela jurisdicional efectiva consagrada nos artigos 2.º e 20.º da mesma Lei Fundamental.

Acórdão N.º 409/2008

Decide não julgar inconstitucional a norma constante do artigo 105.º, n.º 4, alínea b), do Regime Geral das Infracções Tributárias, aprovado pela Lei n.º 15/2001, de 5 de Junho, na redacção dada pelo artigo 95.º da Lei n.º 53-A/2006, de 29 de Dezembro, interpretado no sentido de que pode o tribunal de julgamento determinar a notificação aí prevista.

GUILHERME W. D'OLIVEIRA MARTINS / MIGUEL BASTOS

SÍNTESE DE JURISPRUDÊNCIA
DO SUPREMO TRIBUNAL ADMINISTRATIVO

Maio-Setembro 2008

IMPOSTOS SOBRE O RENDIMENTO

IRS

Acórdão do STA (2.ª) de 18-06-2008, Processo n.º 0213/08

Responsabilidade da Entidade obrigada à Retenção em caso de Substituição Tributária

As entidades devedoras dos rendimentos de trabalho dependente são obrigadas, no acto do pagamento do vencimento, ainda que presumido, da sua colocação à disposição, da sua liquidação ou do apuramento do respectivo quantitativo, consoante os casos, a deduzir-lhes as importâncias correspondentes à aplicação das taxas previstas na lei por conta do imposto respeitante ao ano em que esses actos ocorrem (n.º 1 do artigo 98.º do CIRS) e a reter o imposto no momento do seu pagamento ou colocação à sua disposição dos respectivos titulares (n.º 1 do artigo 99.º do CIRS). As quantias, assim retidas, devem posteriormente ser entregues nos prazos indicados e nos locais a que se refere o artigo 105.º do CIRS (n.º 2 do artigo 98.º do CIRS). Por sua vez, o artigo 103.º do CIRS estabelece que, em caso de substituição tributária, a entidade obrigada à retenção é responsável pelas importâncias retidas e não entregues nos cofres do Estado, ficando o substituto desobrigado de qualquer responsabilidade no seu pagamento. Sendo com a recorrente que os titulares dos rendimentos processados tinham uma relação laboral, e sendo, portanto, ela a responsável pelo pagamento das suas remunerações, era, pois, ela que, no acto do seu processamento, estava obrigada a deduzir-lhes o imposto devido, como, de resto, assim fez, e a retê-lo para posterior

Revista de Finanças Públicas e Direito Fiscal

entrega nos cofres do Estado. E, como entidade obrigada a essa retenção é ela também, consequentemente, a responsável pelas importâncias retidas e não entregues, ainda que o pagamento dos vencimentos dos seus trabalhadores tenha sido efectuado por outras empresas que não a recorrente, em virtude das dificuldades financeiras que esta atravessava.

IRC

Acórdão do STA (2.ª) de 21-05-2008, Processo n.º 0191/08

Responsabilidade da sociedade-mãe por dívida de IRC de sucursal
As sucursais, agências, filiais, delegações e representações de sociedades comerciais, embora não tendo personalidade jurídica, não deixam de ter personalidade tributária se estas não tiverem sede nem direcção efectiva em território português (artigo 2.º, n.º 1, al. c) do CIRC). A atribuição de personalidade tributária a tais entidades sem personalidade jurídica constitui uma ficção, válida apenas para determinar a medida da tributação, não tendo quaisquer consequências a nível do património da sociedade-mãe, pois todos os bens afectados à actividade daquelas continuam a pertencer à sociedade que as criou. Assim, nas relações com terceiros, não há qualquer efeito patrimonial, podendo, por isso, quaisquer credores que se relacionarem directamente com aquelas entidades cobrar coercivamente os seus créditos sobre os bens que estejam afectos à actividade da sociedade-mãe. A sociedade-mãe de sucursal contra quem foi instaurada inicialmente a execução fiscal é, por isso, responsável pelo pagamento das dívidas fiscais derivadas da actividade desta. Improcede, desta forma, a oposição deduzida pela sociedade-mãe, com fundamento na alínea b) do n.º 1 do artigo 204.º do CPPT, na medida em que, embora não figurando no título executivo, é responsável pelo pagamento da dívida.

Acórdão do STA (2.ª) de 04-06-2008, Processo n.º 0275/08

Afastamento do Regime de Subcapitalização
A norma do artigo 61.º do CIRC, tanto na redacção actual, como na redacção anterior, deve ser interpretada à luz do acórdão de 12/12/2002

Comentários de Jurisprudência

do TJCE, proferido no Processo C-324/00, Lankhorst-Hohorst, ou seja, o regime da subcapitalização deve ser afastado no que concerne aos endividamentos para com entidades residentes noutros Estados-Membros da União Europeia, por contrário às disposições do Tratado CE e, mais concretamente, à liberdade de estabelecimento consagrada no seu artigo 43.º. Assim, relativamente a factos ocorridos mesmo anteriores ao citado acórdão, deve prevalecer a disposição de direito comunitário que proíbe a existência de uma norma de subcapitalização semelhante ao nosso anterior artigo 61.º do CIRC.

IMPOSTOS SOBRE A DESPESA

IVA

Acórdão do STA (2.ª) de 18-06-2008, Processo n.º 01144/06

Natureza da Indemnização devida pela Extinção de Concessão
A indemnização recebida pela extinção da concessão de uso privativo de parcela de terreno dominial que a recorrida tinha contratualizado com a AGPL por força do n.º 1 do artigo 1.º do DL 207/93, de 14/6, por respeitar a imóvel localizado na zona reservada à instalação das infra-estruturas e equipamentos necessários à realização da Expo 98 e à futura reconversão urbana das áreas correspondentes, não resultou de qualquer incumprimento por parte da AGPL com quem aquela tinha contratualizado a referida concessão, mas apenas da extinção decretada pelo DL 207/93, isto é, de acto do Governo, tendo como único fundamento a prática por parte do Estado de actos lícitos causadores de danos decorrentes da responsabilidade extra-contratual e destinada a reparar estes. Tal indemnização não assume, assim, uma natureza de contraprestação pela entrega de um bem ou prestação de serviço nem visa suportar os lucros cessantes da recorrida, tratando-se, antes, de uma compensação aos particulares lesados pelos prejuízos resultantes do interesse público. E, assim sendo, se a indemnização sanciona a lesão de qualquer interesse, sem carácter remuneratório, não pode ser tributada em IVA, na medida em que não tem subjacente uma transmissão de bens ou prestação de serviços.

IMPOSTOS SOBRE O PATRIMÓNIO

IMI

Acórdão do STA (2.ª) de 25-06-2008, Processo n.º 0221/08

Falta de Notificação do Acto de Avaliação Patrimonial
A falta de notificação ao comproprietário do acto de avaliação patrimonial do prédio constitui preterição de formalidade, de que deriva a ilegalidade do respectivo acto de liquidação de imposto municipal sobre imóveis (IMI). Não se verifica a preterição de tal formalidade se a falta de notificação decorre do desconhecimento do comproprietário pela Administração Fiscal, por causa dele não ter procedido à actualização da matriz predial pertinente.

PROCEDIMENTO E PROCESSO TRIBUTÁRIO

Acórdão do STA (2.ª) de 25-06-2008, Processo n.º 0354/08

Interpretação do art. 278.º do CPPT
Não enferma de inconstitucionalidade orgânica ou material o artigo 278.º do CPPT quando interpretado numa dimensão normativa de acordo com a qual a subida imediata das reclamações não se restringe aos casos taxativamente fixados no seu n.º 3, antes devendo admitir-se sempre que, sem ela, o interessado sofra prejuízo irreparável. A sanção pecuniária prevista no n.º 6 do artigo 178.º do CPPT não exige para sua aplicação o dolo ou negligência grave postulados pelo artigo 456.º do CPC, bastando para o efeito a mera negligência.

Acórdão do STA (2.ª) de 14-07-2008, Processo n.º 0527/08

Instauração do Processo de Execução Fiscal
O "despacho que ordena a instauração de processo de execução fiscal" não produz ao executado «prejuízo irreparável», nos termos do n.º 3 do artigo 278.º do Código de Procedimento e de Processo Tributário.

263
Comentários de Jurisprudência

Pelo que, em tal situação, a reclamação judicial ao abrigo do artigo 276.º do Código de Procedimento e de Processo Tributário, deve subir ao Tribunal apenas depois da penhora na respectiva execução.

Acórdão do STA (2.ª) de 30-07-2008, Processo n.º 0133/08

Interpretação do art. 89.º, n.º 1 do CPPT
O artigo 89.º, n.º 1 do CPPT não afronta os princípios fundamentais da igualdade, do acesso ao direito e da tutela jurisdicional efectiva, quando interpretado no sentido de que a compensação de créditos fiscais, realizada por iniciativa da Administração Tributária, pode ser efectuada desde o momento em que a dívida se torne exigível, apesar de ainda não se encontrar esgotado o prazo para o exercício do direito de impugnação e de esta ainda não ter sido deduzida.

Acórdão do STA (2.ª) de 20-08-2008, Processo n.º 0715/08

Derrogação do Sigilo Bancário
Ainda que verificados os pressupostos da derrogação administrativa do sigilo bancário prevista no artigo 63.º-B da LGT, uma vez deduzida oposição por parte do contribuinte no acesso às suas contas bancárias com fundamento em sigilo profissional, a administração tributária só poderá aceder a tal informação após autorização judicial concedida no termos do n.º 5 do artigo 61º da LGT.

INFRACÇÕES TRIBUTÁRIAS

CONTRA-ORDENAÇÕES

Acórdão do STA (2.ª) de 02-05-2008, Processo n.º 031/08

Inconstitucionalidade do art. 8.º do Regime Geral das Infracções Tributárias
É materialmente inconstitucional, por violação dos princípios da intransmissibilidade das penas e da presunção de inocência, consagrados

Revista de Finanças Públicas e Direito Fiscal

nos arts. 30.º, n.º 3 e 32.º, n.º 2 da CRP, o disposto no art.º 8.º do Regime Geral das Infracções Tributárias relativo à responsabilidade subsidiária dos administradores, gerentes e outras pessoas, em relação ao pagamento de coimas aplicadas à sociedade.

Acórdão do STA (2.ª) de 28-05-2008, Processo n.º 078/08

Concurso de Contra-ordenações Tributárias

Em concurso de contra-ordenações tributárias, estando a regra do cúmulo material expressamente estabelecida no artigo 25.º do RGIT, não há uma lacuna de regulamentação sobre a forma de efectuar o cúmulo das coimas, pelo que não há suporte para fazer apelo ao RGCO, pois este diploma, como legislação subsidiária que é [art.º 3.º, alínea b), do DGIT], apenas é de aplicação em matérias em que o RGIT não contenha normas próprias. No regime de recursos previsto no RGIT vigora o princípio da proibição da *reformatio in pejus* (artigo 79.º, n.º 1, alínea d) do RGIT), o qual se consubstancia em não poder ser modificada a sanção aplicada em prejuízo de qualquer arguido, seja ou não o recorrente (artigo 72.º-A, n.º 1 do RGCO).

ANA LEAL

RECENSÕES

O Princípio da Legalidade Fiscal
Tipicidade, conceitos jurídicos indeterminados
e margem de livre apreciação
ANA PAULA DOURADO

Coimbra, Almedina, 2007

1. A obra recenseada constitui a dissertação de doutoramento de Ana Paula Dourado em Ciências Jurídico-Económicas pela Universidade de Lisboa. A ideia motriz é a da necessidade de adaptar os postulados básicos que o Direito Fiscal traz consigo do período do Estado Liberal a um presente em que este ramo da Ordem Jurídica se converteu em um Direito de actos-massa, os quais, no entanto, conformam situações cada vez mais diferenciadas em virtude de a sociedade assumir uma feição crescentemente pluralista. Ao legislador revela-se assim cada vez menos praticável a previsão totalmente individualizadora da miríade das situações da vida passíveis de consequências tributárias.

Numa comunidade censitária de contribuintes muito maioritariamente rurais, ou dedicados à artesania e ao pequeno comércio, seriam em tese admissíveis a exclusividade da lei na configuração dos elementos da relação tributária e a directa aplicação lógico-subsuntiva dos seus preceitos. Mas, na sociedade pós-moderna, tornou-se impossível fugir à abertura do *Tatbestand* legal fiscal, compensando-a em contrapartida com o recurso à tipificação através do sucessivo exercício de competências normativas correspondentes a escalões decrescentes do sistema de fontes.

Segundo Ana Paula Dourado, a Constituição portuguesa não impõe uma tipicidade fechada com o sentido de reserva exclusiva de lei parlamentar, ou, sequer, de lei. Pelo contrário, razões de igualdade e praticabilidade recomendam leis simples e relativamente indeterminadas e uma concretização pela via regulamentar das regras de quantificação de uma base tributável simplificada com base nos *tipos médios ou frequentes*. Por outras palavras, o preferível será manter um nível acentuado de indeterminação a nível das normas legislativas, assim assegurando à administração uma margem de autonomia conformativa, em princípio exercida pela via normativa regulamentar. Tratar-se-á, pois, de uma densificação aplicativa do propósito legislativo, feita ainda num plano normativo, isto é, em torno da ideação de casos típicos e não da descoberta de conteúdos preceptivos específicos pensados a propósito da justeza da decisão perante cada caso individual e concreto. Uma tal margem de autonomia conformativa corresponde, em face da sindicância jurisdicional, a uma reserva parcial de administração, demarcável pelo critérios da defensabilidade das concretizações normativas de tipos.

Em suma, para Ana Paula Dourado, a reserva de lei fiscal pode e deve ser assegurada não num único nível normativo, mas através de diversos e sucessivos desenvolvimentos normativos. Ao longo de tais desenvolvimentos, densificam-se conceitos jurídicos indeterminados (a Autora prefere dizer conceitos *legais* indeterminados) incrustados nas normas legislativas, nisso se cifrando neste domínio o exercício de uma «margem de livre apreciação administrativa». Deverá no entanto entender-se que o exercício desta autonomia de determinação normativa se circunscreve aos chamados «casos difíceis» da teoria analítica norte-americana, E, em princípio, a indeterminação normativa não deverá ser considerada fonte de discricionariedade administrativa na regulação tributária dos casos concretos: a abertura do *Tatbestand* legal fiscal aponta para a subsequente tipificação normativa e não para o tratamento individualizado das situações. Mas uma margem de livre aplicação individualizada terá em contrapartida lugar em sede de acto jurisdicional, quando o conceito jurídico indeterminado da lei formal não haja sido convenientemente reconduzido a um tipo médio pela via da normação administrativa.

Ana Paula Dourado sublinha a importância do papel das circulares administrativas que prescrevam orientações genéricas (artigo 68.º, n.º 4, alínea b), da Lei Geral Tributária) no exercício do poder-dever adminis-

269

Recensões

trativo de densificação normativa de conceitos jurídicos indeterminados. Para a Autora, tais circulares devem ser consideradas fonte de direito na ordem jurídica portuguesa.

2. O Título I sobre o «Princípio da legalidade fiscal na sua conformação constitucional» surge, em certa medida, com um carácter introdutório. Nele se procura demonstrar, com recurso também ao Direito italiano contemporâneo, que a determinação legislativa dos elementos essenciais dos impostos não pode constituir objecto de reserva absoluta de lei formal, sob pena de se erigir no jornal oficial um sistema normativo inaplicável. A impossibilidade de descrever cada situação jurídica tributária em todas as suas específicas componentes no *Tatbestand* das normas legislativas primárias terá de ser compensada pelo recurso a conceitos jurídicos indeterminados ou tipológicos, que poderão ser então densificados por decretos-leis não autorizados ou por regulamentos. No Direito Fiscal, a enumeração taxativa conduziria a uma maior imprecisão, na media em que certos rendimentos semelhantes ao «paradigma», ao «tipo» objecto da lei, ficariam de fora. Assim se chegaria, paradoxalmente, a um tratamento diferente de situações semelhantes. Será pois preferível, segundo um princípio de praticabilidade, que o legislador se circunscreva a «exemplos-padrão» que poderão servir de base à construção de tipos através do esforço hermenêutico e executivo por parte do autor administrativo das normas secundárias.

Para Ana Paula Dourado, a densificação sucessiva ou decrescente (pela via regulamentar) dos conceitos jurídicos indeterminados usados pelo legislador é fundamentalmente hermenêutica: ela implicaria tão só uma *interpretação* levada a cabo segundo os critérios gerais de interpretação das leis fiscais. Como a lei fiscal normalmente incide sobre tipos empíricos, a interpretação deverá seguir o método tipológico. Se, quanto às normas de incidência, cabe aos tribunais a última palavra sobre os limites da interpretação admissível, já no tocante às normas sobre a determinação/avaliação ou quantificação da matéria tributável, quando a interpretação permita mais do que uma solução, deverá o tribunal aceitar a concretização ou interpretação da administração. A Autora reporta a este princípio de respeito pelos tribunais da interpretação administrativa (desde que contida no âmbito da interpretação possível do conceito) a figura da *margem de livre apreciação administrativa* (que o STA tende a

Revista de Finanças Públicas e Direito Fiscal

designar por *discricionariedade técnica*). Este é um dos pontos em que a valiosa construção teórica da Autora nos merece maiores reticências. Poderá discutir-se qual o sentido de dever ser ínsito na proposição normativa. Mas, logicamente, só um deles será o correcto, cabendo em caso de disenso ao juíz de última instância a responsabilidade institucional pela sua determinação. Hipótese distinta é a da abertura da norma em benefício de uma densificação subsequente, a nível da normação regulamentar ampliativa ou da margem de livre decisão administrativa perante casos concretos. Embora pressuponham uma operação interpretativa (necessária à compreensão do nível de habilitação deixada pela norma à livre criação do seu aplicador), aquelas modalidades de desenvolvimento concretizante do ordenamento jurídico assentam, a nosso ver, num juízo ou numa decisão autónomos, ou seja, não completamente heterodeterminados a partir da norma ou do próprio sistema jurídico.

3. Nos Títulos II e III, Ana Paula Dourado versa sucessivamente «O princípio da tipicidade fiscal» e «A abertura do princípio da tipicidade através de conceitos jurídicos indeterminados». Estes dois títulos constituem verdadeiramente o núcleo problematizante da obra. O Título IV, sobre o recurso ao tipo como instrumento concretizador do *Tatbestand*, representa já uma demonstração da asserção central de que, no sistema tributário português, a *tipificação* serve à administração tributária para determinar a matéria tributável e quantificar o imposto sem que a renúncia ao juízo individualizado implique ofensa dos princípios da igualdade e da investigação e verdade material.

4. Esta obra, em que se combinam a densidade e o rigor metodológico com a abertura às exigências de funcionalidade, representa um passo muito apreciável no avanço da Ciência do Direito Fiscal no nosso País. E contribui ao mesmo tempo para consolidar a autonomia deste ramo do saber jurídico em face do Direito Administrativo, do qual se foi separando ao longo do Século XX.

Para o administrativista autor das presentes linhas, a conclusão que se impõe a partir do estudo atento da obra de Ana Paula Dourado é a de que, nos Direitos Administrativo e Fiscal, são tendencialmente distintos quer o papel da indeterminação das normas jurídicas quer as fases finais da sua densificação. No Direito Fiscal, o princípio de reserva reforçada de

Recensões

lei, decorrente dos n.ºs 2 e 3 do artigo 103.º da Constituição, aponta para a presença constante de parâmetros de decisão gerais e abstractos, ainda que muitas vezes veiculados através de normas infra-legislativas. Perante os elementos essenciais do imposto, a indeterminação legislativa não confere «verdadeira discricionariedade», ou seja, uma *margem de livre decisão*, compreendendo não só a *discricionariedade* mas também a *apreciação valorativa*, baseada em argumentos extra-jurídicos, de aspectos da situação concreta, a fim de se poder ajuizar sobre se estes últimos merecem ou não ser reconduzidos à previsão normativa. Como escreve a Autora, «a indeterminação legal não postula a consideração da situação individual; pelo contrário, as finalidades prosseguidas pela legalidade e tipicidade (*maxime*, da previsibilidade) recomendam a tipificação» (pág. 778).

No Direito Fiscal, «é inconveniente que a «densificação» dos conceitos legais indeterminados seja realizada em cada momento, para cada sujeito passivo» (pág. 470) porque se trata de exigir prestações pecuniárias aos particulares sob uma ideia de igualdade perante os encargos públicos. Não faz, pois, sentido a liberdade de densificação administrativa segunda uma avaliação ou uma ponderação autodeterminada do caso individual.

Para nós é, porém, claro que, na maioria dos ramos ou dos sectores da actividade administrativa, as coisas se passam precisamente ao contrário. O legislador emprega a indeterminação normativa, ou seja, a técnica de abertura normativa, para habilitar a administração a enunciar, sob responsabilidade (democrática) própria, os juízos avaliativos ou de prognose e as fórmulas ponderativas mais oportunas à prossecução eficiente do interesse público. Trata-se de áreas de actuação administrativa que normas jurídicas regem sob múltiplos planos: o competencial, o teleológico, o procedimental, o dos limites axiológicos (igualdade, proporcionalidade e outros). Mas o sentido último da avaliação ou da decisão são deixados intencionalmente a uma «descoberta autónoma» por parte da administração, feita à luz do efeito orientador irradiando dos elementos específicos do caso concreto. Assim se compreende que, no Direito Administrativo, seja preciso distinguir, a partir da interpretação da norma legislativa, aqueles casos em que a sua abertura poderá ser colmatada através de normas gerais e abstractas próprias da regulamentação executiva daqueles outros em que o propósito do legislador for claramente o de responsabilizar o decisor administrativo por uma apreciação concretizante adequada às circunstâncias de cada caso concreto. Quando a norma legislativa se orienta para uma aplicação casuisticamente adaptada, a sua abertura não consente uma densificação pela via regulamentar, ou só consentirá uma densificação parcial, por modo a que os tipos construídos na normação administrativa não ocupem taxativamente todo o espaço de decisão concreta.

Mas, mesmo ao nível da regulação isolada de situações da vida, nem toda a norma de Direito Administrativo carecida de uma aplicação densificante permitirá detectar uma «margem de livre apreciação». Por outras palavras, no Direito Administrativo, não se pode confundir o *conceito (verdadeiramente) indeterminado* (isto é, aquele através do qual o legislador remete para um juízo administrativo autónomo de prognose ou preenchimento valorativo) com o *hard case*, no qual as dificuldades de entendimento e aplicação se ultrapassam graças a um discurso argumentativo exclusivamente regido por coordenadas jurídicas.

É em face deste papel específico, no Direito Administrativo, da abertura normativa – destinada a remeter para uma aplicação em parte metajuridicamente orientada e para uma responsabilidade de ordem primariamente política pela inoportunidade ou inconveniência das soluções – que nos parece desejável alguma cautela quanto ao emprego da expressão «margem de livre apreciação» num sentido amplo, que inclua ou se resuma a uma abertura destinada a ser densificada através da normação regulamentar e pararegulamentar guiada por um propósito interpretativo.

Mas esta utilização metodológica da *margem de livre apreciação*, por Ana Paula Dourado, no quadro da teorização do Direito Tributário, tem o mérito de chamar a atenção para a necessidade de desenvolver num âmbito material mais alargado uma análise teórica ainda em boa medida por fazer: a das similitudes e diferenças entre – por um lado – a discricionariedade e a margem de livre apreciação enquanto espaços de conformação autónoma de situações concretas e – pelo outro – a autonomia regulamentar ou margem de regulamentação densificante inovatória.

Tema para uma outra dissertação de doutoramento? Uma das virtudes dos bons livros de Direito, como aquele que aqui recenseamos, é a de constituírem um desafio ao prosseguimento da exploração dos trilhos encetados.

Sérvulo Correia

Economia e Finanças Públicas – 2.ª edição
PAULO TRIGO PEREIRA
ANTÓNIO AFONSO
MANUELA ARCANJO
JOSÉ CARLOS GOMES DOS SANTOS

Escolar Editora, s.d. (2005)

Economia e Finanças Públicas – Da Teoria à Prática
PAULO TRIGO PEREIRA

Almedina, Coimbra (2008)

Knut Wicksell procurou determinar a "regra óptima" para a adopção das decisões colectivas que envolvessem melhorias na afectação e distribuição de recursos. Ao tratar deste tema preocupou-se com uma das questões fundamentais das políticas públicas e da Economia e Finanças Públicas, apesar de se ter centrado fundamentalmente em decisões cujo resultado fosse de soma positiva. Se é certo que sabemos que muitas das decisões envolvem o sacrifício de alguns, não podemos esquecer que mesmo nos casos que preocuparam Wicksell deparamos com uma significativa desatenção das sociedades políticas para o fenómeno, que leva à adopção de decisões que conduzem à instabilidade, por menosprezo da

Revista de Finanças Públicas e Direito Fiscal

"regra" que o economista sueco procurou preservar. "No problema da regra óptima estão sobretudo dois tipos de considerações. Quanto maior for a maioria necessária para passar uma proposta maiores os custos de tempo de negociação para se conseguir aprová-la, mas maior a probabilidade que seja do benefício geral. Wicksell defendeu a 'maioria qualificada' como a melhor regra para revelar o **interesse público"**. Este tema é tratado na obra que recenseamos, onde se sente uma evidente preocupação de articular temas institucionais com conhecimentos macroeconómicos e microeconómicos. E assim os estudantes da Ciência Económica são chamados a compreender o fenómeno complexo da Economia Pública, tantas vezes menorizado ou incorrectamente considerado. Trata-se de estudar a um tempo os critérios a que devem obedecer as decisões políticas e a configuração constitucional da separação de poderes e do consentimento dos cidadãos nos domínios financeiro e fiscal. Estamos, afinal, na encruzilhada entre "politics" e "policy". A obra perante a qual nos encontramos nasceu da necessidade de clarificação das "linhas programáticas" da disciplina de Economia e Finanças Públicas no Instituto Superior de Economia e Gestão (ISEG) da Universidade Técnica de Lisboa, onde os autores exercem a docência. Estamos em face de um instrumento de estudo que visa dar aos alunos meios que lhes permitam obter uma formação fundamental nas matérias em causa. Ao vermos o plano da obra, fácil se torna entender uma preocupação interdisciplinar que tem como objectivo conseguir a articulação entre a vida das instituições e a sua relação com a satisfação das necessidades económicas. Daí o facto de se tornar indispensável clarificar as diferentes concepções acerca do papel do Estado na Economia e as repercussões destas nas orientações normativas adoptadas. Também o tema da despesa pública obriga a uma análise criteriosa das escolhas colectivas e da decisão política, já que o papel do Estado nas políticas públicas não pode ser simplificado, devendo ser objecto de reflexão e estudo aprofundados que integrem a complexidade, em especial no tocante ao provimento dos bens públicos para a satisfação de necessidades colectivas. Essa preocupação encontra-se bem patente no tratamento dado aos temas pelos autores, que têm como escopo permitir aos estudantes a melhor compreensão das consequências de haver incapacidades de mercado e de a intervenção pública não lhes poder corresponder inteiramente, uma vez que comporta outro tipo de evidentes falhas. De facto, a despesa pública tem uma relação

Recensões

difícil com as economias e os mercados, e a evolução recente confirma-o. Os excessos burocráticos e centralizadores favorecem a ineficiência (e afectam a equidade), e as tentações do Estado mínimo levam a tornar o mercado uma realidade ilusória, que afecta a concorrência e a justiça distributiva. A questão fundamental é saber se o Estado prossegue, de facto, o interesse público e como o faz. As ideias de Estado imperfeito, de constitucionalismo financeiro e dos modos como se realiza a afectação eficiente de recursos merecem uma ponderação cuidada. Por isso a noção de Estado de bem-estar (ou protector) obriga à consideração da "instituição necessária para alcançar os objectivos de uma *sociedade justa*. Deste modo, o sector público não tem um carácter residual, apenas para suplantar as falhas do mercado, como no Estado mínimo, mas tem uma legitimidade de igual estatuto em relação ao mercado e a sua intervenção visa *deliberadamente* alterar o funcionamento do mercado". Ao longo da obra, com objectivos didácticos, contamos com a apresentação das questões fundamentais que se põem aos modernos Estados de direito – procurando sempre articular as questões institucionais e políticas com o estudo aprofundado dos fenómenos económicos. Como afirma o Dr. Vítor Constâncio no prefácio, a propósito da necessidade de articulação entre as dimensões micro e macro, "o paradoxo de Sen, tal como o teorema de impossibilidade de Arrow, demonstram que a política social não pode ser um fundamento normativo construído apenas a partir de preferências individuais". De facto, a questão crucial das políticas públicas tem a ver com os modos de decidir (no sentido da coesão) e estes têm de considerar sempre diversos factores. Importa entender, por exemplo, que as finanças públicas modernas têm de procurar integrar os elementos contraditórios e paradoxais revelados nos últimos cinquenta anos. Por isso as finanças públicas devem ser sustentadas, devem compatibilizar o crescimento económico, o emprego, a promoção da justiça social e a diminuição das desigualdades, as despesas públicas correntes devem ser financiadas pelos impostos e as despesas de capital por receitas de capital, cabendo na disciplina financeira o Estado *stricto sensu* e o sector público empresarial. A consideração da complexidade é um tema central para a compreensão das modernas Finanças Públicas. O Orçamento do Estado, o Sector Público produtivo, as Finanças Europeias suscitam novos desafios que os autores da obra não descuram e que permitem olhar a Economia Pública numa perspectiva atenta às novas realidades

Revista de Finanças Públicas e Direito Fiscal

da globalização, da evolução demográfica e do Estado social. Trata-se, pois, de um instrumento de estudo de qualidade, que permite uma compreensão actual da Economia Pública e das Finanças Públicas.

Guilherme d'Oliveira Martins

**A Reforma das Pensões em Portugal
Uma Análise de Equilíbrio Geral Dinâmico**
PEDRO G. RODRIGUES
ALFREDO MARVÃO PEREIRA

Fundação Luso-Americana, Lisboa, 2007.

Foi recentemente publicado o importante trabalho de investigação da autoria de Pedro G. Rodrigues e Alfredo Marvão Pereira, intitulado *A Reforma das Pensões em Portugal – Uma Análise de Equilíbrio Geral Dinâmico*, onde se pretende medir a sustentabilidade financeira a longo prazo do sistema público de pensões em Portugal e avaliar diferentes opções de reforma num contexto de equilíbrio geral dinâmico. Neste estudo, os autores começam por descrever a evolução histórica do sistema português de segurança social e caracterizar os dois esquemas públicos de pensões entre nós existentes, o esquema da Segurança Social e o esquema da Caixa Geral de Aposentações (CGA). A grande novidade do trabalho é de ordem metodológica: procede-se à simulação no contexto de um modelo dinâmico de equilíbrio geral da economia portuguesa que incorpore um módulo estrutural de pensão muito detalhado e parametrizado a partir dos dados administrativos disponíveis. Na verdade, a abordagem proposta pelos autores intenta ultrapassar as dificuldades ou incompletudes reveladas por estudos anteriores. Essa incompletude resulta, como nos explicam, de uma das duas causas: ou porque os estudos produzidos até aqui utilizam um modelo de equilíbrio geral mas que modeliza a dinâmica dos esquemas públicos de pensões

Revista de Finanças Públicas e Direito Fiscal

de forma demasiadamente simplista (nomeadamente do ponto de vista institucional); ou porque tais estudos apresentam, pelo contrário, grande informação institucional, mas num quadro contabilístico onde o cenário macroeconómico subjacente é exógeno.

A partir daqui, os autores procedem a três tipos de simulações. Em primeiro lugar, o diagnóstico exaustivo do problema da sustentabilidade financeira da segurança social, em grande medida associado ao envelhecimento da população, embora outros factores lhe possam ser e são adicionados. Em segundo lugar, a caracterização do *status quo*. Os resultados aqui obtidos levam em consideração as várias reformas de política implementadas quer no tocante à CGA) quer em relação à Segurança Social. No primeiro caso, tendo em conta as medidas de aproximação do regime da CGA ao regime geral da segurança social, aprovadas em 1993 e até à data de 2006; no segundo caso, as medidas introduzidas de 2002 a 2006, ou seja, durante o período de vigência e aplicação da anterior Lei de Bases do Sistema da Segurança Social (Lei n.º 32/2002, de 20 de Dezembro). Em terceiro e último lugar, uma proposta de reforma das pensões com um conjunto de medidas que procuram garantir a sustentabilidade de longo prazo dos esquemas públicos de pensões, pondo cobro às insuficiências estrututurais dos esquemas públicos de pensões e reforçando a suficiência do rendimento de pensões. Os autores procedem depois à contraposição das medidas de reforma de natureza *para-métrica* (as que não implicam mudanças na estrutura de funcionamento do sistema vigente) e as medidas de reforma de carácter *estrutural*. Das primeiras, evidenciamos as seguintes: *i)* Uma fórmula de cálculo de pensões única, mais simples e menos generosa, quer para o regime geral da segurança social, quer para a CGA; *ii)* Aumento gradual, quer num regime, quer noutro, da idade legal de reforma, até se atingir em 2018 a idade de 68 anos.

É, contudo, da implementação de reformas estruturais que depende, verdadeiramente, a resolução do problema de sustentabilidade financeira a longo prazo da segurança social. Esta passa, no entendimento dos autores, pela introdução de um «Segundo Pilar Público». Como salientam ainda, não se trata com esta medida de preconizar a privatização da segurança social, porque este segundo pilar mantém a natureza pública, ou seja, será organizado pelo Estado e terá natureza obrigatória (não haverá lugar a *"opting out"*). Assim sendo, a pensão pública passará a ter duas fontes distintas: por um lado, no primeiro pilar público, as contribuições pagas pelos trabalhadores de acordo com o método financeiro da repartição; por outro, no segundo pilar público, o rendimento de investimento, como resultado do esforço de capitalização.

A implementação desta medida envolveria quatro passos. O primeiro consistiria na diminuição assinalável da taxa de formação atribuída no primeiro pilar, tendo em vista reduzir a dimensão deste. Só assim se asseguraria verdadeiramente a resolução do problema de sustentabilidade do sistema de repartição. O segundo passo resultaria da necessidade de compensar aquela perda de rendimento da pensão paga pelo primeiro pilar público, mediante a introdução de um *complemento de pensões por capitalização*. Este complemento, a atribuir a partir de 2018, seria proporcional às pensões do primeiro pilar. O terceiro passo reflectiria a necessidade de proceder ao financiamento desse complemento que, segundo os autores, deveria ser feito de uma forma neutra para a sustentabilidade financeira da Segurança Social portuguesa. Para tanto, preconizam o recurso a um investimento adicional (estimado em 2,8% do PIB em cada ano, a partir de 2007) que poderia ser feito de múltiplas formas. De entre outras várias soluções ponderadas, *v.g.* redução do consumo público, redução do investimento público, aumento das taxas efectivas de IRC, etc., os autores preconizam, em todo o caso, como melhores soluções as seguintes: *i)* O agravamento da tributação sobre o trabalho em cerca de 10 pontos percentuais; *ii)* Em alternativa, o aumento dos impostos sobre o consumo – para uma taxa (estatutária geral) de 25%. O quarto e último passo consistiria, enfim, em considerar – como inevitável aliás – a tributação do rendimento das pensões do segundo pilar, cujas receitas passariam a ser assumidas como receitas do orçamento da segurança social, contribuindo assim para a diminuição da respectiva dívida (implícita).

Este trabalho de investigação, muito sólido no campo da respectiva modelização e com elevado grau de detalhe no que respeita à utilização de dados administrativos, constitui pois um contributo importante para a análise da situação financeira do sistema de protecção social português e para o debate sobre as propostas de resolução do problema da sua sustentabilidade. Isto, não obstante as recentes alterações, de intuito reformador, que foram adoptadas quer em relação ao regime da CGA, quer relativamente ao regime geral da segurança social e cujo impacto, apesar de assinalado, não foi devidamente avaliado no estudo em apreço (como aliás é antecipado pelos autores).

Assim, das alterações ao regime da CGA, ocorridas em 2007, destacamos a aproximação gradual da idade de reforma dos trabalhadores da função pública em relação à idade normal de acesso do regime geral da segurança social. Das alterações a este último regime, na sequência da aprovação da nova Lei de Bases do Sistema de Segurança Social (Lei n.º 4/2007, de 16 de Janeiro), evidenciamos três peças legislativas. Primeira, a criação do novo *Indexante dos Apoios Sociais e a aprovação de novas regras objectivas de actualização dos valores das prestações sociais*, pelo que os aumentos de pensões deixarão de depender do decisionismo político e discricionário. Segunda, a aprovação do novo *regime das pensões de velhice e de invalidez* de que resultou, nomeadamente: *i)* A aceleração da aplicação das *novas regras de determinação do valor da remuneração de referência* por comparação com o (longo) período transitório fixado aquando da aprovação do respectivo regime dispositivo em 2002; *ii)* A introdução de um *factor de sustentabilidade* no cálculo das pensões de velhice e de invalidez relativa, relacionado com a evolução da esperança média de vida entre 2006 e o ano da data do requerimento das pensões; *iii)* A consagração de um *princípio de envelhecimento activo,* com aplicação e relevância por exemplo no domínio do regime da flexibilidade de idade de acesso à pensão, bonificando-se melhor o prolongamento da idade e penalizando-se mais a antecipação. Terceira, a instituição de um novo *regime público de capitalização*, forma pioneira ainda que embrionária de capitalização individual da responsabilidade do Estado.

Esta última solução legal consubstancia aliás um caminho alternativo àquele que nos é proposto pelos autores com o seu «Segundo Pilar Público». No entanto, quer uma solução quer outra descobrem uma ideia *estranhamente* comum e que reflecte, simultaneamente, uma *inflexão* teórica e de política. A tese que, na década de noventa passada, reconduzia, *inevitavelmente,* a segunda pensão em regime de capitalização ao "momento" privatizador, parece ter dado lugar à ideia de que na concretização desse sistema de capitalização individual – em complementaridade ou em substituição do sistema de repartição –, o Estado será ainda ("sinal dos novos tempos de crise?") o *agente segurador e providente por excelência.*

Nazaré da Costa Cabral

Direito Fiscal
Apontamentos
MANUEL PIRES

Almedina, Coimbra, 2008

Da autoria de Manuel Pires, Doutor em Ciências Jurídico-Económicas e Professor na Universidade Lusíada, em Lisboa, foram publicados, pela Almedina, em Abril de 2008, os Apontamentos do curso de Direito Fiscal ministrado na Faculdade de Direito de Lisboa em finais dos anos setenta (1978/1979), agora actualizados e aprofundados e sob o título: *"Direito Fiscal – Apontamentos"*. Conforme refere o Autor, nas Palavras Prévias à 3ª. Edição, este livro vem realizar o desejo, há muito sentido, de através da publicação destes Apontamentos, responder à necessidade de actualizar, à luz das recentes alterações legislativas, e aprofundar, com uma visão internacionalista e comunitária, a riqueza dos ensinamentos leccionados neste importante ramo do Direito actual. A Obra prima pela sua simplicidade de estilo e clareza na explanação das matérias essenciais no estudo da disciplina do Direito Fiscal. Um livro que, acima de tudo, é um verdadeiro Manual, muito bem organizado e elucidativo dos problemas jurídicos fundamentais que os fiscalistas enfrentam na actualidade e que se encontra sistematizado em três capítulos na Parte Geral e em cinco capítulos na Parte Especial, sendo o último, dividido em quatro subcapítulos.

Revista de Finanças Públicas e Direito Fiscal

No primeiro capítulo da Parte Geral, "*Aspectos Introdutórios*", o Autor deixa a noção fundamental de Imposto, sobre o qual gravita toda a actividade desenvolvida neste ramo do Direito e explica-nos, sinteticamente, a autonomia, a importância e a natureza do Direito Fiscal, fazendo breves considerações à política fiscal prosseguida nos últimos anos, transfigurada com a entrada de Portugal na União Europeia. Explica-nos o que entende pelo conceito, mais lato, do *Tributo*, expondo a sua evolução e a sua função financeira, económica e social, e distinguindo ainda as diferentes tipologias e modalidades em que o imposto se pode materializar. Salienta também, por último, não só as relações do Direito Fiscal com outros ramos do Direito, como o Plano do Curso sobre o qual assentam estes ensinamentos.

No segundo capítulo, cura das fontes, onde, hoje, abundam as convenções internacionais e os regulamentos e directivas europeias. Dedica o Autor especial atenção às fontes de direito interno e à explicitação dos princípios do Direito Fiscal, como o princípio da legalidade ou da tipicidade, que enquadra enquanto sub-princípios de um princípio mais lato – do Estado de Direito – e que regem tanto a produção legislativa, como a actividade do aplicador. Neste ponto, toma posição na controvertida questão de saber se existe, hoje, uma relativização do princípio da legalidade que possa afectar os direitos e as garantias dos contribuintes, nomeadamente o direito fundamental à propriedade. Aceita, consequentemente, uma certa discricionariedade por parte da Administração tributária, que deve, contudo, ser apenas técnica (uma margem de apreciação face às soluções legalmente consagradas) e não uma discricionariedade pura, onde a sujeição à lei resvale do recorte rigoroso que esta deve fazer dos seus poderes tributários para uma situação perigosa de arbitrariedade. Num ponto muito debatido pela doutrina, como na jurisprudência, nacional e internacional, o Autor propõe-se definir as fronteiras entre os conceitos de evasão, planeamento e fraude fiscais, utilizando o vocábulo "evasão" no sentido de "fraude à lei". Como não poderia deixar de ser, demarca o simples planeamento fiscal – lícito – dos restantes comportamentos, pois este último não é mais do que uma manifestação legítima da autonomia e da liberdade, privada e individual, apontando, contudo, os caminhos que deveriam ser seguidos para apaziguar o sentimento de desigualdade e frustração que o acesso ao planeamento e ao aconselhamento fiscal cria na opinião pública.

No terceiro e último capítulo da Parte Geral – *"Das situações subjectivas, em particular da obrigação fiscal"* – trata o Autor do procedimento de liquidação, que apresenta de forma dinâmica e didáctica. Passo-a-passo, explica os sucessivos actos e factos que se desenrolam e têm lugar neste processo tributário. Contém um ponto muito interessante e de extremo interesse prático, dedicado à revisão, reclamação e impugnação do acto tributário. Com um poder de síntese grande, dá-nos ideia geral da reclamação graciosa e da impugnação judicial do acto tributário, curando dos direitos do contribuinte, em face de eventuais ilegalidades que possam surgir na liquidação do imposto por parte da Administração tributária. De seguida, expõe os modos de extinção da obrigação fiscal, do pagamento à sub-rogação, passando pelas garantias que podem reforçar estes créditos tributários e, como não poderia deixar de ser, pelas consequências do seu incumprimento. Fecha este capítulo com as normas sobre os direitos e as garantias dos sujeitos passivos, reforçando a ideia de que, consagradas na mais variada legislação e com as mais diversas fontes, são da crucial importância para acautelar os contribuintes em face de alguns desígnios da Fazenda pública.

Já na Parte Especial, começa o Autor por fazer uma resenha histórica do Sistema Fiscal Português, cingindo as suas considerações ao século XX, para depois debruçar a sua atenção em diferentes impostos: Imposto sobre o Rendimento das Pessoas Singulares (IRS), Imposto sobre o Rendimento das Pessoas Colectivas (IRC), Imposto sobre o Valor Acrescentado (IVA), Imposto Municipal sobre Imóveis (IMI), Imposto Municipal sobre as Transmissões Onerosas de Imóveis (IMT) e Imposto do Selo.

No primeiro capítulo, o Autor caracteriza o sistema fiscal – *"a existência de um conjunto de impostos coordenados entre si, um conjunto ordenado, lógico e subordinado a um princípio ou a princípios"*, – sem deixar, contudo, de o qualificar como um *"sistema aparente"*, para o distinguir depois da *"compilação ou codificação"*. Isto serve-lhe de ponto de partida da Parte Especial e de fio condutor em posteriores explanações sobre os diversos impostos que entretecem o sistema fiscal português. Ainda neste capítulo, em estilo de Introdução, o Autor procede à caracterização da composição e da estrutura do sistema fiscal português, por referência aos princípios constitucionais da repartição justa dos rendimentos e da riqueza e da existência de um sistema fiscal composto por impostos que atinjam toda a matéria colectável: rendimentos, património e consumo.

Revista de Finanças Públicas e Direito Fiscal

O segundo capítulo, o mais longo da Obra, é dedicado ao Imposto sobre o Rendimento das Pessoas Singulares (IRS). Após breve caracterização do imposto e dos princípios que lhe subjazem, por referência telegráfica às normas que o sustentam, o Autor parte para extensa dissertação sobre os seus pressupostos e das categorias legais de incidência do mesmo. Especial atenção é dada, neste âmbito, à tributação das mais-valias, traçando o Autor a diferença, doutrinal, entre as mais-valias puras e impuras, apontando ao legislador a crítica da adopção de uma *"promiscuidade terminológica"* para categorizar os casos de não tributação das mesmas. No essencial, o IRS é aqui caracterizado como um imposto anual, calculado sobre o rendimento dos sujeitos no ano transacto. O Autor salienta ainda, com algum desenvolvimento, a territorialidade, pessoal e real, da tributação em sede de IRS, ou seja, a tributação em função da residência ou em razão do lugar da produção do rendimento, concluindo pela bondade da adopção do critério económico, de modo a evitar não só a evasão fiscal, quer a nacional, quer internacional, mas também a deslocalização da residência fiscal dos contribuintes. Por fim, e retomando ao seu registo, sintético, o Autor dá-nos conta de todo o percurso inerente ao apuramento do montante de imposto a liquidar, desde o apuramento da matéria colectável, em cada categoria, e competentes deduções, à subsequente aplicação da taxa e ao cálculo do imposto, enquanto fase decisória do procedimento de liquidação. O presente capítulo finda com um excurso sobre as diferentes formas de extinção da obrigação de imposto e de cumprimento dos deveres auxiliares dos contribuintes, através de uma sua extensa enumeração.

O terceiro capítulo, como o precedente e à semelhança do que se verificará também nos capítulos seguintes, abre com os *"Aspectos Introdutórios"*, nos quais o Autor procede a uma breve caracterização do Imposto que lhe dá nome: o Imposto sobre o Rendimento das Pessoas Colectivas (IRC). Neste capítulo, procura, simultaneamente com a análise jurídica, fazer um esboço de análise da justificação histórica da sua existência, bem como do seu impacto decisivo nas opções de investimento das sociedades. Nas palavras do Professor, *"Sendo um encargo da sociedade (...), tem influência sobre o rendimento, líquido de tributação, resultante de investimento, isto é, como tem sido reconhecido, aumenta o custo do investimento fornecido por capital não alheio, podendo também, face às regras de amortização ou reintegração, induzir certos tipos de investimento face a outros"*. De referir, ainda, a perspicaz ressalva da necessidade de corrigir todas as considerações (de dever-ser) à luz da sua adequação ao plano da prática (do ser). Em seguida, enumera os pressupostos de incidência do IRC, salientando aquela que é a marca representativa da visibilidade, unicidade e importância do IRC: são tributáveis todos os rendimentos do sujeito passivo, incluindo os que tenham origem em actos ilícitos. Notável é ainda a preocupação do Autor em fixar, em considerações introdutórias, a abrangência das noções de lucro tributável e estabelecimento estável, cujo sentido passa a ter por assente: no que respeita ao lucro tributável, tendo no horizonte o fenómeno da internacionalização das trocas comerciais, afirma que esta noção abrange não só o produto da actividade económica desenvolvida, dentro ou fora de fronteiras, mas também os incrementos patrimoniais gratuitos, os ganhos e perdas de capital e quaisquer importâncias, ainda que auferidas ocasionalmente; já na noção de estabelecimento estável, é tomado como referência o Modelo de Londres da Sociedade das Nações, no sentido de considerar estável *"a actividade que se revista de certa intensidade e não esteja excessivamente afastada da criação do lucro"*. É ainda apreciada a dicotomia estabelecimento estável / sociedade-filha ou subsidiária para efeitos do planeamento fiscal das pessoas colectivas que, na opinião do Autor, não poderá deixar de ser o produto da inclusão das regras de todos os países envolvidos. Desviando, então, o seu olhar para a tributação das mais-valias, matéria em que, à semelhança do que se verifica no capítulo dedicado ao IRS, salienta a manifesta adopção da teoria do rendimento-acréscimo, o Autor rejeita a aplicação do "efeito ramalhete", ou *bunching effect*, no IRC, em virtude do carácter proporcional das taxas, sem deixar de equacionar a verificação do "efeito de ferrolho" ou *lock-in effect*.

No âmbito do aspecto quantitativo e valorativo dos pressupostos do IRC, percorre todas as formas de quantificar o lucro tributável e que podem traduzir-se em métodos directos ou indirectos. Aqui, detém-se em algumas críticas ao regime legal das amortizações e que, citando, *"deveria atender ao custo de substituição do bem e não ao seu custo histórico"*. Seguem-se, então, ainda esclarecimentos vários sobre a posterior fase de determinação da matéria colectável, atendendo aos prejuízos e benefícios fiscais aplicáveis em cada caso, com recurso a fórmulas que estimulam a memória visual. E após uma breve enumeração dos sujeitos passivos de IRC, o Autor refere as isenções e os regimes especiais pre-

Revista de Finanças Públicas e Direito Fiscal

vistos não só no Código do IRC, mas também no Estatuto dos Benefícios Fiscais (EBF), as taxas a aplicar e o procedimento de liquidação de IRC, terminando o capítulo com os títulos destinados aos modos de extinção da obrigação de imposto, as consequências de incumprimento da mesma, as garantias do crédito do imposto e os deveres auxiliares dos contribuintes perante a Administração tributária, a fiscalização do cumprimento e os direitos e garantias dos sujeitos passivos.

O quarto capítulo é dedicado ao Imposto sobre o Valor Acrescentado (IVA), e segue a estrutura dos anteriores. O IVA é, aqui, genérica mas exaustivamente, caracterizado, como um imposto sobre o consumo, plurifásico e pago fraccionadamente, incidente apenas sobre o valor acrescentado, regressivo, real, geral, proporcional ao preço dos bens ou dos serviços, de obrigação única, estadual, misto (incidente sobre pessoas singulares e colectivas), em regra, de avaliação directa, de quota variável e proporcional, principal, e que adopta o método subtractivo ou de dedução, em seguida explicitado devidamente, com recurso a exemplos. Nota-se que, atendendo à diversidade dos diplomas que vigoram em matéria de IVA, é exímio o método que o Autor adopta para, de forma muito sintética, justificar legalmente os pressupostos, objectivos e subjectivos, de incidência deste tributo. Especial interesse reveste o ponto sobre as Transacções Intracomunitárias, pelo seu relevo actual em contexto de globalização. Tomando como ponto de partida, para além do princípio da tributação do destino, as várias Directivas do Conselho Europeu nesta matéria, o autor manifesta o seu acordo relativamente à opção legislativa de criação de um diploma autónomo do Código do IVA, sem prescindir dos necessários ajustes naquele diploma, sobretudo no que toca à tributação de algumas prestações de serviços e algumas isenções.

O quinto e último capítulo da Obra tem como objecto a Tributação do Património, e é dividido em quatro subcapítulos, como adiantámos, nos quais, após breve introdução, são, sucintamente, explicitadas as características do IMI, IMT e Imposto do Selo sobre as transmissões gratuitas de bens. No subcapítulo segundo, dedicado ao IMI, e uma vez mais, o Autor começa por definir os conceitos essenciais, para uma correcta compreensão do tributo. Particularmente importante é, pois, o conceito de prédio, para efeitos de determinação da respectiva incidência, em território português, nos termos e para os efeitos do disposto no Código respectivo. Importa reter a irrepreensível explanação, na prática

Recensões

muito menos simples, do aspecto quantitativo ou valorativo dos pressupostos de incidência do tributo que nos deixa. No subcapítulo terceiro releva já a noção de transmissão de bens imóveis; e no quarto e último subcapítulo, sobre o Imposto do Selo, parte logo para os pressupostos de tributo, abstraindo-se de mais considerações sobre a evolução histórica deste tributo, apesar das importantes alterações legislativas que se têm sucedido, nesta (como noutras) sede. De notar é, pois, a brevidade da abordagem dos Impostos sobre o Património, compreensível em sede de Apontamentos que visam, sobretudo, reflectir sobre as matérias fiscais mais proeminentes ao nível do Ensino.

Em suma, deve reconhecer-se a esta Obra o mérito de sistematizar de forma muito clara as matérias fiscais mais relevantes. E é, simultaneamente, com notável concisão que o Autor elabora um incontornável ponto de partida do estudo do Direito Fiscal. Sem perder de vista o objectivo a que se propôs, o Autor vai, porém, mais além, optando por uma abordagem mais minuciosa dos pressupostos e dos fundamentos do Sistema Fiscal Português, justificando a respectiva importância no presente entrecho de internacionalização.

Rogério M. Fernandes Ferreira

Anuário Financeiro dos Municípios Portugueses – 2006
JOÃO CARVALHO
MARIA JOSÉ FERNANDES
PEDRO CAMÕES
SUSANA JORGE

Câmara dos Técnicos Oficiais de Contas, 2006

No decurso da aprovação pela Fundação para a Ciência e Tecnologia em 2004, o Núcleo de Estudos em Administração e Políticas Públicas, da Universidade do Minho empreendeu um projecto de investigação denominado "A eficiência no Uso dos Recursos Públicos dos Municípios Portugueses". Este projecto visava, entre outros objectivos, a elaboração de estudos académicos e técnicos sobre a realidade contabilístico-financeira autárquica, incluindo a elaboração de um Anuário Financeiros dos Municípios, "onde são analisados e comentados os documentos de Prestações de Contas dos municípios e a informação patrimonial, económica, financeira e orçamental agregada para a totalidade dos municípios e por grandes grupos, atendendo à dimensão (pequenos, médios e grandes municípios) medida em número de habitantes".

Recentemente foi publicado o 4.º Anuário Financeiro dos Municípios Portugueses, referente às contas de 2006, que visou, entre outros assuntos, aferir a evolução do POCAL, averiguar a que tipo de indicadores os gestores internos atribuem mais importância, analisar a informação contabilística na aprovação das contas pelas Câmaras e Assembleias Municipais e apresentar *rankings* relativos às primeiras e últimas 35 situações de performance financeira, económica e orçamental dos municípios.

Revista de Finanças Públicas e Direito Fiscal

Esta análise está dividida em sete capítulos. No Capítulo 1 faz-se uma apresentação dos municípios portugueses; no Capítulo 2 aborda-se a implementação do POCAL; no Capítulo 3 procede-se à análise da execução orçamental, apresentando-se alguns rankings sobre a execução da despesa e da receita; no Capítulo 4 procede-se à análise da situação financeira, económico e patrimonial de cada município, com base no Balanço e na Demonstração de Resultados de cada um; no Capítulo 5 apresenta-se uma breve análise dos indicadores de gestão utilizados pelos municípios, elencando-se uma bateria de indicadores que se constatam ser utilizados por todos os municípios (tendo em conta, nomeadamente, a referência exaustiva ao conteúdo das actas de reuniões deliberativas dos órgãos municipais); no Capítulo 6 apresenta-se, pela primeira vez, um ranking dos cinquenta municípios melhor posicionados, considerando vários indicadores e, finalmente, no Capítulo 7 são apresentadas as conclusões e recomendações.

Da análise deste relatório, podemos extrair algumas ideias e críticas. A similitude das conclusões e das recomendações apresentadas quer relativamente às contas de 2005, quer relativamente às contas de 2006, permite aferir que a gestão eficiente exige o conhecimento integral e exacto da composição do património autárquico e que o POCAL (Plano Oficial de Contabilidade das Autarquias Locais) atingiu o seu limite, no plano empírico. Ora, estas finalidades só serão integralmente atingidas através de uma integração consistente da contabilidade orçamental, patrimonial e de custos. Mas, tanto o Estado, com qualquer outra pessoa colectiva de direito público depara-se com uma barreira intrasponível: a medição da posição financeira do Estado.

Na verdade, e contabilisticamente falando, os elementos directamente relacionados com a medição (ou mensuração) da posição financeira de uma entidade são os activos, os passivos e o capital próprio[1]. Ora, para o Estado, as vantagens futuras próprias dos activos são repre-

---

[1] Sobre os conceitos aqui expendidos, ver o ponto 49 da *Estrutura Conceptual para a Apresentação e Preparação de Demonstrações Financeiras*, aprovada pelo Conselho do IASC em Abril de 1989 e adoptada pelo IASB em Abril de 2001, a saber:

(a) O activo é um recurso controlado pela entidade como resultado de acontecimentos passados e do qual se esperam que fluam para a entidade benefícios económicos futuros.

sentadas fundamentalmente através dos impostos futuros e dos rendimentos retirados da utilização do domínio público, sendo que o controlo destes activos está intimamente ligado ao exercício da soberania estadual. Simetricamente, os múltiplos dispositivos do auxílio público (financeiro e fiscal), está intrisecamente ligado àquilo que conhecemos como passivo. Esta aproximação conceptual levanta assim uma dificuldade, já em estudo há alguns anos pela doutrina francesa[2]: a de encontrar os activos e passivos públicos que traduzam a efectiva posição financeira do Estado num determinado exercício ou período contabilisticamente relevante.

A solução está à vista, contudo: será preciso modificar as definições de activos e de passivos atribuídas às entidades públicas. O processo já está em curso noutros Estados através da adesão e adopção das Normas Internacionais de Contabilidade para o Sector Público, mais conhecidas como IPSAS (International Public Sector Accounting Standards).

De acordo com a informação disponibilizada em Julho de 2008, Portugal ainda não faz parte da lista dos países que adoptou as IPSAS, pelo que este trabalho constitui uma importante peça de trabalho, preliminar apesar de tudo, para entender as limitações do POCAL. Estão, assim, verificadas as condições, científicas e empíricas, para a adopção, no espaço nacional, de um novo modelo de contabilidade pública: aquele que forneça, num quadro rigoroso e estável, o registo dos activos e dos passivos públicos, por forma a garantir uma gestão pública transparente e que reflicta o respeito pela equidade intergeracional, na distribuição dos benefícios e os custos.

Guilherme Waldemar d'Oliveira Martins

(b) O passivo, por seu lado, é uma obrigação presente da entidade proveniente de acontecimentos passados, da liquidação da qual se espera que resulte um exfluxo de recursos da entidade incorporando benefícios económicos presentes.

(c) O capital próprio é o interesse residual nos activos da entidade depois de deduzir todos os seus passivos.

[2] Cfr. o número recente da *Revue Française de Finances Publiques* (n.º 96 – Février, 2006), que faz uma súmula sobre o que se tem passado em França a propósito da "La nouvelle comptabilité de l'État".

Infracções Tributárias

PAULO MARQUES

Centro de Formação da DGI, Lisboa, 2007

Da autoria de Paulo Marques, Licenciado em Direito pela Universidade Católica e quadro da DGCI, foram publicados em Dezembro de 2007, pelo Centro de Formação da Direcção-Geral dos Impostos, dois volumes, intitulados INFRACÇÕES TRIBUTÁRIAS, dedicados respectivamente à INVESTIGAÇÃO CRIMINAL daquelas infracções (volume I) e às CONTRA-ORDENAÇÕES (volume II).

Não se trata propriamente de manuais de formação da administração tributária - como são o são assumidamente os manuais de formação de IRS, IVA e Procedimento e Processo Tributário, publicados em 2001 e 2002, pela já extinta Administração Geral Tributária – mas de obras de autor, muitas vezes em diálogo com os seus mestres, sobre questões pertinentes respeitantes ao domínio da criminalidade tributária.

A visão "de dentro da máquina" de que o autor dispõe, mercê das funções que exerce, permite-lhe um conhecimento profundo, que partilha generosamente com o leitor, dos novos sistemas informáticos em uso pela Administração fiscal no domínio das infracções tributárias: o SINQUER (Sistema de Inquéritos Criminais Fiscais) e o SCO (Sistema de Contra-Ordenações), a cuja descrição dedica, respectivamente, a parte II do I e II volumes.

Revista de Finanças Públicas e Direito Fiscal

Mas não se queda por aqui a obra de Paulo Marques.

No volume I, que começa por se interrogar sobre a legitimidade da criminalização das infracções tributárias (parte I), vemos tratadas igualmente a questão da responsabilidade penal tributária das pessoas colectivas e seus representantes – que o autor assume logo em título configurar-se como uma responsabilidade cumulativa (parte III), a análise dos tipos legais de crimes comuns e fiscais previstos no RGIT (parte IV), a tramitação do processo penal tributário (parte VI), bem como afrontada a questão difícil da admissibilidade da prova indirecta no processo penal tributário (parte V), na qual o autor, e bem, coloca em confronto os princípios da presunção de inocência e da verdade material.

No volume II, que se inicia pela delimitação conceptual entre crimes e contra-ordenações (parte I), o autor descreve minuciosamente a tramitação do processo contra-ordenacional tributário (parte III), dedicando ainda algumas páginas à questão da responsabilidade contra-ordenacional por falta de pagamentos por conta (parte IV) e ao enquadramento contra-ordenacional tributário dos pagamentos especiais por conta (parte V).

Neste segundo volume, destaca-se como muito interessante a questão levantada por Paulo Marques a páginas 110/111 quanto à admissibilidade de contra-ordenações tributárias continuadas, solução que o autor não rejeita em face dos princípios gerais aplicáveis, mas que vê como de difícil verificação prática mercê do requisito da "considerável diminuição da culpa do infractor".

A obra de Paulo Marques merece ser conhecida.

Isabel Marques da Silva

CRÓNICA DE ACTUALIDADE

PONTO DE SITUAÇÃO DOS TRABALHOS NA UNIÃO EUROPEIA E NA OCDE – PRINCIPAIS INICIATIVAS ENTRE 15 DE MAIO E 15 DE AGOSTO DE 2008

Brigas Afonso, Clotilde Palma e Manuel Faustino

1. FISCALIDADE DIRECTA

1.1 Ajudas de Estado: a Comissão pede esclarecimentos sobre os regimes fiscais preferenciais de que beneficiam as cooperativas do sector das vendas a retalho e do sector bancário em Itália

Em virtude das disposições do Tratado CE relativas às ajudas de Estado, a Comissão exigiu à Itália esclarecimentos sobre os regimes fiscais preferenciais consagrados para as cooperativas que operam nos sectores das vendas a retalho e da distribuição, bem como no sector bancário. A Comissão começou a analisar estas medidas depois de lhe terem sido dirigidas algumas denúncias. O inquérito em curso visa garantir, no futuro, a compatibilidade dos regimes com as regras em matéria de ajudas de Estado, sendo certo que elas já existiam antes da entrada em vigor do tratado CE e poderiam, neste quadro, ser consideradas como ajudas existentes. Na sua análise, a Comissão pondera cuidadosamente, por um lado, os objectivos de equidade e eficácia prosseguidos pelo modelo cooperativo e, por outro lado, as distorções da concorrência que as mencionadas medidas são susceptíveis de causar. O exame preliminar da Comissão evidencia que as medidas fiscais em questão podem não constituir ajudas de Estado em certas condições e que, se constituírem ajudas de Estado, elas são, em larga medida, compatíveis. No que respeita às medidas relativas às grandes cooperativas que são susceptíveis de não ser compatíveis com as regras comunitárias em matérias de ajudas de Estado, a Itália tem a oportunidade de apresentar a suas observações sobre a análise da Comissão antes de serem formu-

Revista de Finanças Públicas e Direito Fiscal

ladas conclusões. A abertura do procedimento de exame, não prejudica o seu termo (IP/08/953, de 17-06-2008).

1.2 A Comissão pede à Hungria para modificar as disposições fiscais discriminatórias relativas à aquisição de propriedades para uso residencial

A Comissão exigiu formalmente à Hungria para modificar as suas disposições fiscais relativas ao imposto cobrado sobre a aquisição de propriedades. Estas disposições penalizam os contribuintes cuja aquisição é precedida ou seguida da alienação da sua anterior residência noutro Estado membro. Com efeito, em virtude da lei húngara, qualquer pessoa que adquira uma casa na Hungria deve pagar um imposto calculado sob a forma de uma percentagem sobre o valor da propriedade. Se a propriedade é a residência do contribuinte e se a aquisição é precedida ou seguida da venda da anterior residência, o imposto é cobrado apenas se o valor na nova propriedade adquirida é superior ao da propriedade vendida e apenas sobre a diferença de valor. A Comissão considera que estas disposições são incompatíveis com a livre circulação de pessoas e a liberdade de estabelecimento, garantidas pelos artigos 18.º, 39.º e 43.º do Tratado CE, bem como pelos artigos correspondentes do acordo EEE. O pedido foi apresentado sob a forma de parecer fundamentado (segunda etapa do procedimento de infracção previsto no artigo 226.º do Tratado CE).Na falta de resposta no prazo de dois meses, a Comissão pode decidir submeter o caso à decisão do TJCE (IP/08/1020, de 26-06-2008).

1.3 A Comissão pede à Dinamarca para modificar as medidas fiscais discriminatórias dos rendimentos provenientes de fundos de investimento estrangeiros

A Comissão exigiu formalmente à Dinamarca para modificar as suas disposições fiscais segundo as quais os rendimentos provenientes de fundos de investimento são tributados a uma taxa preferencial se estes respeitarem condições particulares, extremamente difíceis, quase impossíveis

Crónica de Actualidade

de observar, a observar por fundos de investimento estrangeiros. Com efeito, segundo a lei dinamarquesa, os rendimentos provenientes de fundos de investimento podem ser tributados quer como mais valias, quer como rendimentos de acções. A tributação das mais-valias é mais gravosa que a tributação dos rendimentos de acções provenientes de fundos de investimento que respondam a exigências particulares estabelecidas pela lei dinamarquesa. De harmonia com essas regras, os fundos que respeitam tais exigências podem beneficiar de um tratamento fiscal mais vantajoso na esfera do investidor. Estas exigências são, porém, tão estritas, que apenas os fundos dinamarquesas são capazes de as observar. Por consequência, estas normas desencorajam os investidores dinamarqueses a investir em fundos situados noutros Estados da UE ou do EEE/ AELE, na medida em que não poderão beneficiar do tratamento fiscal mais favorável. A Comissão considera que as disposições em causa são incompatíveis com a livre prestação de serviços e a livre circulação de capitais, garantidas pelos artigos 49.º e 56.º do Tratado CE, bem como pelos artigos 36.º e 40.º do acordo EEE. O pedido foi apresentado sob a forma de parecer fundamentado (segunda etapa do procedimento de infracção previsto no artigo 226.º do Tratado CE).Na falta de resposta no prazo de dois meses, a Comissão pode decidir submeter o caso à decisão do TJCE (IP/08/1021, de 26-06-2008).

1.4 Tributação dos dividendos: a Comissão pede oficialmente à República Checa e à Itália para acabarem com a discriminação dos fundos de pensões estrangeiros

A Comissão dirigiu um parecer fundamentado (segunda etapa do procedimento de infracção previsto no artigo 226.º do Tratado CE) è República Checa e à Itália tendo por objecto as respectivas regulamentações em virtude das quais os dividendos distribuídos aos fundos de pensões estrangeiros são tributados mais gravosamente que os dividendos distribuídos aos fundos de pensões nacionais. Relativamente à República Checa, o parecer fundamentado diz igualmente respeito à tributação discriminatória dos juros e dos rendimentos predicais recebidos por fundos de pensões estrangeiros. Os dois Estados membros têm um prazo de dois meses para responder (IP/08/1022, de 26-06-2008).

300
Revista de Finanças Públicas e Direito Fiscal

1.5 A Comissão exige a Portugal que ponha termo à tributação discriminatória dos contribuintes não residentes

A Comissão exigiu formalmente a Portugal que altere as suas disposições fiscais segundo as quais os contribuintes não residentes têm de designar um representante fiscal caso obtenham rendimentos tributáveis em Portugal. A Comissão considera a referida disposição incompatível com a livre circulação de pessoas e de capitais, consagrada nos artigos 18.° e 56.° do Tratado CE e nos artigos 36.° e 40.° do Acordo EEE. Esta exigência assume a forma de parecer fundamentado (segunda fase do procedimento de infracção, previsto no artigo 226.° do Tratado CE). Se, no prazo dois meses, não houver uma resposta satisfatória ao parecer fundamentado, a Comissão pode decidir remeter a questão para o TJCE (IP/08/1024, de 26-06-2008).

1.6 Taxation trends in the European Union – 2008 edition

Foi publicado em Junho de 2008 o estudo anual sobre a evolução da fiscalidade na União Europeia (DG TAXUD, STAT/08/92, de 26-06-2008), cuja principal conclusão, evidenciada no Comunicado de imprensa do Eurostat, foi o de que a carga fiscal (impostos e segurança social) representou 39,9% do PIB na UE27 em 2006, contra 39,3% em 2005. Esta percentagem, não obstante ser inferior ao pico de 41,0% atingido em 1999, mantém a tendência de alta reiniciada em 2005, depois de em 2000 se ter iniciado uma tendência para a baixa.

1.7 Convenção de arbitragem – Bulgária e Roménia

Por decisão do Conselho, de 23 de Junho, (2003/492/CE), publicada no JO L 174, de 3.7.2008, entrou em vigor em 1 de Julho de 2008, no que diz respeito à Bulgária e à Roménia, a Convenção de arbitragem relativa à dupla tributação em caso de correcção de lucros entre empresas associadas.

Crónica de Actualidade

1.8 OECD Economic Surveys Portugal, Volume 2008 Issue 9

A OCDE publicou em Junho o estudo económico sobre Portugal relativo a 2008, segundo o qual Portugal fez progressos assinaláveis na consolidação orçamental e lançou importantes reformas estruturais para modernizar a sua economia e acelerar o crescimento. Para tirar plenamente partido da globalização graças a um crescimento forte e sustentável e a uma diminuição durável do desemprego, deverá continuar o esforço de consolidação das finanças públicas, melhorar o ambiente empresarial e tornar o mercado de trabalho mais adaptável.

1.9 OCDE – Convenção Modelo: actualização de 2008

*Em 17 de Julho de 2008, o Conselho da OCDE aprovou o conteúdo da actualização 2008 da Convenção Modelo. Esta actualização teve por base, além de algumas modificações de natureza técnica, essencialmente os seguintes relatórios: (i) **Melhorar a resolução dos diferendos em matéria de convenções fiscais**, aprovado pelo Comité dos Assuntos Fiscais em 30 de Janeiro de 2007; (ii) **Comentários revistos sobre o artigo 7.º**, que havia sido publicado como projecto para comentários em 10 de Abril de 20097; (iii) **Aplicação e interpretação do artigo 24.º (não discriminação)**, publicado como projecto para comentários em 3 de Maio de 2007; (iv) **Aplicação das convenções fiscais às sociedades de colocação imobiliária**, publicado como projecto para comentários em 31 de Outubro de 2007; (v) **O tratamento dos serviços segundo as convenções fiscais**, publicado como projecto para comentários em 8 de Dezembro de 2006. Foi já entretanto publicada, embora apenas em versão inglesa, a versão consolidada 2008 da Convenção Modelo da OCDE.*

2. IMPOSTO SOBRE O VALOR ACRESCENTADO

2.1 Proposta de Directiva relativa às taxas

A Comissão a 7.7.2008 apresentou uma proposta de Directiva (COM/2008/ 428/3) que altera a Directiva IVA (Directiva 2006/112/CE) de forma a

Revista de Finanças Públicas e Direito Fiscal

possibilitar aos Estados membros aplicar permanentemente taxas reduzidas de IVA a determinados serviços específicos, essencialmente serviços com forte intensidade de mão de obra e serviços locais, nomeadamente serviços de restauração (IP/08/1109).

2.2 Pedidos de informação sobre a aplicação de isenções à Suécia, Dinamarca, Finlândia e Áustria

A Comissão a 26.06.2008 decidiu solicitar à Suécia, Dinamarca, Finlândia e Áustria, pedidos de informação sobre a aplicação de determinadas isenções de actividades de interesse público, levadas a efeito por organismos sem finalidades lucrativas (IP/08/1032).

2.3 Comissão solicita aos Países Baixos para alterar as regras da isenção da cedência de pessoal

A Comissão a 26.06.2008 solicitou aos Países Baixos, sob a forma de parecer fundamentado, para alterar as regras relativas à isenção da cedência de pessoal (IP/08/1029).

2.4 Comissão solicita à Polónia que altere regras sobre transporte internacional de passageiros

A Comissão a 26.06.2008 solicitou à Polónia, sob a forma de parecer fundamentado, para alterar a respectiva legislação relativa à aplicação da legislação sobre transporte internacional de passageiros(IP/08/1027).

2.5 Comissão solicita à Polónia que altere regras sobre exclusões do direito à dedução

A Comissão a 05.06.2008 solicitou à Polónia, sob a forma de parecer fundamentado, para alterar a respectiva legislação relativa às regras sobre exclusões do direito à dedução do IVA de determinados veículos a motor e respectivos carburantes (IP/08/886).

303

Crónica de Actualidade

3. IMPOSTOS ESPECIAIS DE CONSUMO HARMONIZADOS, IMPOSTO SOBRE VEÍCULOS E UNIÃO ADUANEIRA

3.1 A Comissão Europeia apresenta, em 16/7/2008, um relatório e uma proposta de directiva no domínio da legislação comunitária que harmoniza os impostos especiais de consumo que incidem sobre o tabaco.

A Comissão Europeia apresentou, em 16/7/2008, um relatório e uma proposta de directiva no domínio da legislação comunitária que harmoniza os impostos especiais de consumo que incidem sobre o tabaco. A proposta de directiva prevê um aumento gradual, até 2014, das taxas mínimas comunitárias aplicáveis aos cigarros e ao tabaco de corte fino destinado a cigarros de enrolar. Actualiza ainda as definições dos diferentes tipos de tabaco manufacturado com o objectivo de suprimir as lacunas que têm permitido que determinados tipos de cigarros e de tabaco de corte fino sejam apresentados como se se tratasse de charutos, cigarrilhas ou de tabaco para cachimbo, beneficiando assim de taxas mais favoráveis. A proposta apresentada pela Comissão pretende ainda reduzir os desníveis de tributação entre Estados-Membros, contribuindo assim para lutar contra o contrabando intracomunitário de tabaco. Por outro lado, face à proposta de directiva, as regras de tributação dos produtos de tabaco ficarão mais transparentes, o que permitirá melhorar as condições de concorrência entre os fabricantes, concedendo, por outro lado, maior flexibilidade aos Estados-Membros para fixarem as taxas mínimas (IP/08/1149).

3.2 O Comissário László Kovács desloca-se, em 1/07/2008, ao Parlamento Europeu, para celebrar o 40.º Aniversário da União Aduaneira.

Em 1 de Julho de 2008, a União Aduaneira Europeia celebrou o seu 40.º Aniversário. Para celebrar este evento, o Comissário da Fiscalidade e União Aduaneira, László Kovács, deslocou-se, em 1.07.2008, ao Parlamento Europeu, tendo salientado que, nas últimas quatro décadas, as alfândegas desempenharam um papel crucial na construção europeia (IP/08/949).

Revista de Finanças Públicas e Direito Fiscal

3.3 A Comissão Europeia inicia, em 5/6/2008, um procedimento de infracção contra Portugal, tendo como objecto o regime suspensivo do imposto sobre veículos que favorece os veículos produzidos em Portugal.

A Comissão Europeia notificou formalmente Portugal solicitando a alteração do Código do Imposto sobre Veículos no que se refere ao prazo de detenção dos veículos em regime de suspensão do imposto. A Comissão considera que a diferença de tratamento, concedida aos operadores registados *no artigo 12.º do Código do ISV e aos* operadores reconhecidos *no artigo 15.º, constitui uma discriminação dos veículos produzidos noutro Estado-Membro, relativamente aos produzidos em Portugal. A notificação adoptou a forma de um parecer fundamentado, o que constitui a segunda fase do procedimento de infracção previsto no artigo 226.º do Tratado. Se Portugal não responder de forma satisfatória ao pedido fundamentado no prazo de dois meses, a Comissão Europeia poderá submeter o caso ao TJCE (IP/08/885).*

O OBSERVATÓRIO FISCAL DA DELOITTE
E O ORÇAMENTO PARA 2009

Em tempos de optimismo liberal sobre os efeitos e potencialidades do Orçamento do Estado considerava-se que ele constituía um espelho da Nação. A progressiva complexidade e opacidade do Orçamento foi-o afastando progressivamente dessa caracterização, enquanto se perdiam as ilusões de que ele permitisse um instrumento de controlo eficaz do poder político.

Nada disso tira, no entanto, actualidade ou interesse ao esforço de diálogo que deve existir entre o Governo, o Parlamento e os cidadãos--contribuintes. Sem questionar a legitimidade dos órgãos de soberania para formular as orientações de política orçamental e fiscal que lhes parecem mais adequadas, afigura-se que o conhecimento da sensibilidade da população às medidas adoptadas ou a adoptar pode ser de uma utilidade enorme.

Não se pretende com esta afirmação sustentar a necessidade de condução de uma política fiscal que recolha a unanimidade – impossível – dos contribuintes, nem eliminar a margem de decisão política através de soluções mais ou menos populistas, como o recurso aos referendos fiscais, mas tão só facilitar um diálogo que pode contribuir para a desejável eficácia do sistema fiscal, objectivo em que convergem governantes e governados.

Não existem, no entanto, muitos canais adequados a este objectivo, nem há em Portugal uma cidadania fiscal activa que acompanhe de perto as opções políticas e contribua para as mesmas. Especial mérito merecem, por isso, aqueles que procuram apurar as reacções dos destinatários das medidas fiscais. É o caso, designadamente, do Observatório da Competitividade Fiscal que a Deloitte vem organizando desde há alguns anos e que constitui um marco de referência nesta área.

Em tempo de preparação do Orçamento para 2009 e na sequência da apreciação a propósito do estudo coordenado pelo Professor António Pinto Barbosa, pareceu-nos, por isso, importante revisitar algumas

Revista de Finanças Públicas e Direito Fiscal

das conclusões do Observatório de 2008, salientando aspectos que se afiguram especialmente significativos e tradutores da sensibilidade dos empresários.

O primeiro aspecto que, obviamente, não pode ser resolvido no Orçamento do Estado é o que se reporta à avaliação do sistema fiscal português, julgado por uma maioria sólida de forma bastante negativa pela sua complexidade (79%) e ineficácia (92%). As medidas de simplificação apareceriam, pois, como prioritárias.

Impressiona, do mesmo modo o facto de, num ano em que foram introduzidas algumas alterações significativas aos impostos, a resposta dos inquiridos se oriente no sentido da indiferença quanto aos seus efeitos práticos ou à sua desejabilidade /indesejabilidade.

Muitas das medidas relacionadas com a eficácia da própria Administração Fiscal, designadamente nos serviços *on-line*, que foram tomadas ao longo dos últimos anos e que devem o seu impulso fundamental a Amaral Tomaz e Paulo Macedo, parecem ter dado frutos num grau elevado de satisfação dos contribuintes, sendo, consequentemente, o aprofundamento destes mecanismos uma das vias a explorar.

A situação da justiça fiscal continua, pelo contrário, a constituir uma área especialmente sensivel para uma percepção negativa dos contribuintes, sendo de desejar o aprofundamento das medidas que têm vindo a ser tomadas.

Os agentes económicos continuam a ter uma posição negativa quanto aos efeitos da carga fiscal sobre o investimento em termos aproximados dos da burocracia e dos licenciamentos e autorizações camarárias.

No que respeita à evasão e fraude fiscal, a posição dos agentes auscultados vai no sentido de criar políticas mais eficazes na melhoria da forma como se relacionam e percepcionam contribuintes e Administração Fiscal, sendo consideradas medidas desejáveis aquelas que permitissem uma maior dedutibilidade de custos para incentivar a exigência de factura e o incremento do cruzamento de dados

Um dos capítulos mais interessantes do estudo é aquele em que a Deloitte tentou obter das empresas as opiniões e expectativas quanto à melhoria do sistema fiscal, ponto em relação ao qual a menor complexidade e a estabilidade do sistema fiscal aparecem como especialmente relevantes. Trata-se de uma aspiração que implicaria dois tipos de medida: um primeiro de carácter estrutural tendente a uma revisão

Crónica de Actualidade

simplificadora do sistema e uma segunda que se traduziria na abstenção de alterações múltiplas. Em relação à primeira, o Secretário de Estado dos Assuntos Fiscais já deu sinais de estar interessado em prossegui-la, enquanto que não parece sensato esperar que a próxima se concretize num ano de eleições em que se aguarda com a maior curiosidade a mano-bra fiscal do Governo.

Em consonância com as opiniões expressas no inquérito, a pos-sibilidade de recurso atempado e eficaz ao mecanismo da informação prévia vinculativa surge como uma via que pode, pelo menos, mino-rar os inconvenientes da instabilidade legislativa e abrir caminho para uma forma de administração concertada que é de apoiar decisivamente. Temos a percepção que a Deloitte presta, neste domínio, um serviço útil à comunidade, dando provas de ter um excelente entendimento da res-ponsabilidade social das empresas.

Eduardo Paz Ferreira

A CADUCIDADE DAS GARANTIAS
E A PROTECÇÃO DOS CONTRIBUINTES

Foi publicada em 11 de Agosto, a Lei nº 40/2008, aprovada pela Assembleia da República em 4 de Julho. A Lei repõe em vigor o regime da caducidade das garantias prestadas em processos de execução fiscal que havia sido revogado pela Lei do Orçamento do Estado para 2007. De acordo com o regime então abolido, se a reclamação graciosa não fosse decidida no prazo de um ano, a contar da data da sua apresentação, ou se, no processo de impugnação ou de oposição judiciais, não tivesse sido proferida decisão, em primeira instância, no prazo de três anos a contar da data da sua apresentação, a garantia prestada para suspender o processo de execução fiscal, incluindo penhora, caducava. Importa desde já salientar que a "reposição" da lei anteriormente em vigor é parcial, pois, ao contrário do regime de caducidade anteriormente vigente, o ora previsto só será aplicável aos procedimentos de reclamação graciosa, excluindo assim os processos judiciais. E importa, também frisar que entra em vigor apenas em 1 de Janeiro de 2009, na sequência do anúncio de um plano de eliminação das pendências de reclamações graciosas.

A verificação da caducidade continua dependente de requerimento do interessado, não podendo ser oficiosamente declarada. A sua verificação cabe ao órgão da Administração tributária com competência para decidir a reclamação graciosa, no prazo máximo de trinta dias. No entanto, se a Administração não se pronunciar no prazo de trinta dias, considera-se o requerimento tacitamente deferido, com a novidade, ainda, de impender sobre o órgão de execução fiscal o dever de promover, no prazo de cinco dias, o cancelamento da garantia, em caso de deferimento, expresso ou tácito, do pedido. No regime agora aprovado não se prevê também expressamente, ao contrário do que sucedia, que a caducidade das garantias seja aplicável à penhora, ainda que não seja concebível que a Administração promova penhoras depois de caducar a garantia, ou quando esta já não seja exigível. E não se logrou esclarecer

Revista de Finanças Públicas e Direito Fiscal

ainda que, caducado o direito do Estado à garantia, o mesmo não pode ser "repristinado" nos casos em que o contribuinte não se conforme com a decisão da reclamação e a impugna judicialmente, se não faz sentido que a garantia possa caducar, ou deixar de ser exigível, por omissão de decisão da decisão administrativa, e ser, depois, exigida em sede da subsequente impugnação judicial.

Rogério M. Fernandes Ferreira
Francisco de Carvalho Furtado
Ana Moutinho do Nascimento

NOVAS REGRAS FISCAIS NA REGIÃO AUTÓNOMA DA MADEIRA

Na sequência da aprovação do Decreto-Lei n.º 18/2005, de 18 de Janeiro, que procedeu à regionalização dos serviços ficais da Região Autónoma da Madeira, foi recentemente publicado o Decreto Legislativo Regional n.º 27/2008/M, de 3 de Julho de 2008, com o objectivo de proceder à adaptação orgânica e funcional da legislação fiscal nacional à Região Autónoma da Madeira.

A transferência para a Região Autónoma da Madeira das atribuições e competências fiscais que vinham sendo exercidas na região pelo Governo da República, determinou, desde logo, a extinção da Direcção de Finanças da Região Autónoma da Madeira, e todos os serviços dela dependentes, e a criação, pouco depois, da Direcção Regional dos Assuntos Fiscais, operada pelo Decreto Regulamentar Regional n.º 29-A/2005/M, de 31 de Agosto. As competências antes exercidas na região pelo Ministro das Finanças e pelo director-geral dos Impostos passaram a ser exercidas pelo Secretário Regional do Plano e Finanças e pelo director regional dos Assuntos Fiscais.

À semelhança do que sucedeu com a regionalização dos serviços de registos e notariado e com a regionalização dos serviços geográficos e cadastrais, a regionalização dos serviços fiscais, veio conferir uma maior autonomia possibilitando um efectivo controlo das actividades fiscais por parte da Região, ao mesmo tempo que permitiu densificar os preceitos constitucionais e estatutários consagrados na alínea i) do n.º 1 do artigo 227.º da Constituição e na alínea f) do n.º 1 do artigo 37.º do Estatuto Político-Administrativo da Região Autónoma da Madeira, relativos ao exercício do poder tributário próprio das regiões autónomas.

A adaptação orgânica e funcional da legislação fiscal nacional à Região Autónoma da Madeira, agora operada pelo Decreto Legislativo Regional n.º 27/2008/M, de 3 de Julho de 2008, abrange: o Código do Imposto sobre o Rendimento das Pessoas Singulares, o Código do Imposto sobre o Rendimento das Pessoas Colectivas, o Código do

Imposto sobre o Valor Acrescentado, o Regime do IVA nas Transacções Intra-comunitárias, o Código do Imposto Único de Circulação, o Código do Imposto do Selo, o Código do Imposto Municipal sobre Imóveis, o Código do Imposto Municipal sobre as Transmissões Onerosas de Imóveis, o Estatuto dos Benefícios Fiscais, o Estatuto Fiscal Cooperativo, a Lei Geral Tributária, o Código de Procedimento e de Processo Tributário, o Regime Geral das Infracções Tributárias e o Regime Complementar da Inspecção Tributária.

Este diploma veio estabelecer que as referências legais feitas na legislação nacional à Direcção-Geral dos Impostos, ao director-geral dos impostos ou ao director de finanças, em matéria que se insira nas atribuições e competências fiscais da Região Autónoma da Madeira, entendem-se reportadas, respectivamente, à Direcção Regional dos Assuntos Fiscais e ao director regional dos Assuntos Fiscais, bem como que todas as referências ao Ministério das Finanças ou respectivo Ministro, em matéria que se insira nas atribuições e competências fiscais da Região Autónoma da Madeira, entendem-se reportadas, respectivamente, à secretaria regional da tutela (Secretaria Regional do Plano e das Finanças e ao secretário regional com a tutela das finanças (Secretário Regional do Plano e das Finanças).

A título exemplificativo refiram-se as competências da Direcção Regional dos Assuntos Fiscais em matéria de apuramento, fixação ou alteração de rendimentos ou em matéria de liquidação de IRS (artigos 65.º, 75.º e 76.º CIRS em articulação com o disposto no artigo 1.º do Decreto Legislativo Regional n.º 27/2008/M), ou, ainda, em sede de IRC, as competências em matéria de determinação da matéria colectável, na falta de declaração do contribuinte, ou em matéria de devolução de imposto retido na fonte relativamente a lucros colocados à disposição de entidade residente noutro estado-membro da União Europeia (artigos 16.º e 89.º CIRC em articulação com o disposto no n.º 2 do artigo 2.º do Decreto Legislativo Regional n.º 27/2008/M), e em matéria de cobrança do imposto (101.º e 102.º n.º 1 do CIRC e n.º 2 do artigo 2.º do Decreto Legislativo Regional n.º 27/2008/M).

Relativamente aos benefícios fiscais refira-se, a título de exemplificativo, a competência do Secretário Regional do Plano e das Finanças e da respectiva Direcção Regional dos Assuntos Fiscais para conceder benefícios fiscais às empresas em processo de reorganização resultante

Crónica de Actualidade

de actos de concentração ou de acordos de cooperação (artigo 56.º- B do EBF e n.º 1 e n.º 2 do artigo 9.º do Decreto Legislativo Regional n.º 27/2008/M).

Em matéria de garantias dos contribuintes, passam a integrar a administração tributária, em matéria que se insira nas atribuições e competências fiscais da região, a Direcção Regional dos Assuntos Fiscais, e o secretário regional com a tutela das finanças (n.º 3 do artigo 1.º da Lei Geral Tributária conjugado com o disposto no n.º 1 e n.º 2 do artigo 11.º do Decreto Legislativo Regional n.º 27/2008/M). Paralelamente, todas as referências feitas no Código de Procedimento e de Processo Tributário aos órgãos periféricos locais (serviços de finanças) e aos órgãos periféricos regionais (direcções de finanças), passam a reportar-se aos serviços de finanças e tesourarias da Fazenda Pública da Direcção Regional dos Assuntos Fiscais e à Direcção Regional dos Assuntos Fiscais (artigo 6.º do decreto que aprovou o CPPT e n.º 1 e n.º 2 do artigo 12.º do Decreto Legislativo Regional n.º 27/2008/M).

Assim, por exemplo, o contribuinte cuja residência fiscal se situe na Região Autónoma da Madeira deve dirigir a sua reclamação graciosa ao Director Regional dos Assuntos Fiscais, sendo o respectivo recurso hierárquico dirigido ao Secretário Regional do Plano e das Finanças (artigos 66 n.º 2 e 73.º n.º 1 do CPPT, em articulação com o disposto no artigo 6.º n.º 3 do CPPT e n.º 2 do artigo 12.º do Decreto Legislativo Regional n.º 27/2008/M).

A transferência de atribuições e competência efectuada pelo Decreto-Lei n.º 18/2005, cuja adaptação orgânica e funcional à legislação fiscal nacional agora se dá conta, não está, no entanto, isenta de dificuldades, não só ao nível da sua aplicação prática e desejável uniformidade do processo decisório como também ao nível das condições de exercício efectivo destas competências, sobretudo, em matéria de inspecção tributária.

Mónica Velosa Ferreira

DOUTORAMENTOS DE RENATO GONÇALVES E CARLOS LOBO

Num momento em que a Faculdade de Direito de Lisboa revela um enorme dinamismo, bem patente no número de doutoramentos efectuados nos últimos anos, o Grupo de Ciências Jurídico-Económicas tem vindo a aumentar os seus doutores a um ritmo que muito me apraz registar e que resulta do grande esforço dos Professores Sousa Franco e Pitta e Cunha na defesa e expansão do ensino das ciências económicas, a que tenho tentado dar sequência. No mês de Julho concluíram as suas provas, de forma brilhante, os Doutores Renato Gonçalves o Doutor Carlos Lobo.

RENATO GONÇALVES

O Doutor José Renato Gonçalves apresentou para provas uma dissertação intitulada *Unificação Monetária Europeia e Desenvolvimento Regional*, defendida perante um júri presidido pelo vice-reitor António de Vallêra e que integrava os Professores João Ferreira do Amaral e António Goucha Soares da Universidade Técnica de Lisboa (ISEG) e os Professores Fausto de Quadros, Eduardo Paz Ferreira, Fernando Araújo e Luís Morais da Faculdade de Direito, tendo sido arguentes os Professores Ferreira do Amaral e Luís Morais.

Tive o prazer de orientar a dissertação, assim como tenho acompanhado a carreira de Renato Gonçalves, meu assistente em vários anos lectivos, e é com alegria que o vejo dar mais este passo na carreira universitária.

O direito económico, financeiro, fiscal e comunitário têm sido áreas de actuação preferencial de Renato Gonçalves que tem, no entanto, uma obra já extensa na área da protecção dos documentos, sendo membro da Comissão de Acesso aos Documentos Administrativos (CADA), entidade independente a funcionar junto da Assembleia da República, desde 1994.

Revista de Finanças Públicas e Direito Fiscal

O trabalho apresentado insere-se na linha de preocupações do Doutor Renato Gonçalves, já patenteada na dissertação de mestrado e que revelava já amplos conhecimentos da matéria.

Na dissertação são analisadas as implicações do processo de unificação monetária europeia sobre o desenvolvimento dos Estados e, em particular, das regiões da União, no contexto da crescente internacionalização ou «globalização» das economias e da sociedade. Na primeira parte, procede-se a uma análise sumária da construção europeia e do papel das regiões nessa construção, confrontando aspectos de coesão e de divergência continental ao longo do tempo. Na segunda parte, é estudado o processo de unificação monetária europeia e as suas implicações. Na terceira parte, são tratados especificamente os problemas das assimetrias económico-sociais no espaço e do crescimento e desenvolvimento das regiões no âmbito da União Económica e Monetária europeia, com ênfase especial na designada política de coesão económica, social e territorial.

Sustenta o autor que se, por um lado, do processo de integração monetária resultam ganhos de eficiência, por via da eliminação dos custos de transacção e dos riscos cambiais, por outro, dele resultam fortes constrangimentos sobre várias políticas nacionais (em especial, a orçamental), para além da própria eliminação do instrumento cambial, tradicionalmente utilizado no reequilíbrio da balança externa. Dado que persistem divergências estruturais profundas entre regiões e também entre Estados-membros da União Europeia, considera-se essencial apurar em que medida as políticas financeiras públicas e outros instrumentos que ainda se mantêm disponíveis serão bastantes para assegurar e prosseguir o desenvolvimento equilibrado, tanto ao nível nacional como regional, no seio de uma moeda única. Perante a ampla diversidade espacial de vantagens e de custos emergentes da participação no euro, cada Estado deve avaliar as consequências dessa opção política em termos de convergência real, procurando garantir o crescimento e o desenvolvimento económico e social no médio e no longo prazo, sem excluir os meios de ajustamento apropriados a enfrentar os choques económicos assimétricos que venham a ocorrer.

Neste quadro, a política regional europeia ganha enorme relevância, embora não decisiva, conforme indicam os dados empíricos mais recentes acerca da evolução do espaço continental nos últimos tempos. Algu-

Crónica de Actualidade

mas regiões (e Estados-membros) têm conseguido progredir muito mais do que outras (e outros) — por vezes, em regressão acentuada —, mesmo nos casos em que foram obtidos financiamentos comparáveis dos fundos estruturais da União. Indubitavelmente, o objectivo de crescimento não é fácil de alcançar. Nem sequer se conhece ainda bem como funcionam os respectivos mecanismos. No entanto, as principais construções teóricas admitem, pelo menos, entre outras asserções, que a acumulação de capital humano e físico favorece o crescimento. Sendo assim, as políticas de coesão devem destinar-se a robustecer os factores de produção. Perante os grandes desafios que hoje se colocam às regiões (e aos Estados), na dissertação enunciam-se e sustentam-se as estratégias e os instrumentos considerados fundamentais para o estímulo e defesa do crescimento equilibrado e sustentável.

CARLOS LOBO

Carlos Lobo, que actualmente exerce o cargo de Secretário de Estado dos Assuntos Fiscais, mas tem prosseguido uma notável carreira universitária na Faculdade de Direito de Lisboa, concluiu as suas provas de doutoramento de forma brilhante na Universidade de Lisboa. O júri foi presidido pelo vice-reitor António de Vallêra e integrou os professores Avelãs Nunes, da Faculdade de Direito de Coimbra, Miguel Poiares Maduro, da Faculdade de Direito da Universidade de Lisboa, António Menezes Cordeiro, Eduardo Paz Ferreira, Fernando Araújo e Luís Morais.

A arguição esteve a cargo de Menezes Cordeiro e Fernando Araújo que analisaram com a qualidade e profundidade que lhes é reconhecida o trabalho de Carlos Lobo, tendo Avelãs Nunes feito uma intervenção em que foram sublinhadas as qualidades da dissertação.

Carlos Lobo, cuja polivalência académica já foi anteriormente assinalada na Revista, optou por apresentar uma dissertação na área do direito económico, que tive o grato prazer de orientar, aprofundando o diálogo científico que com ele venho mantendo desde há alguns anos.

A dissertação tem como objecto a descrição das formas típicas de organização dos diversos sectores em rede, físicos ou virtuais, e o seu impacto nos modelos gerais de regulação económica e do direito da

Revista de Finanças Públicas e Direito Fiscal

concorrência, quer ao nível dogmático geral, quer ao nível concreto do controlo de comportamentos individuais e de comportamentos colectivos de sujeitos dominantes, tendo em vista a concretização de uma teorização jus concorrencial eficiente adaptada à generalidade dos sectores económicos.

Defende Carlos Lobo que os sectores em rede, independentemente da configuração que revistam, necessitam de uma política concorrencial e reguladora eficiente, que tomando em consideração as suas características próprias - *maxime* a inerente tendência para a concentração económica - defina modelos de organização óptima tendo em vista a promoção do bem-estar social.

Como o próprio escreve, "Nessa óptica, o direito económico deverá adoptar soluções de ordenação económica que visem a inserção de padrões crescentes de eficiência nos diversos sectores económicos. E este mandamento, inerente a toda a dogmática jus-economicista, aplica-se indiferenciadamente à legislação reguladora e à legislação concorrencial, que se constituem ambas como instrumentos de uma finalidade superior: a promoção do bem-estar social e a consequente melhoria da situação de todos os cidadãos".

A dissertação é fortemente inovadora e situa-se numa área em acelerada mutação que vem colocar importantes problemas aos legisladores e responsáveis pela política de concorrência ou de regulação sectorial. Constitui, assim, uma contribuição especialmente válida para a universidade e para a vida prática. Numa e noutra, Carlos Lobo tem dado provas de qualidade que agora reafirmou ao ser aprovado com Distinção por unanimidade.

Eduardo Paz Ferreira

IDEFF – INSTITUTO DE DIREITO ECONÓMICO,
FINANCEIRO E FISCAL
PÓS-GRADUAÇÕES, ANO LECTIVO 2008/2009

O IDEFF prossegue, no ano lectivo que agora se inicia, o seu programa de Pós-Graduações, na senda daquela que vem sendo a sua tradição de fornecer cursos com elevado grau de exigência e rigor científico, leccionados pelos maiores especialistas nas respectivas áreas e pautados por uma preocupação com a actividade diária dos práticos no mundo jurídico-económico.

Neste desiderato, às Pós-Graduações em Direito Fiscal e em Direito da Concorrência e da Regulação – cuja qualidade e reputação têm sido reconhecidas por aqueles que as frequentaram -, somam-se as Pós-Graduações Avançadas, destinadas a todos os que anseiam por um nível de formação minucioso e exaustivo de temas especializados, e que este ano versam as áreas do "Planeamento Fiscal", "Provisão Pública e Parcerias Público-Privadas" e "Reforma no Sector da Saúde".

Pós-Graduação em Direito Fiscal

O Curso de Pós-Graduação em Direito Fiscal procura oferecer aos interessados uma compreensão horizontal, completa, do sistema fiscal português. Trata-se de um curso no qual se irão percorrer, uma a uma, as principais componentes da nossa fiscalidade, desde os princípios que fundamentam o sistema aos problemas adjectivos do procedimento, do processo e das infracções, passando pelos temas maiores da tributação do consumo, do rendimento e do património.

320

Revista de Finanças Públicas e Direito Fiscal

Pós-Graduação de especialização em Direito da Concorrência e da Regulação

O curso pretende proporcionar uma formação especializada nos domínios tecnicamente complexos do Direito da Concorrência e da Regulação, os quais adquiriram maior visibilidade bem como relevância prática para a actividade empresarial e para a vida económica em geral com a criação entre nós de entidades reguladoras sectoriais, dotadas de autonomia, e com a actuação da Autoridade da Concorrência, criada em 2003, no combate aos cartéis, abusos de posição dominante e no controlo de concentrações de empresas.

Pós-Graduação Avançada em Direito Fiscal – Planeamento e Abuso Fiscal

A compreensão do fenómeno dos limites do planeamento fiscal representa, hoje, uma das tarefas mais complexas para o especialista em questões fiscais: a distinção entre o planeamento fiscal e o abuso de normas fiscais que, não constituindo crime, legitimam uma reacção por parte das Administrações Fiscais, é essencial, tendo em conta a cada vez mais exigente tarefa de fornecer respostas eficazes e sólidas às empresas e aos indivíduos, sobre o regime fiscal aplicável.

Pós-Graduação Avançada em Finanças e Gestão do Sector Público – A Reforma no Sector da Saúde

O curso visa identificar os principais problemas e desafios com que o sector da saúde se defronta na actualidade, seus condicionalismos (económicos, financeiros e demográficos) e opções alternativas de reforma. Procura-se não apenas a análise das grandes opções de altera-ção estrutural do sistema público de saúde, mas também a apreciação de mudanças particulares ou paramétricas que vêm sendo ensaiadas aqui em Portugal, seguindo tendências internacionais. O curso apreciará con-cretamente modelos alternativos de gestão, que implicam a partilha de responsabilidades entre sectores público, privado e social, com evidência

Crónica de Actualidade

para as parcerias público-privadas e a consequente alteração do papel do Estado, agora enquanto Estado regulador.

Pós-Graduação Avançada em Finanças e Gestão do Sector Público – Provisão Pública e Parcerias Público-Privadas

Este curso tem por objectivo a análise das diversas aplicações e implicações no domínio da intervenção pública actual da temática da sustentabilidade financeira, tendo em conta algumas experiências sectoriais, bem como a experiência adquirida na celebração de parcerias público-privadas.

Para mais informações – sobre programas detalhados, calendário e docentes – pode consultar-se a secção de Pós-Graduações no site: www.ideff.pt, ou contactar directamente o IDEFF, pelo telefone 217 962 198.

GLC e *NCR*

CONFERÊNCIA SOBRE AS RELAÇÕES ECONÓMICAS PORTUGAL (UE) – ESTADOS UNIDOS

Sessão de abertura: *Augusto Silva Dias*, Vice-Presidente do Conselho Directivo da FDUL; *Rui Machete*, Presidente da FLAD; *Luís Amado*, Ministro dos Negócios Estrangeiros; *António Sampaio da Nóvoa*, Reitor da Universidade de Lisboa; *Margarida Marques*, Chefe da Representação da Comissão Europeia em Portugal; *Eduardo Paz Ferreira*, Presidente do IDEFF.

A Conferência sobre as relações económicas Portugal (EU) – EUA, que tive o gosto de organizar em colaboração com Doug Rosenthal e Luis Morais, representou um dos mais importantes momentos da vida do IDEFF, tendo reunido um conjunto de largas dezenas de participantes nacionais e estrangeiros que durante uma semana debateram alguns dos mais importantes temas da actualidade.

A conferência reuniu académicos de elevado perfil e profissionais de excepcional curriculum, abordando temas que os últimos acontecimentos no mercado financeiro vieram tornar ainda mais importantes, tais com regulação e concorrência, mercado de capitais, boa-governação das empresas, litigiosidade económica, fiscalidade e finanças públicas.

Num mundo em mudança procurámos especialmente estudar as novas respostas que se vão formulando para questões que já são relativamente antigas.

Também não foram ignoradas as relações diplomáticas e a comparação de modelos entre Estados Unidos e a Europa, bem como as portas abertas pela sociedade de informação e os desafios que coloca ao Estado de Bem-Estar

Será, em breve, publicado um livro, contendo as intervenções produzidas na conferência.

Ao recordar a Conferência gostaria, sobretudo, de renovar os meus agradecimentos públicos a quantos aceitaram deslocar-se até Portugal e a quantos nos honraram com a sua presença, bem como a toda a equipa de apoio.

Uma palavra final vai para os nossos patrocinadores: Ministério dos Negócios Estrangeiros, Fundação Luso-Americana, Fundação Gulbenkian, representação da União Europeia, Embaixada de França, Millenniumbcp, Deloitte, PT e EDP, que tornaram a iniciativa possível e para as diversas entidades que, pelas mais diferentes maneiras, nos auxiliaram.

Eduardo Paz Ferreira

ASSINATURA DO PROTOCOLO IDEFF/CTOC

Carlos Lobo, Secretário de Estado dos Assuntos Fiscais; *Eduardo Vera Cruz*, Presidente do Conselho Directivo da FDUL; *António Domingues de Azevedo*, Presidente da Câmara do Técnicos Oficias de Contas, *Eduardo Paz Ferreira*, Presidente do IDEFF.

É com o maior prazer que damos conta da assinatura de um protocolo entre a Câmara dos Técnicos Oficiais de Contas e o IDEFF que assegura condições especialmente favoráveis de acesso dos associados da Câmara à Revista.

A assinatura do protocolo dá sequência à cooperação entre as duas instituições que se tem traduzido, designadamente, na organização conjunta de uma grande conferência anual.

A assinatura do Protocolo teve lugar na Faculdade de Direito de Lisboa, com a presença do Secretário de Estado dos Assuntos Fiscais, do Presidente do Conselho Directivo, professor Eduardo Vera Cruz, da vice-presidente, professora Maria José Rangel de Mesquita e das direcções da CTOC e do IDEFF.

Usando da palavra, o professor Eduardo Paz Ferreira elogiou a direcção da CTOC e particularmente o presidente Domingues Azevedo e apontou a assinatura do protocolo como um exemplo dos caminhos seguidos pela FDL no sentido de uma mais profunda interacção com o mundo profissional e associativo. Agradeceu, também, a presença do Secretário de Estado, membro fundador do IDEFF.

Em resposta, Domingues Azevedo recordou a anterior colaboração entre as duas entidades e elogiou a qualidade do trabalho desenvolvido pela Revista. O professor Vera Cruz associou-se à cerimónia, manifestando apreço institucional e pessoal pela actividade do IDEFF.

Eduardo Paz Ferreira